陆旭东 ◎ 著

新时代
中等职业教育高质量人才培养的学校探索

——浦东外事服务学校的实践

上海教育出版社
SHANGHAI EDUCATIONAL
PUBLISHING HOUSE

目录

引言:以高质量人才培养勇担新时代中职教育使命

　　进入新时代的中国教育,全面提升教育质量,建设教育强国,推进教育现代化建设是时代强音。习近平总书记在党的十九大、二十大报告中反复强调,要打造"公平而有质量"的教育体系;在中共中央政治局第五次集体学习时,总书记再一次专门强调,要"加快建设教育强国,为中华民族伟大复兴提供有力支撑"①。教育强国建设是一个复杂的系统工程,有其自身固有的历史逻辑、理论逻辑和实践逻辑②。从历史的角度看,教育强国建设承载着中华民族伟大复兴的重任,承载着人民对美好教育、高质量教育的诉求,能够助推我国从教育大国到教育强国的跃升;从理论逻辑的角度看,教育强国建设倡导在尊重教育规律的前提下实现教育的跨越式发展,体现了"以人为本"的核心理念,彰显了人的现代化作为中国式现代化整体理论体系核心构成的价值认知;从实践的角度看,教育强国建设不是一个独立的系统,它深嵌在社会主义现代化强国的整体系统之中,需要围绕"立德树人"的教育根本任务,筑牢社会主义意识形态,也需要坚持系统发展观念,统筹推进各级各类教育的优质均衡发展。

　　教育质量是教育强国建设的基础,"坚持把高质量发展作为各级各类教育的生命线,加快建设高质量教育体系"是建设教育强国的基础性工程,要统筹推进学前教育、基础教育、中等教育、高等教育、职业教育、继续教育等不同教育样态的协同发展,形成高质量教育系统。职业教育是社会主义教育体系的重要组成

---

　　① 中华人民共和国中央人民政府.习近平主持中央政治局第五次集体学习并发表重要讲话[EB/OL].[2023-05-29](2024-12-01).https://www.gov.cn/yaowen/liebiao/202305/content_6883632.htm

　　② 吴霓,王远.新时代我国建设教育强国的历史基础及未来路向[J].清华大学教育研究,2024,45(03):22-30.

部分,是指传授某种职业或生产劳动知识和技能的教育①,旨在帮助学生掌握某一行业或职业所需的实际操作能力和专业知识。与传统的学术教育不同,职业教育更注重实践性和应用性,直接对接就业市场需求,为学生提供进入职场所需的技能和资格。职业教育的核心目标是培养具备专业技能的实用型人才,满足社会对技术工人、服务人员、管理人员等各类职业岗位的需求。它不仅帮助学生快速就业,还能为经济社会发展提供强有力的支持。中等职业教育(以下简称中职教育,具体包含中专及成人中专、技校和职业高中等,本书整体讨论中等职业教育的改革发展,对具体的中职教育类型不做具体区分)是我国职业教育体系的重要组成部分,是培养高素质技术技能人才、大国工匠、能工巧匠的基石,是"立德树人"教育体系的重要内容与支撑。在整体推进教育强国和教育现代化建设的时代格局下,中职教育的改革发展理应受到更多的重视与探索。

职业教育既是一种久远的实践,也是一个年轻的领域②。说其久远,是因为人类在奴隶社会时期就已经产生了类似职业教育的活动;说其年轻,是因为职业教育作为一种独立的教育样态不过是近百年的事情,且其基本的理论、范畴和价值依然处于动态建构之中。从西方国家的职业教育建构看,中世纪的欧洲城市和行会发展为今天的职业教育与培训体系奠定了基础,200年前的工业革命对传统社会结构的颠覆成为各国职业教育培训体系分化的关键,而最近100年间的欧洲地理政治版图的发展,则让我们进一步看到了西方各国职业教育与培训体系的融合、发展与健全③。时至今日,主要教育发达国家已经普遍建构起了相对完善的职业教育体系,并在职业教育的独特理念、价值和育人实践中开展了持续探索。

我国现代职业教育体系的建构既受到西方国家职业教育整体变迁逻辑的影响,也有自己独特的发展演变进程。尽管我国在商周时期就已经有了类似职业教育的特殊活动,但是职业教育作为一种独立教育样态的建构和发展,整体上仅

---

① 顾明远.教育大辞典[Z].上海:上海教育出版社,1998.

② 肖凤翔,李强.职业教育的历史起点与逻辑起点探析[J].天津师范大学学报(社会科学版),2014(03):60-64.

③ 刘晓,陈志新.英、法、德三国职业教育与培训体系的发展演变与历史逻辑——一个历史制度主义视角的分析[J].外国教育研究,2018,45(05):104-116.

仅起始于 20 世纪初期,至今大约经历了五个前后相继的发展阶段。

其一,中职教育的萌芽阶段(20 世纪初期至中华人民共和国成立前)。我国现代中职教育的雏形可以追溯到 20 世纪初期。当时,随着近代工业的兴起,社会对技术人才的需求逐渐增加,一些实业学校和职业学校应运而生。这些学校主要以培养技术工人和初级管理人才为目标,为我国的职业教育奠定了基础。

其二,中职教育的初步发展阶段(1949—1978 年)。中华人民共和国成立后,国家高度重视职业教育的发展。20 世纪 50 年代,我国开始大规模兴办中等专业学校和技工学校,旨在为社会主义建设培养技术骨干。这一阶段的中职教育以服务工业化建设为核心,课程设置注重实用性和技术性,为国家经济建设输送了大量技术人才。

其三,中职教育的恢复与调整阶段(1978 年—20 世纪 90 年代)。改革开放后,中职教育迎来了新的发展机遇。国家逐步恢复并调整职业教育体系,强调职业教育与普通教育的协调发展。20 世纪 80 年代,国家出台了一系列政策,推动中职教育的规范化发展,形成了以中等专业学校、技工学校和职业高中为主体的职业教育体系。

其四,中职教育的快速发展阶段(20 世纪 90 年代—2010 年)。进入 20 世纪 90 年代,随着市场经济的深入发展,中职教育进一步调整办学方向,更加注重与市场需求的对接。国家通过政策引导和资金支持,推动中职教育的规模扩张和质量提升。这一时期,中职教育在培养技能型人才、促进就业方面发挥了重要作用。

其五,中职教育的高质量发展阶段(2010 年至今)。2010 年之后,中职教育进入高质量发展阶段。国家明确提出"职业教育与普通教育具有同等重要地位",并大力推进职业教育改革与创新。通过深化产教融合、校企合作,中职教育更加注重培养学生的综合职业能力,同时积极推动职业教育与高等教育的衔接,为学生提供更广阔的发展空间。特别是进入新时代以来,国家支持和发展职业教育的政策力度进一步加大,《中华人民共和国职业教育法》《关于深化现代职业教育体系建设改革的意见》等法律、政策的出台,整体勾画了未来我国职业教育、中职教育改革发展的蓝图,提出了振兴发展职业教育的具体举措,职业教育改革发展迎来了新的历史机遇和更为广阔的发展变革空间。

整体而言,改革开放以来,我国中等职业教育经历了从复苏到发展,再从陷入低谷又重现活力的坎坷过程,既有 20 世纪 90 年代的辉煌,也有伴随高中教育普及带来的阵痛,但是整体而言,作为一种独特的教育样态,中职教育在我国"立德树人"整体教育体系中的重要价值是得到共识的。

我国中职教育的发展历程,既是一部技术人才培养的历史,也是一部服务国家经济建设的奋斗史。从萌芽到高质量发展,中职教育始终与国家发展同频共振,为社会培养了大批高素质技术技能人才。可以预见的是,尽管我国教育强国建设中教育的整体格局在不断优化调整,但是中职教育在未来的教育格局中依然会是重要的组成部分,依然将继续以服务社会为己任,为国家的繁荣发展贡献力量。然而,不容忽视的是,尽管改革开放以来我国对中职教育的建设和改革力度逐渐加大,特别是进入新时代之后,建设高质量职业教育体系也已经成为国家的重要教育发展战略,但是整体而言,中职教育的吸引力,中职学生的发展空间和自我幸福感、效能感,中职教育的整体办学水平,依然是职业教育乃至我国整体教育改革发展的"痛点",甚至在很多学生和家长看来,在中等职业学校就读是学生没有办法达到普通高中入学要求的情况下不得不做出的"被动选择",是学生受制于初中阶段学业成绩不佳的"不得已行为"。在这样的一种整体背景下,中职教育不得不面临"先天不足"的局限,其改革发展步履维艰也就难以避免。

破解中职教育发展困境的核心在于改变社会大众对于中职教育的"偏颇性"认识,而改变这种带有"偏颇"的认识,关键在于提高新时代中职教育的办学质量。纵观近年来的教育改革发展,对于"质量"的追求是一个显著特征,这意味着在我国教育整体规模达到一定程度之后,如何通过新型教育质量观、教育发展观的确立,打造一种"公平而有质量"的教育体系,是关涉我国教育改革发展的时代命题。教育质量的提升是一个复杂系统,受制于多种因素的影响,比如不同教育体系中教师队伍的整体素养,课程教学的建设与变革力度,教育的整体投入和资源支持,整体的教育氛围和政策、制度,信息技术与教育创新,学校(教育机构)自身的历史、文化与管理风格,学生个体的差异与学习动机,国际视野与跨文化交流,等等。这诸多因素构成了教育质量提升的复杂关系网络,也意味着任何层面的教育改革和教育质量提升,都是一个复杂的系统工程,都需要多方共同努力。只有从教师、学生、家庭、社会等多个维度入手,才能真正实现教育的全面进步。

对于中职教育而言,其所面临的整体发展环境、政策支持、社会认同、师资条件、生源质量等相比较于普通高中教育,无疑更加落后、苛刻和局限,由此必然带来中职教育质量提升的更艰巨任务和更多样化的阻碍。整体而言,新时代的中职教育尽管具备了以往时代所没有的更大力度的政策支持,但是在实践之中依然存在培养目标偏差、质量评估体系不健全、课程教学等"软实力"建构不足、社会正向的文化舆论支持不够、各类资源难以协同①、教师队伍建设受到局限、人才培养模式变革力度不足等问题,这些问题构成了新时代中职教育高质量发展的内外部制约因素。只有准确认识这些问题,深刻分析这些问题背后的诱发因素,并据此设计针对性的中职教育改革发展之道,才能真正转变社会对中职教育的"歧视",建构起匹配新时代教育高质量发展的中职教育体系。

不同时代有不同的教育质量观。教育质量观是指人们对教育质量的总体看法和评价标准。它不仅仅是对学生学习成绩的简单衡量,更是对教育过程、教育结果以及教育对社会和个人发展影响的全面考量。从理论上看,内嵌共同性、整体性、发展性特征的高质量教育是一种内化主体期望的价值判断,是一种反映教育存在的优质状态,也是一种面向教育未来的质量标准②。教育质量观可以被分解为"谁的质量、什么的质量、怎样的质量"三个基本维度,其中"谁的质量"是教育质量观的核心与基础问题,它关系到教育的基本立场,关系到教育"为谁培养人、培养什么人、怎样培养人"的根本问题。毋庸置疑,人是教育的原点,也是教育的归宿,教育的本质是"提高生命的质量与提升生命的价值,发挥每一个孩子的潜能"③。因此,教育的质量本质上是学生生命成长的质量,打造高质量教育体系,树立科学的教育质量观,核心任务与价值使命就应该体现在"使每个孩子享有公平而有质量的教育"④之上。从这个角度出发,中职教育的高质量发展,关键

① 徐鸿洲,何春梅.中职教育质量提升的制约因素及对策研究[J].中国职业技术教育,2017(27):69-72.

② 唐懿滢,陈晓珊,谭维智.新时代教育质量观:教育质量的内涵重塑与行动逻辑[J].全球教育展望,2023(11):22-30.

③ 石中英.回到教育的本体——顾明远先生对于教育本质和教育价值的论述[J].清华大学教育研究,2018,39(05):4-11.

④ 顾明远.树立科学的教育质量观 使每个孩子享有公平而有质量的教育[J].人民教育,2019(15-16):19-20.

要落实到高质量人才培养之上。通过中职教育理念、方法、体系的系统性变革，打造高质量中职教育育人体系，提升中职教育的人才培养质量，进而重新定位中职教育在整个教育体系和社会大众心中的"形象"与"价值"，充分发挥中职教育独特的"立德树人"功能，让每一个中职的孩子也能够自信、阳光、健康地享受高质量教育，实现高层次生命成长。这是新时代中职教育改革发展的内在要求，也是每一个中职教育人的神圣使命。

包括中职教育在内的整个教育体系构成了一个复杂的系统，整体提升中职教育质量，促进中职教育的高水平发展、高质量育人，不能采用狭隘的割裂主义思维方式，要通过系统性、共生性的理论范式，既将中职教育改革发展置于教育强国建设和新时代中国教育整体改革发展的系统中进行思考，也要充分关照中职教育改革自身的历史逻辑、实践逻辑，探索多样态的改革路径。创新生态系统理论是当前我国教育改革发展研究与实践中的一个常用理论，该理论融生态学、系统科学、创新系统等观念于一体，强调各主体之间、主体与环境之间相互依赖及共生演进的复杂关系，其结构划分为微观、中观和宏观三个层面的生态系统①。从创新生态系统的理论视域出发，中职教育高质量发展不仅需要中职教育自身各要素的优化整合，还需要中职教育外部环境的创新驱动，强调学校、家庭、社会等教育环境之间的相互联系，加强政治、经济、文化等方面的持续深入，促进教育各主体之间的协同共生②。从创新生态系统的理论出发审视中职教育改革发展，一方面，要认识到中职教育高质量发展是将社会、政府、家庭、学校等融为一体的优质生态教育，是一个受多因素联动影响的共生演进网络关系，目的在于培养五育融合、全面健康发展的时代新人③，需要建构内外协同的改革发展体系；另一方面，要认识到中职教育的改革发展又是一个上下联动的过程，既需要党和国家层面相应的政策与制度保障，需要良好的社会文化、社会认知和社会氛围作为支撑，需要不同地区匹配性支持政策的制定和教育资源的充分供给，也需要每一所

---

① 赵放,曾国屏.多重视角下的创新生态系统[J].科学学研究,2014(12):1781-1788.

② 许秋璇,吴永和.教育数字化转型的驱动因素与逻辑框架:创新生态系统理论视角[J].现代远程教育研究,2023(02):31-39.

③ 覃创,覃春.教育强国背景下基础教育高质量发展的生态建构——基于创新生态系统理论[J].中国教育科学,2024,7(02):33-42.

中职学校自身因校制宜的改革发展设计。这种内外协同、上下联动的中职教育改革发展体系,是保障新时代中职教育改革发展的重要前提与基础。

变化的时代系统化的教育改革,既是国家和政府的事情,也是每一个教育组织、每一个人的事情。美国学者富伦和迈克尔指出,教育改革发展过程中,"没有比个人和组织理解和应对改革能力的显著增强更具有根本性的意义了"①,这充分说明了教育整体改革中,学校自主设计、主动参与变革的积极价值。20 世纪90 年代,以英国为代表的西方国家明确提出"学校改进"的理念,试图通过"变化时代的学校改进"来推动教育的系统性变革。学校改进是为提供高质量教育而实施的从内向外的全方位持续性变革,最终目标是实现学校的教育目的②。学校参与变革的自主性是实现这种改进的逻辑基础,因而在西方国家的学校改进行动中,他们尤为关注"学校有没有改进他们自己的能力或者愿望"③。客观而言,学校主动参与教育变革,主动思考自己的改革发展之道,这是教育改革取得理想成效,教育政策落实落地的重要前提,也是学校办学自主权的重要体现。然而,在很长一段时间内,我国各中小学在呼唤办学自主权的过程中,更多关注的是校长或者学校办学权力的争取与落实,并以此来激发学校的办学活力,并期待通过这种权力的落实情况分析提供教育政策优化和教育治理变革的新空间④,却在很大程度上忽视了与这种权力相匹配的学校自主设计、实施改革发展的行动或义务、责任要求。从这个角度出发,要真正建构完善、科学的学校治理体系,深层次保障学校的办学自主权,除了关注学校权力的合理分配和运用之外,也要倡导学校将办学的自主权转化为改革发展的主动性。

整体而言,从改革的逻辑和方式上看,学校改革既有自上而下的外引式变革,也有自下而上的主动性、内生性变革,其中自下而上的模式更有助于发挥学

---

① [英]霍普金斯,爱恩思科,威斯特.变化时代的学校改进[M].孙柏军,译.北京:北京师范大学出版社,2016.

② 李广,杜磊娇,等."学校—社区互动"农村学校改进原生态研究[M].上海:华东师范大学出版社,2022.

③ [英]霍普金斯,爱恩思科,威斯特.变化时代的学校改进[M].孙柏军,译.北京:北京师范大学出版社,2016.

④ 蒲蕊,高新发.中小学办学自主权:落实现状与政策需求[J].教育科学研究,2023(02):33-40.

校的改革自主性,更符合现代教育治理体系建构中对于学校办学主体地位的价值弘扬。相比较于外部强压的变革,学校层面的自主变革具有更丰富、更多元的价值。首先,学校自主性的改革探索,能够做到因地制宜,贴合实际需求。每个学校的学生群体、师资力量、文化背景和地域特点都不尽相同。自主发起的教育改革能够根据学校的实际情况,制定出最适合自身发展的方案。这种"量身定制"的方式,避免了"一刀切"的弊端,能够更精准地解决学校面临的具体问题。其次,学校自主性的改革探索,能够有助于激发创新活力,推动教育多样化。自主改革为学校提供了更大的创新空间,学校可以尝试新的教学方法、课程设计或管理模式,探索更适合学生发展的教育路径。这种多样性不仅丰富了教育生态,也为其他学校提供了宝贵的经验和参考。再次,学校自主性的改革探索,有助于增强学校自主权,提升管理效能。自主改革让学校在决策和管理上拥有更多主动权,学校可以根据自身目标和资源,灵活调整教学策略和资源配置,从而提高管理效能。这种自主性还能增强师生的归属感和责任感,形成更加积极的教育氛围。不仅如此,学校层面的自主、自发性的变革设计,能够真正惠及每一个学生、每一位教师,也能够让学校教育更积极主动地回应社会发展需求。这是因为自主改革往往更注重学生的个性化需求,学校可以通过改革课程设置、教学方式或评价体系,为学生提供更多选择和发展空间。这种以学生为中心的教育理念,有助于激发学生的潜能,培养他们的创造力和独立思考能力。自主改革不仅是学校内部的变革,还能带动整个教育生态的进步。成功的改革经验可以通过交流与分享,影响其他学校和地区,形成良性循环。这种"以点带面"的效应,有助于推动教育体系的整体优化。自主改革也能够为教师提供更多参与决策和实践的机会。教师不仅是改革的执行者,更是设计者和推动者。这种深度参与能够激发教师的专业热情,提升他们的教学能力和创新意识,从而推动教师队伍的整体成长。除此之外,教育改革的核心目标之一是满足社会对高质量教育的需求。自主改革能够更快地回应社会变化,调整教育目标和内容,确保教育与社会发展同步。这种敏捷性和适应性是传统教育模式难以比拟的。

基于上述分析,学校自主发起的教育改革,不仅是教育发展的重要动力,更是实现教育公平与质量提升的关键路径。它以灵活性和创新性为核心,为学校、教师和学生提供了更多可能性,同时也为整个教育体系的优化注入了新的活力。

从这个意义出发,教育整体变革中的学校改进,就不仅是一种具体的教育改革行动,它更是一种系统性的学校生态重塑,这种生态重塑在价值上追求回归学校改进的主体性,回归学校改进"以人为本"的立场,回归学校改进的原生态。其中的关键与核心,就在于回归学校改革的主体性,让学校通过顺应时代发展的自主变革、整体变革,破解教育问题,提升办学品质,践行"立德树人"。

教育整体变革中的学校自主性变革价值分析,为我们思考和建构教育强国建设和新时代中国教育改革发展整体格局中,中职教育的改革发展问题提供了一个新的思考逻辑,这个逻辑就是要充分发挥每一所中职学校在中职教育改革发展中的主动性与自觉性,通过学校层面的主动思考、设计和变革,探索有效的中职教育高水平发展、高质量育人实践体系,以扎实的校本行动变革支撑中职教育整体的质量提升。

第一章 定位：

以系统的分析把握中职人才培养的问题

作为一种独特的人类活动,教育研究具有鲜明的问题和实践指向。研究起源于问题,强调研究的问题意识,是现代教育研究演变发展的一个重要逻辑。一方面,从教育学作为一门独立学科的立场看,"学科真正要面对的不是概念、范畴、原理、定律,不是思辨中的世界,而是问题,是由问题所构成的流动的、真实的世界"①,这意味着教育学科发展的真正动力不是来自思辨,而是来自问题,来自对问题发现和解决的内在诉求;另一方面,从教育研究的价值看,真正有意义的教育研究活动并非仅仅指向于某种理论的建构,而是更加强调将问题作为研究的逻辑起点和价值归宿,即"强调从问题出发设计框架和围绕问题实施研究,并强调得出指向问题解决的研究成果"。在这样的整体背景下,强调教育研究过程中研究者的问题意识,强调在充分合理的问题剖析基础上厘清与建构解决问题的有效思路和方法,应该成为教育研究活动遵循的基本逻辑。

从概念上说,所谓的教育问题,不仅仅是一个个具体的问题表现,它更多的是对教育名义下的理想与现状差别进行思考而得出的整体疑问,这些整体疑问具有由动态性、层次性和多样性共同构成的复杂性特征,因而需要在分析和破解的过程中充分运用系统性思维。这种系统性思维,既源于教育事业和教育改革发展自身的"复杂性"特征,也源于学生生命成长、发展需求的"个体性、多样性"特征。

就中职教育改革发展而言,中职教育是国民基础教育体系的重要组成部分,是现代职业教育体系的开端和基础部分,同普通高中教育体系一样,肩负着"立

---

① 劳凯声.教育研究的问题意识[J].教育研究,2014(08):4-14.

德树人"的重要使命,肩负着为国家经济和社会发展培育高素质技术技能型人才的重要使命。作为一种独特的教育样态,中职教育和普通教育理应具有同等重要的教育地位,理应与普通高中教育相互关联,形成完整的中等教育体系,共同承担起优化教育格局、提升人才培养质量的使命。从这个角度出发,落实教育部等九部门印发的《职业教育提质培优行动计划(2020—2023年)》,落实中共中央办公厅、国务院办公厅印发的《关于深化现代职业教育体系建设改革的意见》,不断强化中职教育的基础性作用,把发展中职教育作为普及高中阶段教育和建设中国特色现代职业教育体系的重要基础,保持中等职业学校和普通高中学校招生规模大体相当的招生与人才培养格局,对于丰富高中阶段教育供给,满足学生多样化成长需要,建构完善的中等教育体系,具有重要价值①。也正是因为如此,坚持国家的职业教育发展战略,大力发展中等职业教育,提升中等职业教育的办学水平和育人质量,是建立现代职业教育体系的需要,是高中阶段教育的本体使命,也是后工业时代和技能转型背景下中等职业教育的必然选择②。

但是,从现实的情况看,中等职业教育的社会认同、办学实践、育人效能等与其应有的教育定位和价值期待存在显著的"温度差"。总体而言,我国当前的职业教育体系,不论是办学条件、育人质量,还是社会认可度,都没有办法使它成为一种学生基于自我生涯规划和成长需要的自觉自愿的选择,中职教育更多的是一种在"普职相当"政策供给下,在唯分数论的中学教育评价体系中,弱势群体学生的不得已的学习选择③。中等职业学校很大程度上依然陷入社会"有色眼镜"的包围之中,招生难、培养难、就业难等问题依然困扰着中职教育改革发展。特别是关乎中职教育核心的人才培养的问题,始终面临诸多的现实局限。这需要我们着眼新时代中职教育改革发展的现实需要,深入分析问题的表现与成因,并基于问题的分析寻求中职教育人才培养的变革之道。

———————————

①　冯寅,曹楠楠.中等职业教育基础性定位的价值重构与路径选择——基于贵州省2021年中职招生政策文本的分析[J].职业技术教育,2022,43(23):6-11.

②　陈鹏.中等职业教育基础性定位的再认识[J].国家教育行政学院学报,2021(05):26-32.

③　李祥,吴倩莲,申磊.职业教育高质量发展的理论阐释与实践图景——基于《关于推动现代职业教育高质量发展的意见》的政策分析[J].终身教育研究,2021(6):18-26.

第一节 中职教育定位之争影响人才培养的整体设计

推动中职教育改革发展,提升中职教育的人才培养质量与效能,前提是对中职教育的发展定位有一个清晰、明确的界定。教育定位,从概念上说就是明确教育的目标、方向以及它在社会和个人发展中的角色的过程。教育定位的核心在于回答"教育是为了什么"以及"如何实现这些目标"。教育定位不仅关乎不同教育样态、教育主体在整个教育生态系统中的位置与功能,也不仅关乎知识的传授,更是整体优化教育治理格局,提升教育的育人价值,塑造人格、培养能力、引导价值观的过程。

从职业教育成为一种相对独立的教育类型开始,其在教育系统中的定位和发展导向、价值向度就一直存在很大的争议,这些争议几乎伴随中职教育改革发展的始终。应该指出的是,职业教育、中职教育的性质与定位问题,不仅是一个职业教育领域的单一性问题,它与经济社会发展和教育整体变革息息相关。

进入新时代,中国经济社会发展的整体状态正经历着从"注重规模与速度"的发展模式向"注重内涵与质量"的发展模式之转变,经济发展、社会变革等对教育改革发展生成着新的变革要求和空间。作为与经济社会发展关系非常密切和直接的中职教育,其原有的认知与定位也必然面临转型创新的挑战。加之高中阶段教育的普及以及高等教育大众化的发展,也会对中职教育的改革发展带来重要影响。因此,在新时代新形势下,中等职业教育的办学定位、发展方向、育人理念等都需要及时做出调整,达成能够应对时代多元教育需求的科学发展定位,才能提升其与经济社会发展的适应性①,才能更好地实现中职教育及其人才培养的品质提升。但是整体而言,尽管进入新时代之后,我国各类旨在促进职业教育改革发展的相关政策不断出台,关于职业教育合理定位和功能发挥的理论研究不断完善,人们对于中职教育内涵、价值、地位的认知不断理性化,但是从人才培养的视角看,当下的中职教育改革发展,依然存在着中职教育发展的"无用"与

---

① 黄琳.我国中职教育发展定位的争论与反思[J].职业基础教育,2018,39(19):30-34.

"可行"之争、中职教育导向的"就业"与"生涯"之争、中职教育地位的"补充"与"并重"之争等三个维度的争议。这些争议容易引发社会、家长、师生等对中职教育独特地位与价值的认知偏颇,进而影响人才培养的整体设计。

一、中职教育发展的"无用"与"可行"之争

教育的独特价值和功能是其赖以存在的法理性基础。从通常意义上说,教育功能是指教育在与人及周围环境相互影响中发挥的作用,具体指向的是教育活动已经产生或者能够产生的结果,尤其是指教育活动所引起的变化、产生的作用。从"功能"自身作为语义学上的"中性词"出发,教育既可能产生对人和社会发展有利的影响,也可能产生不利的影响①。但是总体而言,教育对人和社会发展的功能是正向的,也正是因为这种功能与价值的正向性决定了发展教育的必要性。不同的教育形式尽管共同构成着教育系统的整体性功能,但是不同的教育形式也有其独特的价值与功能。中职教育独特的价值与功能正是我们在新时代背景下大力发展中职教育的逻辑基础。

然而,从中职教育的整体发展定位看,中职教育发展的"无用论"和"可行论"一直是关于中职教育改革发展定位之争的核心问题,它不仅关系到人们对中职教育价值功能的认可,也关系到中职教育发展的转型方向。

对中职教育发展持"无用论"的人,普遍认为中等职业教育在高等教育大众化和高中教育普及化的整体背景下没有存在的必要性,其功能可以被高中教育和高等教育所取代。这一观点最核心的表达是1999年世界银行发布的一份关于中国教育改革发展的报告,即《21世纪中国教育战略目标》。这一报告中有一个引发广泛关注的观点,即认为随着中国高等教育的规模扩张和就业制度改革、教育质量整体提升,中等职业教育在未来的中国教育体系中几乎没有发展空间。该报告认为,中国应该逐渐减少中职教育的规模,甚至将其在教育体系中"归零"②。从世界各国教育体系的建构实践看,确实也有国家几乎没有中职教育,比较有代表性的如美国等,这说明中职教育的消弭不会在整体上导致一国教育结

---

① 袁振国.当代教育学[M].北京:教育科学出版社,1999.

② 姜大源.关于加固中等职业教育基础地位的思考[J].中国职业技术教育,2017(9):18-20.

构的失衡。国内也有部分学者赞同世界银行的报告,认为中等职业教育在现实当中面临比较深刻的生源危机和教育质量问题,而且对于学生而言,也很难通过三年的中职教育就培养起适应未来生活的综合素养和能力①,因此"走向消亡"是中职教育最终的可能归宿。纵观现有的相关研究,中职教育"无用论"者认为,中职教育在当今社会中存在诸多问题,难以满足个人发展和社会需求。具体表现为以下几点:其一,就业竞争力弱,即中职毕业生在就业市场上往往面临学历"天花板",与普通高中或大学毕业生相比,竞争力较弱。许多企业更倾向于招聘高学历人才,导致中职生的职业发展空间受限。其二,教育资源不均衡,即中职学校的师资力量、教学设备和课程设置普遍落后于普通高中,难以提供高质量的教育。这使得中职教育的吸引力下降,学生和家长对其认可度不高。其三,社会观念偏见,即长期以来,社会对职业教育的偏见依然存在,许多人认为中职教育是"低人一等"的选择,甚至将其视为"失败者"的归宿,这种观念进一步削弱了中职教育的社会地位。其四,技能与市场需求脱节,即部分中职学校的课程设置与市场需求脱节,学生学到的技能难以直接应用于实际工作,导致就业困难。

与之相反,坚持中职教育"可行论"的学者则认为,中职教育在中国教育体系中能够发挥不可替代的重要作用,中职教育不仅不应该走向消亡,反而应该大力扶持。《21世纪中国教育战略目标》发布之后,引发了国内诸多学者的讨论甚至反对,其中比较有代表性的如北京大学魏新等学者。他们认为,世界银行的报告是一种基于经济学视角的,对中国职业教育的"纯理性"分析,考虑的主要是职业教育的成本收益问题,但是缺少对中国职业教育发展内部结构的充分讨论,也没有充分顾及中国经济社会发展、人口结构、教育需求等的特殊性。因此,此类研究者认为,"通过对职业教育成本收益问题的分析,就得出中国不需要中等职业教育的观点是不科学的"②,对于中国的中职教育而言,需要讨论的不是要不要取消的问题,而是如何通过发展理念与思路的转型,提升中职教育与经济社会发展、教育改革的匹配度,提升中职教育质量的问题。同时,也有研究者认为,我国

---

① 石伟平,郝天聪.走向工业4.0还需要中等职业教育吗?[J].智慧中国,2017(4):41 - 43.

② 段昱雯.职业教育的前景如何——几位教育专家访谈录[N].中国教育报,2000 - 7 - 3.

有庞大的劳动力市场,劳动者的整体素养亟待提升,特别是在我国城镇职工队伍中,初级技术工人的比例仅占40.2%,这些技术工人技能素质的提升需要依靠中等职业教育①,这也凸显了中职教育继续存在并发展的重要意义。总体而言,持中职教育"可行论"观点者普遍认为,中职教育在国家经济发展和个人成长中具有不可替代的作用。如,其一,满足技能型人才需求。随着产业升级和技术进步,社会对技能型人才的需求日益增长。中职教育作为培养技术工人的重要渠道,能够为制造业、服务业等领域输送大量实用型人才。其二,促进教育多元化发展。中职教育为不同兴趣和能力的学生提供了多样化的选择,避免了"千军万马过独木桥"的局面。它帮助学生找到适合自己的发展路径,实现个性化成长。其三,推动社会公平。中职教育为经济条件较差或学业成绩不理想的学生提供了接受职业教育的机会,帮助他们掌握一技之长,改善生活条件,从而促进社会公平。不仅如此,此类观点持有者还认为,近年来,国家出台了一系列政策支持职业教育发展,这些政策为中职教育提供了良好的发展环境,使其未来潜力巨大,这也昭示了职业教育持续发展的必要性与可能性。

在笔者看来,学者们对中国中等职业教育发展的反思,充分体现了对中等职业教育办学方向的担忧。特别是中职教育发展无用论的观点,实际上表达的并不是要废除中等职业教育,而是表明当下中等职业教育发展不能满足社会大众对职业培训的需求,这正是中等职业教育办学定位转型的强大动力②。作为一名中职教育工作者,笔者自然能够感知到这种独特教育形式对于普及高中阶段教育、促进教育公平、完善教育整体治理格局的重要价值,但是这种中职教育"无用论"和"可行论"的争议,必然会引发社会、大众对于中职教育存在价值的模糊认识,也会影响到中职教育在设计和实施人才培养体系中的主动性、自觉性和有效性。要真正平衡中职教育的"无用论"和"可行论",最重要的是对新时代中职教育的独特价值与功能形成科学认识,并且在这种科学认识的基础上,通过扎实的课程教学改革、师资队伍建设、学校综合变革等,夯实中职教育价值与功能发挥的物质基础。

---

①　徐晔.比较视域下我国中等职业教育定位的思考[J].中国职业技术教育,2018(15):77-81.
②　黄琳.我国中职教育发展定位的争论与反思[J].职业基础教育,2018,39(19):30-34.

二、中职教育导向的"就业"与"生涯"之争

教育的核心价值在于人的培养,人的培养必然涉及一个方向、目标和出口的问题。长期以来,世界职业教育发展中都面临一个普遍的问题,即职业教育的实践体系和人才培养中究竟应该以就业为导向,还是以生涯为导向。这一问题产生争议的根源在于对职业教育两大基本功能的认知差异和次序排列。整体而言,职业教育有两大基本功能,其一是服务于经济社会发展的功能,其二是服务于人的发展的功能。从服务于经济社会发展的价值导向出发,职业教育在实践中更加强调以就业为导向,其逻辑思路是通过职业教育培育学生必要的劳动技能、技术,带动学生就业率和劳动生产率的提高,从而促进经济增长率的提高。而以服务于人的发展为价值取向的职业教育观,则更加强调职业教育作为一种教育活动的综合育人价值,强调应该以学生的生涯发展为导向,通过职业教育实现人的生命价值,提升人的生活质量,彰显人性的光辉①,最终整体提升人的生命成长的可持续性和高品质性。

中职教育的"就业"与"生涯"导向之争,体现了对中职教育直接价值与间接价值、短期价值与长期价值、表象性价值与本质性价值的认知差异,二者各有优势,也各有问题。

就业导向是以市场需求为核心的中职教育人才培养观,其核心在于以市场需求为出发点,培养符合企业用工需求的技能型人才。这种导向强调"学以致用",注重学生的职业技能训练,目标是让学生在毕业后能够迅速适应工作岗位,实现"毕业即就业"。其优点包括:实用性强,课程设置紧贴行业需求,学生掌握的技能可以直接应用于实际工作;就业率高,由于培养目标明确,中职毕业生往往能较快找到对口工作,满足企业和社会的用工需求;经济效益明显,学生在短时间内掌握一技之长,能够为家庭和社会创造经济价值。但这种市场需求导向的人才培养观也有其内在的局限性,比如过于注重技能训练,可能忽视学生的综合素质培养,导致学生缺乏长远发展潜力。同时,如果市场需求发生变化,学生

① 石伟平,郝天聪.新时代我国中等职业教育发展若干核心问题的再思考[J].教育发展研究,2018(19):16－22+47.

可能面临技能过时或转行困难的问题。此外,就业导向可能忽略学生的个性发展和职业兴趣,导致职业满意度较低。

与之相对,生涯导向的中职教育育人观则以学生的终身发展为目标,更注重学生的长期发展,强调培养学生的综合素质和可持续发展能力。这种导向不仅关注学生的初次就业,还着眼于他们的职业成长和人生规划。这种关注人的终身发展的人才培养观,以学生全面发展为价值导向,注重学生的综合素质培养,包括沟通能力、团队协作能力、创新能力等,为学生未来的职业发展奠定基础。注重培养学生的职业适应能力和社会适应能力,学生具备较强的学习能力和适应能力,能够应对职业环境的变化,甚至实现跨领域发展。同时,生涯导向更关注学生的个人兴趣和职业规划,有助于提高职业满意度和幸福感。当然,这种生涯导向的中职教育育人观,由于培养周期较长,短期内可能难以看到明显的就业效果。如果课程设置过于理论化,可能导致学生技能与市场实际需求不匹配。生涯导向需要更多的教育资源支持,包括师资、课程设计等,可能增加教育成本。同时,如果仅仅从整体上强调中职教育的生涯导向,实际上是从教育活动的整体性价值和本质属性的角度,思考中职教育作为教育活动的共同性,容易消弭中职教育区别于其他教育形式的独特属性,也不利于中职教育的高质量发展。

作为一种独特的教育形式,中职教育属于职业教育的整体范畴,培育学生适应职业的技术能力是其重要的价值指向。因此,中职教育不可能回避"就业"的问题。实际上,从我国中职教育、职业教育改革发展的历史看,职业教育自诞生之日起就与就业产生着密切关联,这种密切的关联也是中职教育区别于普通高中教育的最重要差异。《国务院关于大力发展职业教育的决定》明确提出了要"以就业为导向,深化职业教育教学改革",坚持"以服务为宗旨,以就业为导向"的职业教育办学方针,为中等职业教育教学改革和全面提高教育教学质量指明了方向①。在中职教育的实践体系中,不论是课程教学设置,还是实习实践环节的强化,实际上都是为了提升学生的就业能力。同时,从整个就业市场看,随着我国高等教育规模的扩张,大学毕业生的就业问题逐渐成为社会普遍关注的重

① 王东.对中职教育"工具主义"的反思[J].教育与职业,2010(11):20-21.

点、难点问题,成为多次被写入政府工作报告的重要"民生"问题,"最难就业季"的感慨层出不穷。在这样的整体情况下,据统计,自 2000 年以来,我国中职教育、职业教育的初次就业率一直保持在较高的水平,就业率甚至整体高于普通高校毕业生,这与中职教育人才培养的"就业"导向不无关系。但是,从另一个角度看,"就业"不等于"高质量就业",除了关注中职学生的就业率之外,还应该关注其就业的层次与质量,关注其工作过程中的适应度和获得感。同时,中职毕业的学生身心尚未发展健全,世界观、人生观、价值观尚没有完全建构形成,此时的中职教育若要强行给其一个"职业"定位,无异于拔苗助长。因此,越来越多的学者提出,中职教育应该跳出"就业"的独立导向,建构涵盖升学、出国、择业等多样化的教育供给体系,让中职教育真正关照每一个学生的生命成长,为其整个职业生涯奠定良好基础。

整体而言,在笔者看来,中职教育的就业导向和生涯导向之争,本质上是短期利益与长期发展的平衡问题。中职教育的目标不应局限于让学生"找到一份工作",而应着眼于帮助他们"找到一份适合自己的工作,并实现持续成长"。只有在两者之间找到平衡,才能真正实现中职教育的价值,为学生的未来铺就一条光明的道路。而从目前我国经济社会发展的整体格局看,中职教育应该跳出单纯的就业导向的工具理性,提升教育供给的多样性,同普通高中教育一起承担起促进学生整个生涯成长和人生幸福的基础性功能。

三、中职教育地位的"补充"与"并重"之争

中职教育作为一种独特的职业教育样态,不仅是系统的职业教育体系的开端,也是我国"立德树人"完整教育体系的重要组成部分,其在社会主义教育体系中的重要作用理应受到认可和重视。但是,客观而言,中职教育或者说职业教育在整个教育体系中的地位,并非从职业教育的开端之时就得以确立的,甚至职业教育在初始时期也并没有被认定为一种独特的、确定的教育类型。有研究者认为,职业教育政策是职业教育地位与作用得以进一步明确的关键依据。从政策回溯的视角看,我国职业教育自中华人民共和国成立以来先后经历了"普职并举下的模糊定位""层次化凸显的摇摆定位""类型化发展的明确定位"三个阶段,总体上体现出了由模糊向逐渐明确的定位转变,逐步从教育制度转变为教育层

次，再朝向教育类型跨出了关键一步①。到 2019 年《国家职业教育改革实施方案》颁布，在开篇之中明确提出"职业教育与普通教育是两种不同教育类型，具有同等重要地位"②，这是对职业教育在我国教育体系中的定位和作用做出的第一次明确规定，明晰了职业教育的独特类型和定位，突出强调了中国式现代化进程中现代职业教育体系建设的重要位置与重大意义，也为新时代推动职业教育的改革发展提供了重要的政策和理论支撑。2023 年，中共中央办公厅、国务院办公厅印发的《关于深化现代职业教育体系建设改革的意见》，则进一步描绘了新时代职业教育改革发展的整体"施工图"，旨在引导职业教育的独特定位发展为"立德树人"教育体系中的独特价值与功能。

客观而言，尽管从政策的角度出发，我国职业教育在国民教育体系中的定位逐渐清晰，但是，一方面，对于职业教育的理论认知和理论研究相对于普通教育、高等教育而言，依然有重大的缺失和不足，我国现代职业教育理论体系的建构依然任重而道远③；另一方面，更为重要的是，在社会和大众眼中，职业教育，特别是中职教育，是学生在难以获得普通高中教育入学资格的现实情况下不得不接受的"被动选择"，职业教育也是为了满足无法参加普通高中教育、高等教育学习的学生的求学权力而开设的教育机构，因而中职教育长期被视作普通高中教育的"补充"，难以获得与普通高中教育同等的教育地位。这种"补充"的地位认知，在很大程度上影响了社会大众对于中职教育的认可，也让中职教育的改革发展和品质提升受到诸多阻碍。

实际上，中职教育作为一种独特的教育类型，其所承担的不仅是区别于普通高中教育的独特教育功能，其所服务的也并不全是"考不上高中"的学业落后学生，它理应在现代教育体系中获得足够的认知与认可，应该成为与普通高中教育"并重"的独立的教育类型。

作为一名中职教育工作者，我始终认为，中职教育在我国教育体系中扮演着

---

① 彭宇文，彭学琴.我国职业教育基本定位政策演进研究[J].教育科学，2022，38(6)：76-83.

② 国务院.国务院关于印发国家职业教育改革实施方案的通知[J].中华人民共和国国务院公报，2019(06)：9-16.

③ 刘晓，徐珍珍.中国现代职业教育理论体系构建：历史寻径与时代反思[J].河北师范大学学报(教育科学版)，2017，19(02)：56-60.

至关重要的角色,它不仅是培养技术技能型人才的重要途径,也是实现教育多样化、促进社会公平的重要支撑。与普通高中教育"并重"是对现代中职教育价值的基本定位,这种"并重"的定位可以从以下几个维度进行理解。

其一,中职教育是技术技能型人才培养的摇篮。中职教育应定位为国家技术技能型人才培养的基础平台。随着我国经济结构的转型升级,社会对高素质技术技能人才的需求日益增长。中职教育能够紧密对接产业需求,培养具备扎实专业技能和职业素养的劳动者,为制造业、服务业等领域输送实用型人才。同时,中职教育应紧密对接国家战略和产业发展需求,成为推动产业升级和经济发展的助推器。通过深化产教融合、校企合作,中职教育可以为新兴产业和传统产业转型升级提供有力的人才支撑。

其二,中职教育是教育多样化的重要组成部分。中职教育是教育多样化的重要体现,它为学生提供了不同于普通教育的成长路径。通过中职教育,学生可以根据自身兴趣和能力选择适合自己的发展方向,实现个性化成长。这不仅有助于缓解"千军万马过独木桥"的升学压力,也为社会提供了多元化的人才储备。同时,中职教育应成为教育创新与实践的试验田,积极探索适应新时代需求的教育模式和教学方法。例如,引入现代学徒制、项目化教学等创新模式,提升学生的实践能力和创新能力。

其三,中职教育是促进教育公平的重要抓手。改革开放以来,中职教育为许多来自农村、经济困难家庭的学生提供了接受职业教育的机会,帮助他们掌握一技之长,实现就业和脱贫。因此,中职教育应定位为促进教育公平的重要抓手,通过政策支持和资源倾斜,缩小城乡、区域之间的教育差距。

其四,中职教育是终身学习的起点。中职教育不仅是学生职业生涯的起点,也应是终身学习的重要环节。通过中职教育,学生可以掌握基本的职业技能,同时培养终身学习的意识和能力。在强调终身学习的当今时代,中职教育应更加注重与高等职业教育、继续教育的衔接,为学生提供更多深造和发展的机会。不仅如此,中职教育还能够承担起引导社会价值观的责任,打破"唯学历论"的偏见,倡导"技能成才、技能报国"的理念。通过宣传优秀中职毕业生的事迹,树立职业教育的正面形象,能够提升社会对中职教育的认可度,也能够让更多的学子主动选择中职教育,从而为自己的人生成长奠基。

总而言之,中职教育在我国教育体系中的定位应是多元化、实用化、公平化的。它不仅是技术技能型人才培养的摇篮,也是教育多样化、社会公平和经济发展的重要支撑。但是,社会长期形成的对中职教育理解和定位的偏差,确实会在实践中影响大家对中职教育的期待,甚至不自觉地将其定位为高中教育的"补充"。未来,要消除这种高中教育的"依附""补充""从属"地位,让中职教育真正获得与普通高中教育"并重"的合理定位,关键是进一步提升中职教育的自身品质和整体吸引力。这意味着未来的中职教育需要进一步优化定位,提升质量,与社会需求紧密结合,为国家发展培养更多高素质的技术技能人才,以"打铁必须自身硬"的姿态赢得自己在新时代中等教育体系中的应有地位。

第二节　中职教育认同之殇消弭人才培养的内在动能

对于家庭和个人而言,选择怎样的教育门类接受教育,是一个复杂的过程,受到诸多因素的影响。对于选择进入普通高中读书还是进入中职学校读书,就目前而言,最关键的因素可能是学生在初中阶段的学业表现,但是这一过程也不是仅仅学业表现这一单一因素的作用结果,背后也有经济回报率、社会认可度等因素的分析。整体而言,对于广大初中毕业生及其家庭而言,在中职教育和普通高中教育的入学选择上,很少有学生会在有机会选择普通高中教育的前提下去选择中职学校读书。一项大样本调查显示,对于初中毕业生而言,接受普通高中教育是其首要选择,接受中等职业教育是其在无法正常接受普通高中教育之后的"第二选择"。不论是重点高中还是普通高中,其对初中学生及其家庭的吸引力均大大强于中等职业学校[①]。不仅如此,整体上看,目前社会上仍有大量的人对中职教育的重要性缺乏足够的认识,存在重视普通高中教育、轻视职业教育的倾向。在相当一部分人眼中,中职教育是一个无法与普通高中教育相提并论的

---

① 苏丽锋,等.初中后教育选择意愿及影响因素研究——普高、中职还是不再读书?[J].华中师范大学学报,2017,56(05):146－157.

"二流教育"①,缺乏足够的吸引力与社会认同度。

社会认同度是指一个个体或组织在社会中被他人认可、接受和尊重的程度。它反映了个人或组织在社会中的影响力、声誉和地位。社会认同度通常通过他人的评价、反馈、支持度以及在社会中的参与度来衡量。在个人层面,社会认同度可能体现在一个人的职业成就、道德品质、社会贡献等方面;而在组织层面,社会认同度则可能与企业的社会责任、品牌形象、公众口碑等因素密切相关。社会认同度不仅影响个人的心理健康和幸福感,也关系到组织的可持续发展。高社会认同度的人或组织更容易获得资源、支持和合作机会,从而在社会中发挥更大的作用。由此,从中职教育作为一个独特的组织体系看,其社会认同度的不高不仅能够直接引发中职教育招生困难等现实问题,也容易导致中职教育系统内部的各元素缺乏统一、积极、向上的发展动能,进而致使中职教育改革发展步履维艰。

一般而言,一个组织或者一种教育样态的社会认同度不高,整体上可以划分为外部因素和内部因素两个维度。外部因素主要是指这一组织或者教育样态不受社会重视,改革发展的外部环境不好;内部因素主要是组织或者教育样态自身的运行不够顺畅,品质不高。作为一名中职教育工作者,笔者有一个深刻的感知,实际上随着我国经济社会的发展、教育改革的整体推进,中职教育的外部发展环境整体上是越来越好的,中职教育的社会认同度不高,更多的应该从中职教育内部的质量管理视角进行考量。归根到底,中职教育的"政府热"和"需求冷"的矛盾比较突出,既体现了新时代我国中职教育改革发展的矛盾问题,也表征了社会和大众对于中职教育的低认同、低认可。

一、"政府热"描绘中职教育的美好图景

从我国中职教育改革发展的历史看,中职教育因为其与就业的高度关联性,在相当一段历史时期内,其享有的社会地位是比同类型的普通高中要高的,特别是 20 世纪八九十年代,中职学校是很多初中毕业生的首选,我国的中等职业教

---

① 郭忠玲.我国中职教育现状分析及其发展策略探索[J].河南社会科学,2011,19(04):206-207.

育也在实践中探索形成了独具特色的人才培养模式,产生了显著的成效。比如,在 20 世纪 80 年代后逐渐走向成熟的中师教育,不仅有着优质而稳定的生源,而且在实践中形成了"公立公费的独立师范教育体系,稳固而深厚的职业情感,突出师范教学技能训练,注重师范生行为规范养成,注重师范生的综合素质培养"等为特点的师范教育体系①,为当时我国教育改革发展培养了大量高素质专业化人才。这些中师出身的教师,时至今日也依然是我国中小学教育体系中的宝贵资源。很多研究者也认为,中师教育尽管在整体意义上已经消亡,但中师教育是一笔丰厚的教育遗产,它有着独特的办学经验与传统积淀,具有鲜明的文化特色②,中国师范教育的改革发展历史,无论如何也不能与中师教育相割裂。中师教育是中职教育发展"阶段性辉煌"的见证与佐证,但是这种"阶段性辉煌"到 21世纪之后发生了很大的变化,普通高中教育逐渐成为大众更加青睐的选择,中职教育在与普通高中教育的对比中越来越丧失其独特的价值存在和社会吸引力,成为无法企及普通高中教育后的"被动选择""第二选择",甚至在很多人看来,中职教育成为学业劣势学生的聚集地,中职教育的改革发展几乎到了"生死存亡"的关键时期。

然而,庆幸的是,即使中职教育在新世纪的改革发展中面临突出的问题,但是党和国家依然能够从教育系统改革、教育多元化供给、教育社会公平、教育整体治理格局优化的视角看待中职教育,充分认可中职教育在现代教育体系中的重要价值。一个突出的表现是,新世纪以来,党和政府、教育主管部门先后围绕职业教育、中职教育的改革发展制定出台了大量的相关政策、制度(参见表 1-1),这些政策制度不仅从法理层面界定了现代中职教育、职业教育的独特地位与价值,也为推动职业教育、中职教育的改革发展设计了具体的举措。特别是党的十八大以来,以习近平同志为核心的党中央高度重视职业教育和中职教育改革发展。习近平总书记多次强调,"在全面建设社会主义现代化国家新征程中,职

---

① 孙刚成,宋紫月.百年中师教育的办学经验和启示[J].黑龙江高教研究,2016(10):15-19.

② 王建平.论中师教育传统的当代价值[J].教师教育研究,2016,28(04):37-41+56.

业教育前途广阔、大有可为"①。从中央的精神和相关的政策看,党和政府充分认识到依托职业教育培养技术技能型人才,不仅是加快建设制造强国、教育强国、科技强国的重要基础,也是稳定和扩大就业,促进社会公平的现实需要②。中职教育是职业教育的重要组成部分,在整体推进职业教育改革发展的历史进程中,党和国家也采取了一系列措施扶持中职教育的改革发展,特别是对中职教育采取了学费减免、财政支持等现实举措,体现了大力发展职业教育、中职教育的"政府热"现象。

表1-1 新世纪以来我国政府有关职业教育代表性政策的梳理

年份	政策、文件名称	价值与代表性观点
2002	关于推进职业教育改革与发展的决定	明确了职业教育在社会主义现代化建设中的重要地位。
2005	关于大力发展职业教育的决定	明确提出要将职业教育的改革发展作为促进经济社会发展的重要基础,作为教育工作改革发展的战略重点。
2010	国家中长期教育改革和发展规划纲要(2010—2020年)	明确提出要建构现代化职业教育体系,整体增强职业教育的吸引力。
2015	高等职业教育创新发展行动计划(2015—2018年)	整体规划了高等职业教育的改革发展和创新举措,明确提出在教育资源、办学活力、技术技能积累、质量保障、思政教育等维度的改革发展举措,明确了改革的目标与任务,形成了高等职业教育改革创新的整体性设计。
2019	国家职业教育改革实施方案	第一次明确提出职业教育和普通教育是两种不同的、独立的教育类型,在整个教育体系中具有同等重要的地位。

---

① 习近平.加快构建现代职业教育体系培养更多高素质技术技能人才能工巧匠大国工匠[N].人民日报,2021-04-14(1).

② 刘承波,王一涛.技术技能型人才培养的基本要义与路径遵循[J].人民论坛,2021(21):72-76.

（续表）

年份	政策、文件名称	价值与代表性观点
2021	关于推动现代职业教育高质量发展的意见	对我国职业教育改革发展提出了明确的目标。到2025年，现代职业教育体系基本建成，技能型社会建设全面推进；到2035年，职业教育整体水平进入世界前列，技能型社会基本建成。围绕上述目标，进行了推动现代职业教育高质量发展的举措设计。
2022	中华人民共和国职业教育法	关于职业教育的首部针对性法律，明确提出"职业教育是与普通教育具有同等重要地位的教育类型，是国民教育体系和人力资源开发的重要组成部分，是培养多样化人才、传承技术技能、促进就业创业的重要途径"。第一次从法律的层面对职业教育的地位，特别是与普通教育相等同的地位进行了界定，具有重要的价值与意义。
2023	关于深化现代职业教育体系建设改革的意见	围绕"持续推进现代职业教育体系建设改革，优化职业教育类型定位"的整体目标，从总体要求、战略任务、重点工作、组织实施等角度对深化现代职业教育体系建设提出了具体的要求与行动举措，具有重要的实践引领价值。

整体而言，新世纪以来，我国推动职业教育改革发展的政策文件犹如春风化雨，为职业教育注入了新的活力与希望。这些政策不仅为职业教育的发展指明了方向，更为我国经济的转型升级提供了坚实的人才支撑。

首先，政策文件明确了职业教育的战略地位，将其提升到与普通教育同等重要的高度。这种定位的转变，不仅让职业教育获得了更多的社会认可，也激发了更多人选择职业教育的信心与热情。职业教育不再是"次等选择"，而是与个人发展、国家需求紧密相连的重要路径。

其次，政策文件注重职业教育体系的完善与创新。通过推动产教融合、校企合作，职业教育与产业需求紧密结合，培养出更多适应市场需要的技能型人才。这种"学以致用"的教育模式，不仅提高了学生的就业竞争力，也为企业输送了高质量的劳动力资源，实现了教育与经济的双赢。

此外，政策文件还强调职业教育的公平性与普惠性。通过加大对农村和贫困地区职业教育的投入,缩小城乡教育差距,让更多孩子有机会通过职业教育改变命运。这种"以人为本"的理念,体现了国家对教育公平的高度重视,也为社会的和谐发展奠定了坚实基础。

就笔者作为一名中职教育工作者的感知而言,新世纪以来,我国职业教育改革发展的政策文件不仅推动了职业教育的内涵式发展,更为国家现代化建设提供了强有力的人才保障。这些政策的积极价值,不仅体现在经济层面,更体现在社会公平、个人成长等多个维度,为我国的未来发展注入了源源不断的动力。这些政策文件均给予职业教育发展以法律支持与政策保障,肯定了职业教育在国家教育体系中的重要地位,充分体现了国家对于职业教育的高度重视[①],也为包括中职教育在内的职业教育体系赢得更多的社会认可与尊重提供了良好的外部环境。

二、"需求冷"揭示中职教育的认同之殇

按照正常的逻辑,在国家大力推进职业教育的整体背景下,中职教育理应迎来改革发展的大好时机,但是与之相反的是,中职教育的整体社会认可度并没有随着职业教育的"政府热"而达到一种需求旺盛的理想境界,反而呈现出相比较于普通高中教育越来越显著的"需求冷"现象。这一现象的集中体现就是因为对中职教育低认同度而导致的中职教育招生困难、生源数量下降、主动选择不多等问题。比如,一项对河南省初中学生的调查显示,在不受约束的情况下,仅有9%左右的学生愿意选择中职学校读书,而愿意选择普通高中学校读书的学生则高达90%以上[②];湖南省的一项调查也显示了同样的结果,3235名被试对象中仅有约五分之一的学生对上中职学校持认可的态度[③]。大量研究表明,在众多的家庭中,即便学生难以达到普通高中的入学条件,他们也更愿意付出高昂的代价进入民办高中或者选择去境外高中读书,而不愿意进入中职学校。整体而言,对于高

① 吴克明,胡华,等.中职教育"需求鸿沟"困境研究:理性人假设的视角[J].职业技术教育,2024,45(16):51-58.
② 钱学明.职业教育供给侧改革亟待加强需求侧管理[J].教育与职业,2018(17):42-43.
③ 陈志芳,沈有禄.中等职业教育个人需求影响因素分析[J].中国职业技术教育,2018(24):37-41+48.

学历的追求使得普通高中教育在高中阶段教育体系中的受欢迎程度越来越高。
20世纪90年代末期,普通高中学生招生情况开始对中职学生形成反转之势,进
入21世纪之后,普通高中的年度招生数和在校生数量已经超过中职学校。尽管
在2009年、2010年,中职学校当年的招生数量短暂地超过普通高中,但是这只是
"昙花一现",而且整体上看,这种招生数、在校生人数的差距呈现不断扩大的趋
势,近三年,这种差距扩大的趋势尤为明显(参见表1-2、图1-1、图1-2)。

表1-2　新世纪以来我国中职学校和普通高中相关数据统计表

年份	学校类型	学校数(万所)	在校生数(万人)	招生数(万人)
2001	中职学校	1.98	1195.96	430.01
	普通高中	1.49	1404.97	557.98
2002	中职学校	1.73	1224.33	504.04
	普通高中	1.54	1683.81	676.70
2003	中职学校	1.47	1256.73	515.75
	普通高中	1.58	1964.83	752.13
2004	中职学校	1.45	1409.24	566.20
	普通高中	1.60	2220.37	821.51
2005	中职学校	1.45	1600.05	655.66
	普通高中	1.61	2409.09	877.73
2006	中职学校	1.47	1809.89	747.82
	普通高中	1.62	2514.50	871.21
2007	中职学校	1.48	1987.01	810.02
	普通高中	1.57	2522.40	840.16
2008	中职学校	1.48	2087.09	812.11
	普通高中	1.52	2476.28	837.01
2009	中职学校	1.44	2195.16	868.52
	普通高中	1.46	2434.28	830.34
2010	中职学校	1.39	2238.50	870.42
	普通高中	1.41	2427.34	836.24

（续表）

年份	学校类型	学校数（万所）	在校生数（万人）	招生数（万人）
2011	中职学校	1.31	2205.33	813.87
	普通高中	1.37	2454.82	850.78
2012	中职学校	1.27	2113.69	754.13
	普通高中	1.35	2467.17	844.61
2013	中职学校	1.23	1922.97	674.76
	普通高中	1.34	2435.88	822.70
2014	中职学校	1.19	1755.28	619.76
	普通高中	1.33	2400.47	796.60
2015	中职学校	1.12	1656.70	601.25
	普通高中	1.32	2374.40	796.61
2016	中职学校	1.09	1599.01	593.34
	普通高中	1.34	2366.65	802.92
2017	中职学校	1.07	1592.50	582.43
	普通高中	1.36	2374.55	800.05
2018	中职学校	1.02	1555.26	557.05
	普通高中	1.37	2375.37	792.71
2019	中职学校	1.01	1576.47	600.37
	普通高中	1.40	2414.31	839.49
2020	中职学校	0.99	1663.37	644.66
	普通高中	1.42	2494.45	876.44
2021	中职学校	0.73	1311.81	488.99
	普通高中	1.46	2605.53	904.95
2022	中职学校	0.72	1339.29	484.78
	普通高中	1.50	2713.87	947.54
2023	中职学校	0.71	1298.46	454.04
	普通高中	1.54	2803.63	967.80

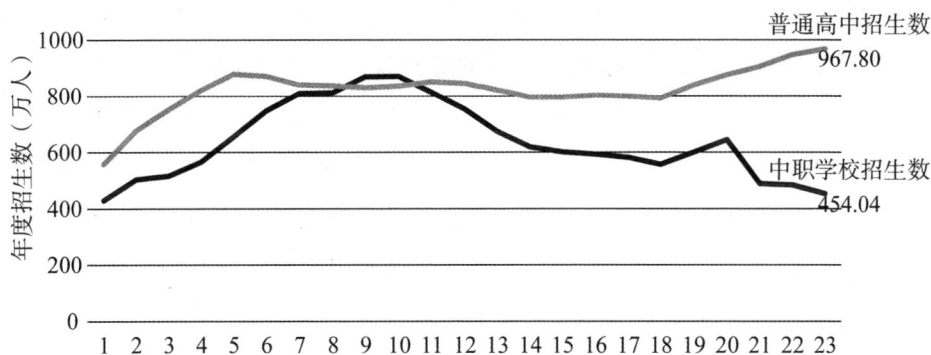

图 1-1 新世纪以来我国中职学校和普通高中招生数量变化趋势图

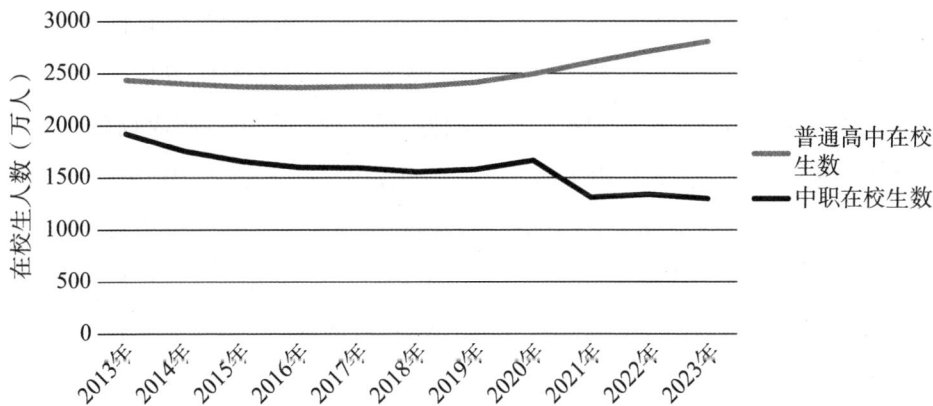

图 1-2 近十年我国中职学校和普通高中在校生数量变化趋势图

相比较于中职教育、职业教育的"政府热",中职教育在入学上的"需求冷"现象集中体现了中职教育社会认可度低的现实。这种现象背后的原因是多样的,比如,社会观念的变化。随着社会的发展,人们对教育的期望值不断提高,许多家长和学生更倾向于选择普通高中,认为通过高考进入大学是更有前途的选择;中职教育往往被视为"次优选择",甚至被贴上"低学历"的标签,这种观念导致中职学校的吸引力下降。再如,高等教育普及化。近年来,我国高等教育规模不断扩大,大学录取率显著提高,越来越多的学生有机会进入大学深造,这使得中职教育的需求相对减少。许多学生和家长认为,接受高等教育是获得更好就业机会的必经之路。又如，就业市场的变化。随着经济结构的调整，部分传统行业对中职毕业生的需求减少，而新兴行业对高技能人才的需求增加。中职教育在专业设置和课程内容上可能未及时适应市场需求，导致毕业生就业竞争力下降，进一步削弱了中职教育的吸引力。但是导致这种中职教育"需求冷"的核心问题是中职教育自身的质量低下，即部分中职学校存在教学质量不高、师资力量不足、实训条件有限等问题，导致学生难以获得实用的技能和知识。此外，中职教育的社会认可度较低，也影响了学生的选择。

由于我国高中阶段的教育不再属于义务教育体系，因此，从本质上说，初中毕业生选择在普通高中就读或者在中职学校就读，或者选择不再继续学业，更多的是一种学生个体或者家庭的自主选择。但是，这种自主选择构成的群体性、社会性影响则有助于我们判断社会大众对于不同教育样态的喜好和认同程度，也必然能够为国家教育政策的制定和变革提供依据。有研究认为，现阶段，中等职业教育受冷落是因为其期望回报率相对较低，根本原因是中等职业教育的供给未能很好地匹配劳动力市场需求的变化[①]，这也自然应该归因到中职教育自身办学和人才培养质量的提升之上。作为一种与普通教育同等重要的教育类型，职业教育在人才培养、经济社会发展、教育改革等方面的重要意义已经成为共识，但是中职教育这种"需求冷"问题的日益显现，其所诱发的问题值得重视，比如技能型人才短缺、教育结构失衡、社会分层加剧等。具体体现在，中职教育的主要目标是培养技能型人才，而中职生数量的减少可能导致某些行业出现技能型人才短缺的问题。特别是在制造业、服务业等领域，技能型人才的需求依然旺盛，但供给不足可能制约行业发展。中职教育是职业教育体系的重要组成部分，其规模的缩减可能导致教育结构失衡。过度依赖普通高等教育，可能忽视了对职业技能人才的培养，进而影响经济的可持续发展。中职生数量的减少可能加剧社会分层，使得部分因为各种原因无法进入普通高中接受教育的学生再一次丧失接受职业教育的机会，进而导致他们在就业市场上处于更加不利的地位，进一步拉大社会差距。

---

① 郑筱婷,孙志颖,汪鲸.选择普通高中教育还是中等职业教育——高中阶段不同类型教育期望回报率的实证分析[J].教育研究,2023(01):103-117.

总而言之,中职教育的"政府热"和"需求冷"的强烈对比,集中体现了中职教育社会认可程度不高的现实。这种认可程度不高,不仅会给中职教育的招生、人才培养等带来现实困难,也会影响中职教育工作者自身的自我效能感,影响他们在提升中职教育水平、提高中职学生培养质量实践中的投入,最终也会导致中职教育发展的局限。

第三节　中职教育质量之弊制约人才培养的品质提升

进入新时代,"公平而有质量"成为教育改革发展的重要价值和目标。"公平而有质量"意味着三个相互递进的教育逻辑关系,即首先,保障每一个孩子受教育的权利;其次,让每一个孩子能够接受高质量的教育;最后,"公平有质量"的教育应以美好生活需要的实现为衡量标准[1],应该以受教育者的内在需求和成长需要为逻辑出发点。在"公平而有质量"的教育体系中,"质量"是最为关键的命题,而对于中职教育改革发展而言,"质量"之痛、"质量"之弊,是最为突出的问题,也是中职教育所有问题的最核心、最集中表现。

一、高水平就业支撑不足之弊

中职教育相比较于普通高中教育是一种鲜明的职业导向的教育,赋予学生职业的意识、能力和素养,培养专门的技术技能型人才,促进学生就业是职业教育的特色之一。但是,在具体的实践中,很多中职学校在落实"就业导向"的过程中,简单地把"就业导向"理解为"就业教育",进而在中职学生培养的过程中将大量精力放在了学生就业技能的培养之上,仅仅从学生作为"工具人"的视角培养学生适应特定职业的技术能力,而忽视了学生作为"人"的身心健康发展,特别是在学生心理健康教育、行为习惯教育、思政与价值观教育、文化基础教育等领域缺少针对性的设计和足够的教育教学关注。这导致中职教育在人才培养上的工具理性,尽管能够在一定程度上塑造学生的职业技能,却难以提升其作为一个

---

[1]　唐淑艳.让教育更加公平更有质量[J].人民论坛,2019(07):92-93.

完整的人的社会竞争力。仅仅将"就业导向"理解为"就业教育",仅仅关注从就业技能培养的角度培养中职学生,不仅在很大程度上缩减了中职教育的育人价值,也容易弱化中职学生的"学生角色"认知,制约了中职学生基本文化素养的养成,限制了中职学生对于未来职业发展和人生成长的理想与选择①,也不能够顾及学生发展的长远利益,甚至是一种"拔苗助长"的行为②。这导致了学生整体培养质量的低下,也会影响学生的就业质量。根据《中国中等职业学校学生发展与就业报告》等文件的相关数据,多年以来,我国中职学生的就业率(含升学率)始终保持在95%以上,大大超过了高等学校毕业生的就业、升学率。对于中职学校毕业生就业率超过大学生,人们并不感到惊讶。随着国家对蓝领型技术工人的需求量迅速增加,有一技之长的中职院校毕业生颇受青睐③。但是,诡异的是,社会大众对于中职教育的认可和主动参与程度并没有因为这种高就业率而出现"高上座率"的情况,反而中职学校的招生数和在校生人数连年下滑的趋势比较明显。这充分说明,在社会大众看来,能就业不代表能够高质量就业,中职教育的就业率高,但是并不能代表这种教育形式的高质量。中职教育的社会认同度不高,中职生的深造提升空间狭窄,中职学校办学良莠不齐等问题,在很大程度上影响着中职学校的办学与人才培养质量,也在很大程度上导致了中职教育"叫座不叫好"的现实。

同时,一个值得注意的现象是,整体上看,我国目前的中等阶段教育体系中,进入中职学校学习的学生,相比较于普通高中,他们往往学业基础更加薄弱,行为习惯更加不良,因此培养发展的起点往往比较低。即使中职学校和普通高中学校的教师投入同样的培养精力,中职学生的整体培养质量也会因为先天的不足而处于相对弱势的境地,这也在很大程度上制约着中职学校的人才培养质量。

① 李向辉,常芳.中职教育对"以就业为导向"的误读、危害与治理[J].教育发展研究,2016(专刊):31-34.
② 王东.对中职教育"工具主义"的反思[J].教育与职业,2010(32):20-21.
③ 张枫逸.中职教育缘何"叫座不叫好"[J].教育与职业,2013(05):90.

二、高质量课程架构不优之弊

相比较于普通高中教育，中职教育具有自身的特殊性，这种特殊性体现在教育对象的特殊性、在教育整体结构中位置的特殊性、发展方式的特殊性。因为这种特殊性的存在，中职教育应同普通高中教育一起承担起"立德树人"的价值使命，承担起培养"德智体美劳"全面发展的社会主义建设者和接班人的重要任务。缺少高质量的人才培养，中职教育这种独特的价值就难以得到发挥，完整的中等教育体系也就难以真正建构。

课程教学是人才培养的关键要素，相对于普通高中的课程教学建设与改革，中职学校的课程建设和教学变革问题往往受到更多的局限，课程教学整体质量的低下直接导致中职学校人才培养不力和办学质量低下。整体而言，中职学校的课程教学改革主要面临三个方面的不足。

首先，课程教学建设的资源不足。课程教学的建设与改革是一个系统工程，需要充分的资源支撑。从近年来教育部发布的全国教育事业发展公报的相关数据看，整体而言，中职学校相比较于普通高中学校，在生均经费、生均教育资源、生均图书资源、生均活动面积等重要指标上存在明显的差距。同时，职业教育相比较于普通教育，需要更加多样化的外部资源支持，特别需要学校、企业、社区等的有效联动。目前来看，中职学校尽管普遍建构起了学校和企业相关联的人才培养体系，但企业和用人单位如何以有效的方式介入人才培养，为中职学生人才培养和课程教学改革提供充足的资源支持，依然缺少有效的路径设计。

其次，课程教学改革的力度不够。普遍来看，中职学校的课程设置往往未能充分对接行业和企业的实际需求，导致学生所学知识与技能与就业市场的要求存在差距。部分课程内容过于理论化，缺乏实践性和针对性，难以满足企业对技能型人才的即时需求。中职学校的课程教学改革中，传统的教学方式以教师讲授为主，学生被动接受知识，缺乏互动性和实践性。这种教学方式难以激发学生的学习兴趣，也不利于培养学生的创新能力和实践能力。虽然许多中职学校已经意识到校企合作的重要性，但在实际操作中，合作形式往往流于表面，缺乏深度和持续性。企业参与课程设计和教学过程的程度较低，导致教学内容与行业需求脱节。随着科技的快速发展和行业的不断变化，中职学校的课程内容更新速度较慢,难以跟上行业发展的步伐。这使得学生在毕业后可能面临所学知识与实际工作需求不匹配的问题。上述问题的存在,在很大程度上影响了中职学校的课程教学改革设计与实施,也导致中职学校课程教学的质量难以令人满意。

另外一个值得注意的问题是,课程教学改革要有鲜明的学生需求导向。根据 2024 年最新发布的《中国职业教育发展报告》,初中后教育多样化是教育体系的成熟度、灵活性、包容性的具体体现。应建立多样的职业教育与普通教育连接的通道和培养形式,为学生多次选择和多样化的人才培养提供机会和载体,健全高中阶段和本科阶段的融通模式,服务学生适应未来社会的多元化挑战。同样,北京师范大学国家职业教育研究院公布 2023 年度的"中国职业教育学生发展调查"显示,升学是中职学生毕业后的主要方向,六成以上中职学生期望获得本科及以上学历,约七成学生通过高职单招、三校生考试或职教高考升入高校进一步深造。这种以升学为主题的多样化的发展需求,在很大程度上挑战了传统的以就业为导向的中职教育人才培养观和基于这种观念建构起来的课程教学体系。如何顺应当下中职学生的多样化成长诉求,统筹基础教育课程和专业教育课程,建构完善的课程体系,深入推进教学变革,提升中职教育的课程教学质量,显然考验着每一个中职教育工作者。

三、高素质师资打造不力之弊

教师是教育的第一资源,高质量的职业教育需要高质量的职业教育教师队伍支撑。党的十八大以来,党和国家对新时代职业教育教师队伍建设进行了持续的投入和建构,从"强化职业教育教师思想政治建设和师德师风建设的引领作用,强化职业教育教师队伍建设的制度供给,强化职业教育教师队伍的类型特色,强化职业教育教师队伍的地位和待遇保障"①等维度形成了新时代职业教育教师队伍建设的行动纲领,职业教育教师队伍建设迎来了曙光。调查显示,中职

---

① 教育部教师工作司.新时代职业教育教师队伍建设论纲[J].教育研究,2022(08):20－30.

教育、职业教育体系内,尽管教师的整体社会地位仍然不高①,但是教师对于自身工作的整体满意度却已经达到了一个较为令人满意的程度②。然而尽管如此,中职教育体系内的教师队伍建设和教师专业发展问题依然任重道远,中职学校高素质师资打造不力的问题依然凸显。整体表现在教师数量不足,结构不合理;教师专业能力与行业需求脱节;"双师型"教师比例偏低;教师培训机制不完善;教师待遇不高,职业吸引力不足;教师评价机制单一;教师流动性强,队伍不稳定;教师教学工作压力大等方面。

具体而言,许多中职学校面临教师数量不足的问题,尤其是专业技能型教师缺口较大。由于中职教育的特殊性,需要大量具备实践经验的"双师型"教师(既懂理论又懂实践),但这类教师相对稀缺。此外,教师队伍的年龄结构和职称结构也存在不合理现象,年轻教师比例偏低,高级职称教师较少。部分中职教师的知识结构和技能水平未能及时跟上行业发展的步伐。由于职业教育与产业联系紧密,教师需要不断更新知识和技能,但现实中,教师培训机会有限,导致教学内容与行业实际需求脱节,影响学生的就业竞争力。"双师型"教师是中职教育的核心力量,但目前许多学校的"双师型"教师比例较低。部分教师缺乏企业实践经验,难以将理论知识与实际操作有效结合,导致学生的实践能力培养不足。中职教师的职业发展通道和培训机制不够健全。许多教师缺乏系统的培训和继续教育机会,难以提升自身的专业水平和教学能力。此外,培训内容往往偏重理论,忽视实践技能的提升,难以满足教学需求。中职教师的待遇普遍偏低,尤其是与普通高中教师相比,职业吸引力不足。这导致优秀人才不愿进入中职教育领域,进一步加剧了教师队伍的质量问题。目前,许多中职学校的教师评价机制过于单一,主要依赖教学课时和科研成果,忽视了教师的实践能力和对学生职业素养的培养。这种评价机制不利于激发教师的积极性,也难以全面反映教师的综合能力。由于职业发展空间有限和待遇问题,中职教师的流动性较大,尤其是年轻教师和优秀教师容易流失。这种不稳定性影响了学校的教学质量和长期发

① 赵忠平,贾圆圆.中职教师的主观社会地位及其影响因素研究——基于浙江省 12 所中职学校教师的分析[J].2020,41(25):45-51.
② 尹玉辉.中职教师队伍:从业现状、建设成效与政策建议——基于全国中等职业教育教师满意度调查[J].河北师范大学学报(教育科学版),2021,23(04):88-93.

展。部分中职学校的教师教学任务繁重,既要承担理论教学,又要负责实践指导,甚至还要参与学生管理和校企合作项目。过重的工作负担影响了教师的教学质量和职业幸福感。

整体而言,中职教育定位之争影响人才培养的整体设计,中职教育认同之殇消弭人才培养的内在动能,中职教育质量之弊制约人才培养的品质提升。这是新时代我国中职教育改革发展面临的最重要的问题,这些问题归根到底是关乎中职教育的高质量发展和人才培养水平持续提升的问题。人才培养是教育的核心价值所在,通过高质量人才培养,提升中职教育的整体办学水平,是准确定位中职教育价值与功能,提升中职教育社会认可度与影响力,推动中职教育在新时代教育体系中认知自我、建构自我、实现自我的必然选择。

第二章 明理：

以清晰的理念谋划中职人才培养的思路

教育是国之大计、党之大计，"为谁培养人，培养什么人，怎样培养人"是教育的核心问题。从教育的本质出发，依托高质量人才培养，促进人的生命成长和全面发展，应该是任何形式的教育之首要使命。"自教育产生之后，教育的本质始终是成人对于儿童生活经验的主动干预，因此，儿童的成长是教育的基本价值所在，也是不同历史阶段教育改革的基本目的所在"①，这意味着是否关注人才培养、提升人才培养的质量，不仅是判断任何层面教育改革成功与否的基本标准，也应该是所有形式的教育样态在"立德树人"体系中需要共同承担的核心使命。

人的培养，既是一个理论问题，也是一个实践问题，或者说是理论与实践的有机统一，树立清晰的人才培养理念是厘清人才培养思路、提升人才培养质量的重要基础。人才培养理念是指在教育、培训和管理过程中，围绕如何培养出符合社会需求、具备综合素质和能力的人才所形成的一系列思想、原则和方法。在教育改革发展的历史进程中，人们已经形成了关于人才培养的诸多共识性理念，如以人为本、因材施教、全面发展、创新实践、国际视野、家国情怀等，这些理念对课程教学和人才培养的实践产生了直接的指导价值。但是，一方面，教育理念、人才培养理念不是一成不变的，应该与时代发展和社会进步同频共振，不断丰富、完善、创新。特别是对于我国而言，在发展社会主义市场经济过程中，我国教育事业出现了片面追求物质利益、以金钱作为事业成功的判断标准、人才培养突出经济功能等暗潮。因此，迫切需要通过人才培养理念的持续创新引导教育回归

---

① 袁国，贾丽彬.人的全面发展：教育改革的基本价值标准[J].教育理论与实践，2018，38(20)：7-9.

人才培养的本位①,凸显"立德树人"的价值导向,践行"教书育人"的基本职责,围绕"坚定学生理想信念,厚植学生爱国情怀,增强学生品德修养,增长学生知识见识,培养学生的奋斗精神,提高学生的综合素质"等六个方面"下功夫"②,实现教育"为党育人、为国育才"的价值使命。另一方面,尽管教育工作在人才培养的整体实践中有着共同的要求,但是不同的教育形式所承担的具体教学任务和人才培养目标是有差异的,这种差异性也会体现在不同教育形式的不同人才培养理念之上。因此,有必要在教育的整体育人理念下,围绕不同教育形式的特点、目标和任务,形成属于不同教育形式的独特理念,以此来厘清各种教育形式的育人目标、思路和方法。中职教育作为职业教育体系的一种独立存在样式,作为一种与普通高中教育相区别但是又同等重要的教育形式,其应该倡导和遵循的人才培养理念必然应该有自己的特质。职教人才培养理念的明晰,培养体系的建构,培养目标的定位,课程教学体系的打造等,不仅有助于职业教育和职教学生培养价值的实现③,也是系统推进职业教育改革,建构高质量"立德树人"体系的必然选择。

第一节　新时代中职教育人才培养的整体思考

人才培养的思考与设计不是一个独立的问题,要从教育与社会发展的整体逻辑中把握和理解。动态变化中的社会与教育的关系不会是单纯的决定和制约的线性关系,而是相互影响,始终处于互动过程之中④,"复杂的共变过程"是教育与社会关系的核心表征。这种关系的存在意味着思考教育改革发展,设计教育对于人才培养的理念与路径,不能脱离具体的社会背景。教育本身有自己的

---

① 蒋明敏.人才培养回归本位:新时代教育目的和功能再思考[J].毛泽东邓小平理论研究,2020(06):32-39.

② 张宁娟."六个下功夫":新时代人才培养的行动指南[J].教育研究,2018(09):18-20.

③ 鲜跃勇,刘雪梅.职教人才培养体系与职教学生价值实现研究[J].职教论坛,2013(20):76-78.

④ 张行涛.教育与社会共变格局与过程[J].集美大学学报,2004,5(01):42-44.

本心,但在复杂的社会关系中,教育容易迷失本心或异化①。在复杂的教育现象中回归教育本心,厘清教育对于人才培养的合理目标,是开展教育变革的首要任务,也是这种教育变革和人才培养取得理想成效的逻辑基础。

一、把握顺应时代发展的人才培养趋势

当今社会的快速发展和急剧变革,特别是信息技术的充分运用,深刻改变了人类的生产、生存、生活和思维方式,也在很大程度上重塑教育的存在与发展方式。2020 年 9 月 15 日,世界经合组织(OECD)发布《回到教育的未来:经合组织关于学校教育的四种图景》(Back to the Future of Education：Four OECD Scenarios for Schooling)。该报告是 OECD 每三年出版一次的“塑造教育趋势”系列(Trends Shaping Education series)的配套卷,重点论述了经合组织对未来学校教育的四种图景。在此份报告中,经合组织提出的四种未来学校教育图景具体为:学校教育扩展(SCHOOLING EXTENDED)、教育外包(EDUCATION OUTSOURCED)、学校作为学习中心(SCHOOLS AS LEARNING HUBS)和无边界学习(LEARN-AS-YOU-GO)。学校教育扩展,意味着正规教育的参与继续扩大。国际合作和技术进步支持更加个性化的学习,然而学校教育的结构和过程仍然存在。教育外包,意味着随着社会更加直接地参与到公民教育中来,传统的教育体系也随之瓦解,学习通过更加多样化、私有化和灵活的安排进行,数字技术是关键的驱动因素。学校作为学习中心,意味着学校依然存在,但多样化和实验是常态。打开学校“围墙”,将学校与社区联系起来,有利于不断变化的学习形式、公民参与和社会创新。无边界学习,意味着未来时代,教育随时随地都在进行②。这四个方面的图景,宏观上描绘了未来 20 年学校教育改革发展的整体样态,也充分表明了信息技术对学校教育渗透力度之大,影响之深。从这个角度出发,思考当今时代的教育变革与人才培养的独特理念、需求,已经成为迫在眉睫的重要命题。

在笔者看来,时代发展对于人才培养理念提出的最大挑战是知识获取方式

---

① 薛静华,周显洋.价值引导与教育本真回归——基于教育的社会关系考察[J].教育理论与实践,2018,38(22):12-15.

② 国际与比较教育研究所.OECD 最新报告:未来学校的四种图景[EB/OL].[2021-10-18](2024-12-30).https://www.sohu.com/a/420846463_115563.

的多样化,"知识就是力量",培养"知识人"的传统教育培养体系和人才培养理念亟待发生转变。客观而言,在当今这个快速变化的时代,知识的重要性确实需要我们重新思考。固然,知识依然是基础,就像盖房子需要坚实的地基一样。但仅仅有知识已经不够了,现在的学生更需要的是"智慧"和"综合素养",也就是运用知识的能力。这包括:①批判性思维:学会独立思考,不人云亦云;②创新能力:将知识转化为新的想法和解决方案;③社会情感能力:与他人合作,理解他人感受的能力;④学习能力:在信息时代,快速学习新知识的能力比记住旧知识更重要。就像一位智者说的"知识是鱼,智慧是渔",我们不仅要给学生鱼,更要教会他们如何钓鱼。这意味着,在这个充满不确定性的时代,最重要的是培养终身学习的态度和能力。因为未来会有什么样的新知识、新技术出现,谁也无法预料。也正是因为如此,进入新时代以来的课程教学和人才培养改革,更多是基于对传统的知识传递导向的教学价值观的反思批判,认为"仅仅把教学论看成由系统的知识体系所构成的观点是片面的,单纯从知识向度上开展教学论研究是失当的"①,不仅难以体现课程教学的立体性、全面性,也不利于培养全面发展的学生。基于对"知识导向"的课程教学和人才培养观之批判,从"知识之教"走向"意义之教",注重培养学生的核心素养,借助心灵的意向性,通过情境、体验、理解建构起知识本身的意义和生命活动的意义②,以知识为基础,超越知识,培养学生的核心素养、思维品质、创新实践能力、社会情感能力等,成为人才培养的新的价值与理念向度。

二、建构契合中职教育的人才培养理念

对于中职教育而言,科技的进步促使工作岗位发生结构性变革,中等职业教育随之面临来自内外部的巨大挑战。在大职教理念引领下,中等职业教育人才培养迎来教育社会化、教学复合化、学习终身化的重大机遇,需更加关注人才在

---

① 吉标."知识导向"教学论研究的反思与超越[J].课程·教材·教法,2012,32(09):32-37.

② 游春蓉,王强.走向意义之教:素养导向的知识教学进路[J].当代教育科学,2023(06):56-63.

自主学习和岗位适应方面的培育①。这需要中职教育工作者在系统把握新时代课程教学、人才培养改革整体理念的基础上,结合中职教育的实际情况,对中职教育独特的人才培养理念进行精心设计。从笔者自身的感知看,新时代中职教育的人才培养理念应该突出以下几个方面的核心特质。

（一）社会需求导向

中职教育作为职业教育体系的重要组成部分,其人才培养的核心目标是为社会输送具备专业技能和实践能力的应用型人才。社会需求导向是中职人才培养的基石,直接决定了教育的方向与内容。随着我国经济结构的调整和产业升级,社会对技术型人才的需求日益增加。中职教育需要紧密对接行业发展趋势,培养能够适应新技术、新工艺、新设备的技能型人才。例如,智能制造、信息技术、新能源等领域对中职人才的需求尤为迫切。中职学校应通过校企合作、实训基地建设等方式,确保学生掌握行业前沿技能。中职教育具有很强的地域性特点,其人才培养应紧密结合地方经济发展需求。例如,沿海地区可能需要更多港口物流、外贸相关人才,而内陆地区可能更注重农业技术、机械制造等领域的人才培养。中职学校应深入调研地方产业需求,调整专业设置和课程内容,确保人才培养与地方经济无缝对接。随着新兴行业的崛起,如数字贸易、直播营销、人工智能等,中职教育需要及时调整专业方向,培养适应新业态的人才。例如,近年来电商行业的快速发展为中职学生提供了大量就业机会,中职学校可以通过开设相关课程或与企业合作,帮助学生掌握电商运营、数据分析等技能。从社会需求的导向出发,中职教育还应积极响应国家政策导向,如"技能中国行动""大国工匠""科技强国""乡村振兴"等战略。通过培养技能型工匠、农村实用技术人才等,中职教育可以为国家战略的实施提供有力支持。总体而言,适应市场需求和适应区域经济社会发展需求是中职教育开放办学的典型特征,也是中职教育与社会发展、经济发展紧密结合属性的最重要体现。中职教育中的人才培养,只有不断依据区域市场需求优化调整专业设置、人才培养方案等,实现专业与产

---

① 张德成,等.大职教理念下中职人才培养:模式构建与路径探析——以杭州市西湖职业高级中学为例[J].职业基础教育,2021,42(02):6-10.

业同步规划、专业建设与企业发展同步实施、技术同步升级①,才能真正培养适应社会发展需求的高素质中职人才,体现中职教育在新时代教育体系中的独特价值与作用。

（二）能力塑造本位

在传统的课程教学和人才培养改革视域中,"知识"与"能力"一直被视作两个相对独立而又彼此关联的概念。从"知识"导向的教学和人才培养,转型到"能力"导向的教学和人才培养,在一段时间内影响甚至主导着我国课程教学改革的价值与实践进程。从心理学角度讲,能力属于个性心理特征,是保证人们成功地进行实际活动的一系列稳定心理特点的综合。从课程教学和人才培养的角度看,这种关于能力的一般概念,必须经过教育学的改造才能成为一个教育学范畴,才能成为引领课程教学和人才培养变革的有效价值。从知识与能力相比较而言,知识是会被遗忘的东西,而能力则是留在学生身上的东西;知识是认知加工的对象和材料,能力则是认知加工的工具和策略;知识是树叶,能力是树根②。注重培养学生的综合能力,是我国整体课程教学改革的内在选择,也是中职教育对于人才培养理念设计过程中必须考虑的重要因素。

整体而言,衡量和评价中职教育质量最重要的标准是学生的综合职业能力,最终体现在毕业生是否具有较强的技术应用能力和实际操作能力,是否具有适应职业岗位变更的迁移能力和自我更新能力,是否具有适应未来社会发展的创业能力、创新能力和可持续发展能力,这都要求树立起能力本位质量观和人才培养观。在中职学生的能力培养中,专业能力和实践能力是最为根本的,它是提升中职学生就业竞争力,体现中职教育区别于普通教育的关键所在。在职业教育领域流传着一个广为人知的"段子"——山东某个以挖掘机技术培养为特色的职业学校,校长在开学典礼上郑重其事地告诉自己的学生:"你们一定要好好学习技术,如果你们学不好技术,你们跟清华、北大的学生还有什么区别!"尽管这只是一句调侃性的话语,但是其背后折射的对于中职学生专业实践能力、技术能力

培养的呼唤却是真切的,这意味着中职教育要在现代教育体系中争得一席之地,就必须在学生能力培养上下足功夫,坚持人才培养的鲜明的能力导向。

(三) 促进全面发展

"培养什么人"的问题,一直是引领教育改革发展的关键问题。习近平总书记在全国教育大会上的重要讲话中提出要"培养德智体美劳全面发展的社会主义建设者和接班人","努力构建德智体美劳全面培养的教育体系,形成更高水平的人才培养体系"。这一重要指示给教育改革发展提出了新的努力方向和建设要求①,这种方向和要求的核心是促进人的全面发展。近年来,在我国课程教学和人才培养的整体设计与改革中,"全面发展、综合素质、核心素养"是一个前后相继的改革过程,但是其核心要义是相通的,三者尽管在提出主体、背景与理论依据、内涵与规定性、实施途径和效果等方面存在一定差异②,但是其核心价值指向都是人适应社会的综合素养体系的建构。人的全面发展则是这种体系建构的基础。

对于中职教育而言,既然认可其作为现代教育体系的重要组成部分,就要倡导其培养"全面发展的人"的功能导向。现代社会不仅需要技术过硬的人才,还需要具备良好职业素养的复合型人才。中职教育在培养学生专业技能的同时,还应注重职业道德、团队协作、沟通能力等软技能的培养。这些素养是学生未来职业发展的关键,也是企业用人的重要考量。在快速变化的职业环境中,中职教育不仅要培养学生在校期间的技能,还要帮助他们树立终身学习的理念。通过开设职业规划课程、提供继续教育机会,中职学校可以帮助学生更好地适应未来的职业发展需求。

实现中职学生的全面发展,也需要与时俱进。当前,特别需要关注的除了上述提及的道德、合作、沟通等能力之外,还特别需要重视中职学生终身学习能力、社会情感能力和新质能力等的培育。终身学习是大职教理念的重要内涵,自主适应、自主学习的能力是中职学生走向工作岗位后必须具备的一种现代化能力。

从终身学习能力的培养看,未来社会将出现大量全新岗位,中职人才也不会

① 范新萍.五育并举　全面发展[J].中国德育,2018(23):10-11.
② 胡定荣.全面发展·综合素质·核心素养[J].新疆师范大学学报(哲学社会科学版),2018,39(06):61-78.

再继续做重复简单的机械劳动,他们应具备自适应能力,从传统技能的操作转变为管理、设计、开发等创新性工作,适应社会与岗位的需求。因此,现代中职教育应把终身学习能力培养作为人才培养的基本目标,把建立和完善终身教育制度摆在教育工作的首要位置,改变中职生固有的学习态度,探索更多方便灵活的学习模式,培养学生适应未来社会的终身学习能力①。社会与情感能力是当前教育研究最重要的主题之一,近年来,教育领域发生了"情感转向",教育越来越强调促进社会与情感能力发展和幸福感的全人教育,如何培养青少年的社会情感能力越来越受到重视②。

从社会情感能力的培养看,青少年的社会情感能力是指他们在社会交往和情感管理方面所具备的一系列技能和素质。这种能力不仅包括理解和管理自己的情绪,还包括与他人建立良好关系、有效沟通、解决冲突以及展现同理心等方面的能力。简单来说,它是一种帮助青少年在复杂的社会环境中健康成长的核心能力。参与 OECD(世界经合组织)全球青少年社会情感能力测评的相关结果表明,我国青少年社会情感能力的培养依然任重而道远③。对于中职学生而言,仅有职业领域的技能难以让其立足未来时代,只有注重其社会情感能力的培养,从自我意识、自我管理、社会意识、责任意识、人际关系技能等维度全面提升中职学生的社会情感能力,才能提升其未来生活的"软实力",塑造更加高质量的中职人才。

从"新质能力"的培养看,"新质人才"指能够为行业发展和社会进步塑造新动能、打造新优势、开辟新赛道,以引领新质生产力发展的创新型、高素质人才④。未来的劳动,大量的可以被人工智能所替代,这意味着中职学生的培养不能再拘泥于简单的机械劳动能力的培养,而要注重培养学生数字技术运用、人机协同、

---

① 张德成,等.大职教理念下中职人才培养:模式构建与路径探析——以杭州市西湖职业高级中学为例[J].职业基础教育,2021,42(02):6-10.

② 黄忠敬.从"智力"到"能力"——社会与情感概念史考察[J].教育研究,2022(10):83-94.

③ 袁振国,等.中国青少年社会与情感能力发展水平报告[J].华东师范大学学报(教育科学版),2021(09):1-31.

④ 王一岩,等.新质人才培养:核心理念与实践路径[J].开放教育研究,2024,30(06):48-54.

创新思维、自主学习、数字创新与开拓等领域的能力，也就是学生的"新质能力"，只有如此，才是真正关注到了学生的全面发展。

整体而言，中职教育的人才培养也要同普通高中教育一样，坚持"立德树人"的根本任务和价值导向，着眼"全人"视角，努力培养学生学会做人、学会学习、学会做事的精神品质，培养学生具备文化素质、科学素养和综合职业能力，引导学生将通用能力、职业素养等融入学习中，促进学生全面发展，这是中职教育作为一种教育形式的内在要求。

（四）提供多样服务

在强调"以人为本"的现代教育体系中，学生成长需要越来越成为教育教学改革的重要价值导向。从心理学的角度看，需要是存在于人脑中的一种假设性结构，代表着一种内在驱动力，并可以从内部或外部组织和控制所有的心理过程，渗透到人的活动的各个方面①。大量研究指出，"教育不仅要从学生的问题中去觉察学生成长的需求，而且必须超出问题的视野，去预设、策划能促进学生发展的实践活动，构建起让学生潜能发展的校园文化生态系统，促进学生积极主动地发展"②。这种基于学生成长需要的教育变革观，正在深刻影响和重构我国的各类教育系统。对于中职学生而言，大样本调查显示，中职学生的成长需要非常强烈，他们渴望得到关注，希望更好地发展自己③，同时他们的成长需要也因性别、地域、兴趣、发展方向等呈现出多元化、差异性的特征。在传统的职业教育认知中，受制于"就业"导向的局限，中职学校在开展人才培养的过程中，所提供的服务主要是围绕就业需求的，忽视了中职学生作为人的全面发展需要，课程教学结构单一，内容贫瘠，无法支撑学生全面发展需要和个性化成长诉求。

据统计，目前我国职业学校每年培养毕业生超过 1000 万名，开展职业培训约 1300 万人次。现代制造业、战略性新兴产业和现代服务业等领域，一线新增从业人员 70% 以上来自职业学校。同时，我国已经形成了"中等职业教育—高等

① 郭德俊,李燕平.动机心理学:理论与实践[M].北京:人民教育出版社,2005.
② 李晓文.教育,要从学生的成长需要出发——形成于"新基础教育"改革实践的感悟[J].人民教育,2010(11):4-6.
③ 黄琼.高职学生成长需要结构建构及其现状调查[J].中国职业技术教育,2018(10):75-80.

职业教育(专科)—高等职业教育(本科)"的层级结构。职普融通拓展学生成长成才通道,是我国职业教育发展的战略任务之一。进一步完善职业教育与普通教育的沟通衔接机制,形成结构完善的培养体系,是当下职业教育改革发展的必然选择。在这样的整体背景下,中职学生的成长需要已经从单一的"就业"转向为复杂的"生涯发展",中职教育在课程教学和学生成长服务中也必然面临转型的需要。

按照《中国职业教育发展报告》的建议,提供多样化的教育服务是未来职业教育改革发展的重要思路。该报告认为,初中后教育多样化是教育体系的成熟度、灵活性、包容性的具体体现。应建立多样的职业教育与普通教育连接的通道和培养形式,为学生多次选择和多样化的人才培养提供机会和载体;健全高中阶段和本科阶段的融通模式,服务学生适应未来社会的多元化挑战①。同时,大样本调查显示,超过70%的中职学生已经不再把"就业"作为学习的首要目标,大部分中职学生希望中职阶段的学习之后还能够有机会接受更高层次的教育。这种变化趋势显然呼唤中职学校着眼学生终身发展、生涯成长,特别是与高一级学段的衔接,通过提供个性化的职业规划指导、多样化的课程设计、深度的校企合作,以及重视学生道德教育和心理健康教育、开展国际交流与合作、夯实学生文化素养等方式,提升教育供给的丰富性、多样性。只有如此,才能让中职教育更加契合学生成长需要,更加有效地承担起其所应有的"立德树人"的价值。

第二节　学校对中职人才培养的个性设计

学校是教育有机体的细胞,学校教育承担着"为党育人、为国育才"的重要使命,既要落实国家层面"有理想、有本领、有担当"的整体人才培养任务,也要结合学校实际,对学校层面的人才培养目标、定位、理念、方法等进行个性化思考和

① 重要发布:《中国职业教育发展报告》[EB/OL].[2024-11-25](2024-11-30). https://mp.weixin.qq.com/s?__biz=MzkyOTM0NjY0OQ==&mid=2247507113&idx=3&sn=5e6428755ea91aa47360d90363176d60&chksm=c3c753ae0d3a5fe675a8c618c813b8c30ddce629b8355220114656eb9f9f7fa48ea2f798bdcf&scene=27

设计。

一方面，作为中职学校，要积极投身"有理想、有本领、有担当"的整体性人才培养系统。教育具有重要的政治价值、社会价值，也具有鲜明的阶级属性。立德树人，既是政治性很强的专业工作，也是专业性很强的政治工作，必须从党的长期执政和中华民族伟大复兴的政治高度来看待学校教育教学和人才培养工作。习近平总书记多次强调，"青年一代有理想、有本领、有担当，国家就有前途，民族就有希望"。这为广大青年的成长指明了方向、提出了希望①。2017 年以来，我国高中和义务教育新课程方案、新课程标准的颁布，将"有理想、有本领、有担当"作为教育改革和人才培养的重要目标，进行了政策文本的明确呈现与界定。高中和义务教育培养目标厘定的"三有"时代新人形象设计，是把习近平总书记对于青年一代的要求和期望具体转化为教育培养目标的结果，它既回答了基础教育培养时代新人的首要的、基本的问题，也是高中和义务教育课程教学和人才培养改革实践的重要引领②。尽管中职教育不属于义务教育体系，也不同于普通高中教育，但是其作为我国完整教育系统的重要组成部分的本体性价值，意味着中职教育必须主动承担"为党育人、为国育才"的使命，积极投身"有理想、有本领、有担当"的整体性人才培养系统，这是中职教育责无旁贷的神圣使命。

另一方面，作为一种独特的教育形式，中职教育必须因校制宜，结合自己学校独特的小学定位、小学理念，对人才培养进行个性化的设计。通过这种个性化的设计，将"有理想、有本领、有担当"的国家层面的共同的人才培养目标进行有效转化与落实。从某种意义上说，学校进行人才培养的个性化设计，是为了更好地适应现代社会对人才需求的多样化和复杂性。每个学生都有独特的兴趣、天赋和发展潜力，传统"一刀切"的教育模式难以满足个体差异化的成长需求。个性化设计能够帮助学生在学习过程中找到自己的兴趣点，激发内在动力，从而更高效地提升能力。对于学校而言，首先，人才的个性化培养能够因材施教。每个学生的认知水平、学习节奏和兴趣领域各不相同，通过个性化的课程设计和教学方法，教师可以根据学生的特点调整教学内容，帮助学生更快地掌握知识，同时

---

① 吴国平.培养"有理想、有本领、有担当"的年轻一代[J].人民教育,2020(10):1.

② 吴刚平.有理想、有本领、有担当——义务教育培养目标解读[J].全球教育展望,2022,51(05):3-13.

避免因学习内容过于简单或复杂而导致的倦怠或挫败感。其次,个性化设计有助于培养学生的核心竞争力。在当今社会,创新能力、批判性思维和跨学科整合能力越来越受到重视。通过个性化培养,学生可以在自己擅长的领域深入钻研,同时也能根据自身需求拓展其他领域的知识,形成独特的竞争优势。此外,个性化培养还能增强学生的自信心和归属感。当学生感受到自己的兴趣和需求被尊重时,他们会更积极地参与学习过程,从而形成良性循环。这种正向反馈不仅有助于学业进步,还能帮助学生建立健康的价值观。总之,学校进行人才培养的个性化设计,是为了让每个学生都能在适合自己的轨道上成长,成为具有独特价值的个体。这不仅是对学生个人发展的尊重,也是对社会未来需求的积极回应,还是对国家层面人才培养共性要求的有效落实。

上海市浦东外事服务学校的前身是上海市东辉中学,创建于 1965 年。1985年更名为上海市东辉职业技术学校,2017 年更名为上海市浦东外事服务学校,是首批国家级重点中职校、国家中等职业教育改革发展示范学校。在学校改革发展的历程中,如何顺应国家职业教育整体发展变革趋势,着眼新时代高质量中职教育体系建设,努力通过人才培养的个性化思考和设计,推动人才培养创新提质,这是学校始终关注的核心命题。特别是国务院《关于印发国家职业教育改革实施方案(第 20 条)》颁布之后,"职业教育与普通教育是两种不同教育类型,但具有同等重要地位"的理念正式提出,国家和上海现代职业教育体系框架全面建成,服务经济社会发展能力和社会吸引力不断增强,具备了基本实现现代化的诸多有利条件和良好工作基础。随着我国进入新的发展阶段,产业升级和经济结构调整不断加快,各行各业对技术技能型人才的需求越来越紧迫,职业教育重要地位和作用越来越凸显。基于以上背景,职业教育的发展也迎来了新的机遇和挑战,学校有必要在育人理念、教学机制、专业设置、师资队伍、课程教材、信息化建设、安全设施等方面全面提高办学标准,引领职业教育服务发展、促进就业创业,提升人才培养质量。学校也需要通过人才培养的个性化思考与设计,进一步落实好"立德树人"根本任务,健全德技并修、工学结合的育人机制,深化贯通引领、产教融合、校企合作、育训结合、国际合作,健全多元化办学格局,完善评价机制,提升技术技能人才培养质量。

一、形成人才培养目标的清晰表达

学校坚持以改革创新的思维推动人才培养的整体设计,围绕培养具有较强职业技术能力、扎实人文素养、良好道德修养,兼具国际视野和家国情怀的,能够适应未来时代专业技术工作的高素质职业教育人才的整体目标,进行人才培养的整体设计与变革。

在我们建构的人才培养目标中,一方面,突出"外事服务"的特点,注重培养学生的国际视野和全球胜任力。国际视野是一种洞悉世界发展进程和规律,积极参与国际事务的思想观念和行为方式。新时代中国日益走向世界中心,坚定不移地维护和引领经济全球化进程为新时代青年国际视野的生成提供了时代语境。伴随着新时代中国与世界深度融合,引导青年积极投身于国际秩序转型和人类文明新形态构建,是时代发展的必然要求①。对于中职学生的培养而言,当今世界已经成为一个紧密相连的整体。无论是经济、文化还是科技,国与国之间的界限正在逐渐模糊。学生如果只局限于本国的视野,可能会错失许多机会。国际视野能帮助他们更好地理解全球趋势,适应多元文化环境,从而在未来的职业生涯中占据优势。同时,国际视野的培养能够让学生学会尊重和包容不同的文化、价值观和生活方式。通过与来自不同国家的人交流,学生可以更深入地理解世界的多样性,减少偏见和误解。这种跨文化的理解能力,不仅是个人素养的体现,也是构建和谐国际关系的基础。此外,拥有国际视野的学生往往更具竞争力。他们能够从全球视角分析问题,借鉴其他国家的先进经验,提出更具创新性的解决方案。这种能力在未来的职场中尤为重要,尤其是在跨国公司或国际组织中,国际视野将成为脱颖而出的关键。国际视野不仅仅关系到个人发展,它还关乎社会责任。拥有国际视野的学生更容易意识到全球性问题,如气候变化、贫富差距、公共卫生等。他们会更积极地参与全球事务,成为有责任感的全球公民,为创造一个更加公平、更可持续发展的世界贡献力量。对于外事服务类学校,学生的国际视野、国际理解、国际胜任能力尤为重要。因此,我们"坚持面向

---

① 孟凡辉.新时代青年国际视野的精神实质、时代价值和培育路径[J].思想理论教育导刊,2022(05):147-152.

世界与立足中国的统一,坚持文明交流互鉴与坚守文化自信的统一,坚持胸怀天下与脚踏实地的统一"①等原则,在进行课程设计、专业建设和教学改革的过程中,始终将学生国际视野的培养视作重要特色。

另一方面,我们着眼学生全面发展和整个生涯成长的现实需要,坚持做实基础课程,做强专业课程,建构丰富的人文素养教育体系,通过全员导师制、中本贯通一体化培养、中职教育的课程思政变革等,培养中职学生良好的思想道德水平、行为习惯、价值观、文化素养和专业技术能力,为学生成为适应未来时代的新型劳动者和专业技术人才提供坚实基础,也突破了传统职业教育在人才培养目标设计上的单一的"就业"导向。

二、厘清人才培养变革的整体思路

人才培养是学校的核心工作,与学校整体发展密切关联,构筑了学校整体变革的主线。有研究指出,中华人民共和国成立以来,我国职业教育人才培养目标实现了从培养计划经济时期的"技术工人""熟练劳动者",到能把握"智能+"时代机遇的"高技术技能型"复合人才的跨越式发展,呈现出"以教育观念变革为先导,以技术升级迭代为驱力,以技术技能人才知识结构延展为体现"的建设性与批判性共在、历史性与现代性共生、稳定性与发展性共存等"中国特色"②,也在实践之中展现了职业教育对于传承工匠精神,培养大国工匠,助力教育强国和教育现代化建设的使命担当。纵观各地区和学校的人才培养实践,一个整体的趋势是将人才培养作为学校改革发展的主线进行科学思考与设计,借助学校发展规划、年度工作计划等,对学校人才培养的整体思路进行梳理和设计。在浦东外事服务学校的改革发展中,我们也将人才培养与学校整体发展进行逻辑打通的一致性设计,形成了三个层面的人才培养整体思路。

其一,坚持"立德树人",办人民满意的教育。全面贯彻党的教育方针和"立德树人"根本任务,培养"德智体美劳"全面发展的社会主义建设者和接班人。更

---

① 石宇,庞桂甲.胸怀天下:新时代中国青年国际视野培育研究[J].山西高等学校社会科学学报,2022,34(07):20-26.

② 闫广芬,李文文.新中国成立70年来职业教育人才培养目标的"中国特色"[J].中国职业技术教育,2019(36):27-33.

好地培养学生的爱国情怀、社会责任感、职业道德、创新精神、实践能力,提升学生把握未来的能力,助力每一名学习者拥有出彩机会、享有品质生活、成就幸福人生。

其二,坚持科学评价,贯彻落实《深化新时代教育评价改革总体方案》相关要求,促进教育高质量发展。充分发挥教育评价的导向作用,健全完善科学合理、符合新时代要求的学校教育评价制度和机制。

其三,坚持服务导向,立足职业教育服务区域经济社会发展方向,以"一头两翼"的模式持续推进学校发展。"一头"是指以办学方向(办学定位)为引领,"两翼"是指推进学校文化建设和专业内涵建设。充分发挥学校的区域优势,服务于浦东打造社会主义现代化建设引领区的需求,形成各专业人才培养优势,强化职业教育培养高素质技术技能型人才和促进人力资源储备功能。

三、建构人才培养实践的教育哲学

学校的人才培养是一个系统工程,需要学校"软件""硬件"实力的系统支撑。其中,学校的教育哲学体系作为学校办学精神和价值观的整体建构与表达,对于人才培养起着重要的"软实力"支撑作用。

学校教育哲学不是一个传统意义上的哲学概念,它是借鉴哲学的思维方式对关涉学校整体改革发展的思想价值的审视与建构。美国教育学者斯宾塞·马克西在其文章《通过学校教育哲学追求教育中的幸福》中提出,学校教育哲学是学校作为一个组织或者共同体整体看待自身的一种方式,主要包括对待学校共同体成员的方式、对待学校工作的态度,以及学校的使命与愿景,其目的是寻求学校教育的幸福[1]。概括而言,学校教育哲学即学校共同体的教育信仰,具有内隐性、实践性、复杂性和稳定性的特征[2],它包括学校的教育理念、办学目标、人才培养定位、校风校训、校园文化产品等。这些因素构成了学校整体的价值信仰,是学校整体发展的重要精神力量,也是学校实现高质量人才培养的"软实力"支撑。

---

[1]　SPENCER · J. MAXCY. Happiness in Education through the Development of a School Philosophy[J]. Education,2001(4).

[2]　陈建华.论学校教育哲学及其提炼策略[J].教育研究,2015(10):57-63.

在推进学校人才培养的整体设计与变革中,浦东外事服务学校深刻认识到学校教育哲学与人才培养的内在逻辑关系,认识到教育哲学是学校教育的灵魂,它决定了学校教育的价值取向、目标设定以及实施路径,而人才培养则是学校教育的核心任务,是教育哲学在实践中的具体体现。在我们看来,首先,学校教育哲学为学校人才培养提供了理论基础和方向指引。不同的学校教育哲学对人才培养的目标和方式有着不同的理解和主张。学校在选择和构建自身的教育哲学时,实际上是在为人才培养设定一个宏观的框架和方向。其次,学校教育哲学影响着学校人才培养的具体策略和方法。在确定了教育哲学的基础上,学校会制定相应的课程体系、教学方法和评价标准。这些策略和方法都是围绕着如何更好地实现教育哲学所设定的目标而展开的。最后,学校人才培养的成果也是检验学校教育哲学有效性的重要标准。通过观察学生在知识、能力、素质等方面的成长和变化,可以评估教育哲学在实践中的效果,并据此进行调整和优化。这种反馈机制使得教育哲学与学校人才培养之间形成了一个动态的、相互促进的关系。整体而言,学校教育哲学与学校人才培养是相辅相成、相互依存的关系。教育哲学为人才培养提供了理论支撑和方向指引,而人才培养的实践则不断丰富和发展着教育哲学的内涵。在这个过程中,作为中职学校,最为重要的是结合教育改革发展的整体趋势,建构科学完善的学校教育哲学体系,为学校人才培养和整体改革提供精神和价值引领。

以下是浦东外事服务学校的学校教育哲学体系。

办学宗旨与使命:坚持"发展为先,人本为纲;内涵为实,质量为上"的办学理念,把"让每一位师生具备扎实的专业基础和一技之长,让每一位师生拥有自信心态和生存能力,让每一位师生的个性和潜能得到体现和发挥"作为办学宗旨,让外事师生成为学校发展的主力军。

学校发展目标:学校坚持以贯通专业为引领,以核心专业为龙头,以重点专业为纽带,以延伸专业为支撑,以高效育人为保障,进一步做优做强上海市示范品牌专业、上海市品牌专业,完善管理体系、实施措施和保障机制,为学生多元成才服务,为区域经济社会发展服务,办高品位的职业教育。学校整体上将立足浦东新区、定位上海、面向全国,服务浦东新区经济社会发展,着重培养高素质技术技能人才,满足区域外向型企业初、中级人才需求,创新人才培养模式,提升人才培养质量,努力把学校建设成办学规模适度、专业特色鲜明、人才培养质量高、创新能力水平高、社会服务能力强,具有国内一流水平,在社会上具有深厚影响力的新型特色学校。

文化精神与办学特色:在"立德、修文、练技、强身"的校训指引下,形成富有外事特色的学校文化精神,在历代传承中不断创新载体,形成具有时代特点的办学特色。利用校园网、学校电视台和广播台、微信公众号、钉钉平台、宣传画廊等设施,及时发布学校信息,加强社会沟通。以校庆、重大节庆日为契机,在全校开展社会主义核心价值观、爱校荣校教育,让积极、健康、向上的思想舆论成为学校的主流,为学校稳定发展积聚正能量。

校标与校歌:学校的校标是一个篆体的"東"字,将"東"字图形化、拟人化,形象生动,呈现"充满力量、阳光向上"的寓意,以大气、简洁的形式诠释着外事学校的过去、现在与将来。学校校歌名为《东》。

四、保障人才培养质量的坚实基础

学校的人才培养既需要有效对接国家整体战略需求,也需要学校课程、教学、师资、场所等资源的保障。新时代中职教育的改革发展中,面对"国家重视技能、社会崇尚技能、人人学习技能、人人拥有技能"的建设要求,学校首先要厘清职业教育人才培养目标,凸显三个基础——基于素质教育导向,实现德智体美劳全面发展;基于就业岗位导向,培育扎实的专业知识与实践技能;基于职业生涯导向,形成较强的自我发展能力①。在此基础上,要统筹学校改革发展各领域的工作,为人才培养目标的实现和人才培养质量的提升奠定良好基础。在多年的改革发展中,浦东外事服务学校坚持以系统改革引领学校办学品质提升,在校园基础设施建设、国际化办学、社会服务、德育、人才培养方式变革等领域,进行了整体设计和持续探索,形成了个性化人才培养品质提升的坚实基础。

第一,基础设施整体完备。学校现有陆家嘴校区和世博校区2个校区,校园环境优美,总占地面积60942平方米,总建筑面积52267平方米,人均建筑面积约

---

① 梁海兰,赵聪,李焱.技能型社会建设背景下职业教育人才培养的目标、方向与路径[J].教育与职业,2022(16):5－12.

20平方米。经过"十三五"期间中职校内涵发展项目提升和建设,学校教学楼、运动场、体育馆等设施完备,金融和旅游专业的2个上海市职业教育开放实训中心和其他专业的实训场所能基本满足教学需求。

第二,国际化办学成果显著。近年来,学校积极拓展国际合作办学项目,取得了显著成果。其中以商务外语(英语、日语、德语)专业为代表,学校积极扩大国际交流与合作,同德国、芬兰、匈牙利和澳大利亚的职业学校建立友好合作关系,派送优秀学生和教师赴国外参加学习交流,为学校国际化发展打下了坚实的基础。此外,在专业合作、师资培训和引入国际课程标准方面,也取得了一定的成果。

第三,社会服务成效明显。学校充分利用优质的教学资源,积极开展各类社会培训。根据国家中等职业教育改革发展示范校建设要求,建成了功能齐全、设施完善、队伍精良、设置完整的职业技能培训基地,依托职前教育和职后培训两个抓手,加强与人力资源和社会保障部门劳动力技能培训的密切联系与合作,在技术设备与师资队伍建设方面得到显著提升。

第四,德育工作全面落实。学校坚持"立德树人",秉承"立德、修文、练技、强身"校训,坚持"五育"并举,把培育和践行社会主义核心价值观融入学校教育教学全过程,积极拓展德育渠道,创新德育形式,注重德育工作的针对性和实效性。结合学生实际情况,关注学生心理健康,以推行"全员导师制"和落实"一生一档"为抓手,全面提升学校心理健康教育工作成果。将学生行为规范教育系统化、礼仪教育课程化,发挥美育、体育和劳动教育在学校德育工作中的重要作用,加强学生艺术和体育类社团建设,加强顶层设计和整体规划,着力打造德育精品项目,挖掘亮点,形成品牌效应,产生一定的示范、辐射和引领作用。

第五,贯通人才培养一体化。自2014年起,学校分别与上海立信会计金融学院、上海工程技术大学、上海师范大学天华学院等3所高校开展3个中本贯通专业培养模式试点工作,与上海工商外国语职业学院、上海思博职业技术学院、上海电子信息职业技术学院、上海邦德职业技术学院等4所高职院校开展8个中高职贯通专业培养模式试点工作。2024年,学校贯通培养学生人数总计860人,占在校生总人数36.4%。目前,学校的财经商贸类、旅游艺术类、交通运输类和信息技术类专业都已经形成以相应的中本、中高职贯通专业为引领的独具特色的人才培养模式。未来五年,学校将继续寻求与高校合作,积极创新人才培养模式,优化人才培养路径,完善人才培养方案。通过贯通人才培养,不断明确学校办学定位与办学层次,深化专业建设内涵,促进教师专业发展,从而提升整体办学实力。

第三节 专业方案对人才培养的系统引领

职业学校的人才培养同普通高校一样,需要有相应的规范和设计。专业人才培养方案是职业院校落实党和国家关于技术技能人才培养总体要求,安排教学任务、组织开展教学活动的规范性文件,是动态调配教学资源、实施专业人才培养、达成人才培养目标和开展教育教学质量与就业质量评价的基本依据,具有重要的意义[1]。2019 年 6 月,《教育部关于职业院校专业人才培养方案制定与实施工作的指导意见》颁布,对新时代职业院校专业人才培养方案制定与实施工作进行全面部署[2],也为中职学校的人才培养方案设计提供了整体性的引领。在这样的一种整体政策导向下,中职学校的专业人才培养方案开始实现从无到有、从有到精的跨越,成为引领学校人才培养改革的重要的政策性、规范性文本。

从理论层面看,职业学校的人才培养方案制定,是落实"立德树人"教育根本任务的需要,是落实国家专业教学标准的需要,是落实人才质量保障机制的需要,具有重要意义。从实践层面看,专业人才培养方案的科学制定,对于学校的专业建设和人才培养具有直接的规范、引领和质量保障价值。在浦东外事服务学校看来,中职学校专业人才培养方案的制定,是职业教育体系中的关键环节,具有深远意义。它不仅关乎学生的个人发展,也与社会经济的进步息息相关。首先,人才培养方案是职业教育质量的保障。中职学校的核心任务是培养具备专业技能和实践能力的应用型人才。通过科学合理的培养方案,学校能够明确

---

① 汪治.职业教育专业人才培养方案科学制定的理念与策略[J].中国职业技术教育,2019(23):15 - 19.

② 高利兵,肖丙生.专业人才培养方案制定:意义、原则与路径[J].中国职业技术教育,2021(23):71 - 76.

教学目标、课程设置和实践环节,确保学生在校期间掌握扎实的专业知识和技能。这不仅提升了学生的就业竞争力,也为社会输送了高质量的技能型人才。其次,人才培养方案的制定有助于职业教育的人才培养更加适应社会需求,推动产业升级。随着科技的快速发展和产业结构的调整,社会对技能型人才的需求也在不断变化。中职学校通过制定与时俱进的人才培养方案,能够及时调整专业方向和教学内容,确保培养出来的人才符合市场需求。此外,人才培养方案是学生个性化发展的基石。每个学生的兴趣、能力和职业规划都不尽相同,科学的人才培养方案能够为学生提供多样化的选择和发展路径。通过灵活的课程设置和丰富的实践活动,学生可以在学习过程中找到自己的兴趣点,明确职业方向,从而实现个性化成长。最后,人才培养方案是学校与行业企业合作的桥梁。中职教育的特色在于"产教融合、校企合作"。通过制定符合行业需求的人才培养方案,学校能够与企业建立紧密的合作关系,共同开发课程、建设实训基地,甚至开展订单式培养。这种合作模式不仅提高了教育的实用性,也为学生提供了更多的实习和就业机会。

总之,中职学校专业人才培养方案的制定,是职业教育发展的核心任务之一。它既是教育质量的保障,也是社会经济发展的动力源泉。通过科学规划和不断优化,中职学校能够为社会培养出更多高素质的技能型人才,为国家的繁荣和进步贡献力量。基于这样的整体认知,学校结合《教育部关于职业院校专业人才培养方案制定与实施工作的指导意见》的相关要求,对所有专业的人才培养方案进行了精心设计,并结合时代发展、教育改革和师生实际情况进行动态调整完善。目前已经形成了涵盖《中本贯通市场营销(金融营销)专业人才培养方案》《金融事务专业人才培养方案》《中高职贯通计算机网络技术(云计算)专业人才培养方案》《动漫游戏专业人才培养方案》《计算机网络技术专业人才培养方案》《计算机应用专业人才培养方案》《中本贯通表演(服装表演与策划)专业人才培养方案》《中本贯通旅游管理(旅游电子商务)专业人才培养方案》《中高职贯通民航运输专业人才培养方案》《旅游服务与管理专业人才培养方案》《航空服务(文秘)专业人才培养方案》《高星级饭店运营与管理专业人才培养方案》《服装展示与礼仪专业人才培养方案》《城市轨道交通运营管理专业人才培养方案》《中高职贯通新能源汽车技术专业人才培养方案》《汽车运用与维修专业人才培养方案》《中高职贯通应用日语专业人才培养方案》《商务日语专业人才培养方案》《商务法语专业人才培养方案》《中高职贯通应用德语专业人才培养方案》《国际商务专业人才培养方案》《中高职贯通应用英语(跨境电商)专业人才培养方案》《商务英语专业人才培养方案》等在内的覆盖所有专业的人才培养方案体系,为整体提升人才培养质量提供了重要的引领与支持。

在制定和落实专业人才培养方案的过程中,我们始终以《教育部关于职业院校专业人才培养方案制定与实施工作的指导意见》的相关要求为指导,注重在专业人才培养方案的制定中体现六个方面的价值与要求:一是注重从与职业发展的衔接上界定专业的"职业面向";二是注重根据调研获得的专业人才需求提炼归纳"培养目标与培养规格";三是注重从支撑人才培养目标与规格上确定"课程设置及要求";四是注重统筹各类课程设置及衔接关系编制"教学进程总体安排";五是注重调动"全员、全过程、全方位"参与来落实"实施保障";六是注重以检验学生素质、知识、能力达成度为标准凝练"毕业要求"。培养方案中还阐明实施要点和人才培养模式改革措施,为学校的特色发展与专业的个性化表达留有足够的空间①。在这样一种整体思路下,我校的人才培养方案着重实现了人才培养目标与规格、目标职业领域、课程设置与教学要求等维度的界定,下文将结合《中本贯通旅游管理(旅游电子商务)专业人才培养方案》进行具体阐述。

一、通过培养方案厘清人才培养的目标与规格

人才培养目标是人才培养方案的核心,它决定了培养的方向和重点。目标的设定需要结合社会需求、行业发展趋势以及个人发展潜力,确保培养出的人才能够适应未来的挑战。人才培养规格是对人才的具体要求,包括知识、能力、素质等方面。它是人才培养目标的细化,也是衡量人才培养质量的标尺。通过专业人才培养方案的设计,明确不同专业人才培养的具体目标与规格,对于后续的课程教学设计与实施具有重要的价值引领作用。《中本贯通旅游管理(旅游电子

---

① 江小明,李志宏,王国川.对落实《教育部关于职业院校专业人才培养方案制定与实施工作的指导意见》的认识与思考[J].中国职业技术教育,2019(23):5-9.

商务)专业人才培养方案》明确规定,该专业坚持"立德育人、全面发展"的人才培养目标,培养面向旅行社、旅游在线服务商、旅游景区、旅游酒店等旅游企事业机构,能够胜任初、中级专业技术服务和基层、中层管理等岗位,具备系统的旅游管理专业知识,兼具电子商务理论素养与操作能力,具有人文素养、国际视野、创新意识、创业精神、服务意识、实践能力和社会责任的应用型、复合型管理人才。从培养规格的角度看,本专业在人才培养中注重三个突出,即突出加强实践能力、突出培养国际视野、突出教会学生"做人"(参见图2-1)。

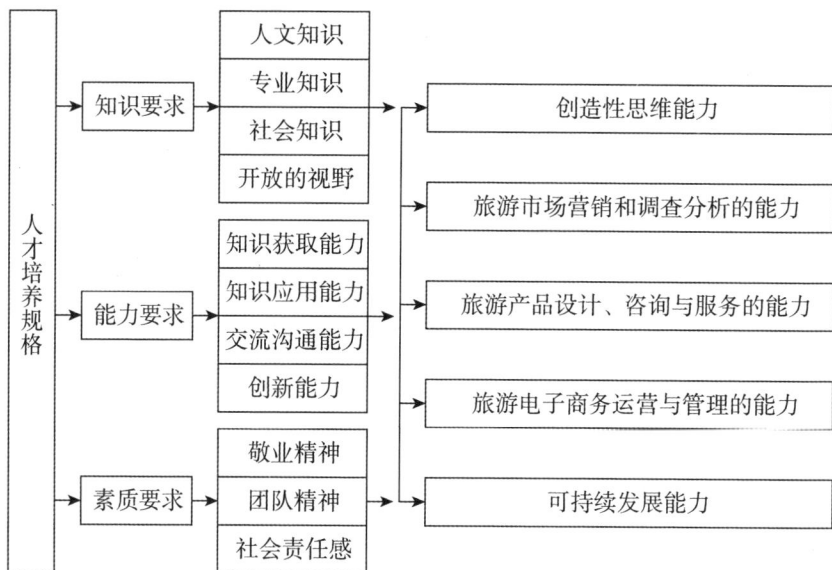

图2-1 中本贯通旅游管理(旅游电子商务)专业人才培养规格图

上图呈现了中本贯通旅游管理(旅游电子商务)专业人才培养的规格,具体要求如下。

具有良好的思想道德品质,遵纪守法,艰苦求实,善于合作,勇于创新。

身心健康,具有较好的文化修养、良好的职业道德和行业素质。

掌握现代经济与管理学科的基本理论,懂经济、懂管理、懂财务、懂市场、懂法律,具有合理的、较全面的企业管理的知识结构。

掌握现代旅游管理相关理论及实务,熟悉我国旅游业发展的有关方针、政策与法规,了解国内外旅游业的发展趋势以及经营管理的理念与方法,做到会导游、会服务、会策划、会审美、会咨询、会运营。

具有在各类旅游在线企业从事管理和业务的基本能力,具有扎实的计算机原理及应用知识,具备熟练的商务信息化采集处理能力,具有旅游市场的营销和调查分析的基本能力,以及运用计算机等现代技术手段管理和经营的能力,做到强操作。

熟练掌握英语的听、说、读、写、译等技能,具备较高的外语水平,拥有较好的国际交流能力,做到强外语。

具有发现问题、质疑问题、分析问题、解决问题的批判性思维能力;掌握文献搜索、资料查询的基本方法,具有一定的科学研究和实际工作能力,具有一定的创新意识和能力,能适应旅游业发展和现代商务环境变化的新要求,做到强素质。

掌握创业的基本原理和方法,具有较强的创新意识和能力。

二、通过培养方案明确人才培养的职业领域

职业教育区别于普通教育的一个鲜明导向就是"职业"导向,因此,在职业教育的专业人才培养方案中,未来相关职业领域的合理建构与分析就显得尤为重要了。职业领域定位是人才培养方案的"指南针",它决定了学生未来的职业发展方向。通过明确职业领域,有助于培养出符合特定行业需求的专业人才,能够帮助学生掌握行业核心技能,增强就业优势,也能够为学生提供清晰的职业规划,激发学习动力。通过培养方案明确人才培养的职业领域,是确保教育与企业需求无缝对接的关键一步,也是凸显职业教育价值和人才培养特殊性功能有效发挥的基础与前提。《中本贯通旅游管理(旅游电子商务)专业人才培养方案》指出,本专业主要面向旅行社、旅游在线服务商、旅游景区、旅游酒店等旅游企事业机构,培养与电子商务相关的初、中级专业技术服务和基层、中层管理等岗位。具体岗位、岗位典型工作任务、岗位核心能力要求参见表 2-1,主要就业岗位及相应的职业资格证书参见表 2-2。

表 2 - 1   中本贯通旅游管理专业主要就业岗位、典型工作任务及岗位核心能力

序号	主要就业岗位	典型工作任务	岗位核心能力
1	旅游产品策划专员	从事旅游产品的开发和线路设计工作	• 旅游市场分析、产品调研能力。 • 根据市场消费者需求、旅游目的地特征,制定旅游产品方案的能力。 • 根据产品方案进行资源采购、设计的能力,根据市场变化进行线路创新、改良的能力。 • 对旅游产品进行日常维护、页面优化,并根据销售情况及时调整产品计划的能力。 • 协调内外部资源,对产品进行有效营销推广,尤其是网络营销的能力。 • 具有针对特定消费者、特定消费需求定制旅游产品的能力。
2	旅游网站、网店运营专员	从事旅游企业网站或网店的日常维护与运营工作	• 了解用户需求,针对旅游产品、网站功能开展线上促销活动、互动活动的创意策划和执行的能力。 • 根据会员的网站或网店访问数据进行用户行为分析,依托会员积分系统,引导用户参与网站或网店社区活动,增加用户黏性的能力。 • 根据会员消费记录数据进行用户行为分析,依托 CRM 系统,通过邮件、短信等渠道,推广用户感兴趣、有需求的新产品,引导用户消费,实现精准营销的能力。 • 对渠道的推广进行跟踪和数据分析,提升转化率的能力。 • 提高网站或网店流量与知名度,进行网站品牌建设的能力。 • 在市场调研的基础上,独立设计产品,在微商店平台进行产品推广、产品销售的能力。
3	客户服务主管	从事客户服务中心的管理工作	• 语音电话接听与咨询接待能力(中英双语)。 • QQ、微信、微博、邮件咨询接待,客户关系维护能力(中英双语)。 • 订单处理能力(中英双语)。 • 客户服务中心的日常运营管理能力。 • 提出客户服务系统功能优化方案的能力。

（续表）

序号	主要就业岗位	典型工作任务	岗位核心能力
4	计调	从事旅行社计调或者地接安排等相关工作	• 地接社计调相关工作能力,包括食、住、行、游、购、娱等各项工作安排。 • 组团社计调相关工作能力,涵盖地接社各项工作,还包括对地接社的审核、选择、对接等工作能力。 • 协助导游处理突发事件的能力。

表 2－2　中本贯通旅游管理专业主要就业岗位及相应的职业资格证书

序号	主要就业岗位	技能证书/职业资格证书			
		名称	发证单位	等级	考证学期
1	旅游电商运营专员	电子商务师	上海市人力资源与社会保障局	中级	7
		电子商务师	上海市人力资源与社会保障局	高级	11
2	旅游计调	旅游市场营销师	人力资源与社会保障部		11
		旅游定制管家	携程旅游集团	初级	5
3	中英文导游	晋通话	上海市语委		3
		中文导游证	中华人民共和国文化和旅游部		7
		外语导游证	中华人民共和国文化和旅游部		9
		旅游饭店英语	上海市旅游行业职业培训指导委员会/上海市旅游行业饭店职业能力考核办公室	B 级	2
		旅游饭店英语	上海市旅游行业职业培训指导委员会/上海市旅游行业饭店职业能力考核办公室	A 级	7

三、通过培养方案建构人才培养的课程教学体系

课程与教学是中职教育的核心构成,人才培养方案的落实最终需要通过高质量的课程教学体系建构才能得以承载。课程教学体系的建构是一个系统工程,其中最为关键的是课程的内容体现、课程实施的标准和要求等。

（一）明确课程的具体维度和内容

根据人才培养的整体目标,中本贯通旅游管理（旅游电子商务）专业建构了涵盖基本素养、商科职业素养、旅游电子商务专业素养等在内的三大人才培养目标体系,每个目标体系设计不同内容的丰富课程。如,针对学生基本素养的培育,设计了涵盖德育、政治、语文、数学、英语、历史、地理、计算机、创新思维、西方文明、中国文化、科学素养、体育、国防教育、心理健康等在内的公共基础课与通识教育课;针对学生商科职业素养的培育,设计了管理学原理、经济学原理、基础会计、市场营销、统计学原理、经济法概论、人力资源管理等学科基础课程;针对学生旅游电子商务专业素养的培育,设计了旅游服务概论、旅游服务礼仪、旅游学概论、旅游心理学、旅游消费者行为、中国旅游文化、中国旅游地理、客源国概论、旅游地理学、旅游文化学、旅行社计调外联、展览讲解、导游基础、导游实务、旅游政策与法规、旅游文学作品欣赏、旅游应用文写作、旅行社管理、酒店管理概论、会展概论、旅游景区管理、旅游资源开发等专业基础课与专业选修课,同时开设了电子商务基础与应用、旅游电子商务概论、旅游网站设计与开发、网络广告、SQL Server、旅游电子商务客户服务、网络营销、旅游大数据分析等专业方向课。同时,为了凸显职业教育实践属性,本专业还建构了完善的专业实践课程体系,确保学生的实践能力得到充分锻炼。

本专业课程设置,整体呈现了以下两个方面的基本特点。

其一,体现全方位一体化教育教学体系。中本贯通能够根据学生不同年龄段的心智特征、认知规律及发展需求构建课程结构,强化人文素养教育,重视专业能力培养,增强岗位实践环节,拓展专业发展领域,实现知识、技能及态度并重,道德修养与职业素质同步提升。课程体系上,打破原有课程、学科之间的界限,培养学生具有较强的职业技能和综合知识的运用能力,融知识、能力和素质培养为一体,贯彻多元整合的策略思想,重构旅游电子商务专业人才培养的课程

新体系。实施中本贯通能凸显出"7>3+4"的优势互补效应。七年贯通培养第一阶段以技能基础培养与实训为核心;第二阶段以拓宽专业素养、理论学习、产学合作与职业定向培养为核心。两个阶段有其各自的阶段性目标,在保证阶段性目标的基础上,体现贯通制在复合型技能人才培养内容和手段上的互补。

其二,遵循人才培养方案制定原则设置课程。本专业人才培养方案的制定主要基于四项原则:立足上海及长三角地区旅游行业(主要是旅游电子商务)的发展及人才需求;对接岗位能力要求与相关职业标准;强化实践创新、突出应用型人才培养目标;贯彻"专、通、雅"人才培养理念以及"学生能力和素质培养的16条标准"。在进行专业课程体系与教学内容设计时,本专业始终着眼于相关岗位的要求以及职业标准,并通过强化实践环节以实现应用型人才培养。在制定整体培养方案时,本专业围绕"为做人而学习"的目标,将培养"专、通、雅"协调发展、富有竞争能力的应用型人才的"学生能力和素质培养的16条标准"(参见表2-3)逐条落实进培养计划,体现在课程设置、教学安排、实习实践和其他课内外活动之中。

表2-3　"专、通、雅"与"学生能力和素质培养的16条标准"

序号	能力与素质模块	学生能力和素质培养标准
1	通用能力和技能 (8条)	1.1 具有一定的演讲、辩论、写作、人际交往与团队合作能力
		1.2 具有数学思维、外语语言和计算机应用能力
		1.3 具有阅读国学经典、鉴赏和传承中华优秀文化的能力
		1.4 具有阅读国外经典、理解和借鉴西方先进文化的能力
		1.5 具有了解现代科技前沿知识的能力
		1.6 具有时间管理、主动学习、善于获取和处理信息的能力
		1.7 具有认真、规范、细致地完成各项学习和工作任务的态度和能力
		1.8 具有正确规划自己职业生涯的能力
2	专业能力和技能 (4条)	2.1 具有掌握本专业基本理论、基本知识和了解科学发展动态的能力
		2.2 具有较强的应用专业技能、从事相关工作岗位实践能力
		2.3 具有学习使用国外先进原版专业教材的能力
		2.4 具有发现问题、质疑问题、解决问题的批判性思维能力

（续表）

序号	能力与素质模块	学生能力和素质培养标准
3	心理和道德素质 （4条）	3.1 对人生有积极平和的心态
		3.2 对社会现象能客观地判断
		3.3 对礼仪、信义能自觉地遵守
		3.4 对社会责任能主动地承担

（二）明确课程教学的基本规范与要求

培养方案及课程设置是人才培养的重要环节，从需求侧角度，也是决定是否能满足更高质量教育需求的核心内容。学校对学生的培养需要系统性、科学性地合理安排，而培养方案整合了课堂教学内容与课外自主学习内容的系统框架，是保障人才培养系统性和品质性的基础①。从课程教学的角度看，人才培养方案的价值不仅体现在对课程内容和教学进度的整体设计上，也体现在对课程教学基本规范的厘定上。《中本贯通旅游管理（旅游电子商务）专业人才培养方案》对不同类型的课程建设和实施要求提出了明确的要求，如对于公共基础课程中的《心理健康教育》的课程实施要求如下："帮助学生了解心理健康的基本知识，树立心理健康意识，掌握心理调适的方法。指导学生正确处理各种人际关系，学会合作与竞争，培养职业兴趣，提高应对挫折、求职就业、适应社会的能力。正确认识自我，学会有效学习，确立符合自身发展的积极生活目标，培养责任感、义务感和创新精神，养成自信、自律、敬业、合群的心理品质，提高学生的心理健康水平和职业心理素质。"对学科基础课程中的《管理学原理》的课程实施要求如下："本课程是管理科学中最基本的理论，是学习其他管理理论的基础。其主要内容包括管理导论、管理职能理论、管理方法论和管理案例分析等几个方面。管理导论包括：管理与管理学研究的基本问题、管理理论的形成与发展、系统管理理论和前沿管理理论介绍。管理职能理论将探讨计划与决策理论、组织理论和控制理论。管理方法论将介绍管理方法和现代管理思维及其模式。本课程要求学生掌握管理学的基本原理与方法，并能将这些理论运用到实际中。"对专业基础课

---

① 王培石.以培养方案改革为动力推动提高人才培养质量[J].中国高等教育,2018(13/14):66-67.

程中的《旅游政策与法规》的课程实施要求如下:"本课程主要讲授国家颁布的有关旅游行业的法律法规,并结合旅游行业存在的问题及丰富的相关案例予以阐述。通过授课,学生可以对我国旅游法治建设发展和现状有一个初步的了解,并对若干重要的旅游法规、文件有较为全面、准确的把握。特别是通过对典型案例的剖析和讨论,学生能以所学的法律知识、以法律的眼光去认识正在不断完善和发展的旅游市场,培养和提高学生综合分析能力,同时,为导游考试做好准备。"对专业方向课程中的《电子商务基础与应用》的课程实施要求如下:"本课程主要培养学生利用网络信息平台进行商务活动的意识、利用网络进行创业的意识、网上交易管理的能力、电子商务安全管理的能力、商务模式分析的能力,为学生进行后续学习奠定理论和技能基础。"这些课程教学领域的清晰要求,不仅构筑了本专业课程实施的基本规范体系,也从根本上保障了专业人才培养的品质,让学校独特的人才培养设计能够真正转化为现实。

第三章 强基：

以完善的课程夯实中职人才培养的基础

21世纪是一个具有显著标识性的"知识化"时代和"学习化"时代。21世纪的教育工作，其重心已经不再是教会学习者固定的知识，而是塑造学习者新型的自由人格。课程和教学是教育的基本构成和核心构成，课程教学领域的研究是学校教育研究最重要的领域。不论是中职学校，还是其他任何类型的学校，都应该把课程教学建设与改革视作学校整体发展的核心领域，视作实现学校高质量人才培养目标达成的核心支撑。

教育与人类社会共生共存，课程则与教育共生共在。但是，课程作为一个独立的研究领域大致起始于20世纪初期。1918年，美国教育学者博比特出版《课程》(The Curriculum)，被视作课程成为一个独立研究领域的标志①。正如美国课程学者坦纳夫妇所言："课程有一个悠久的过去，但是只有短暂的历史②。"相比较于课程作为一个单独的研究领域的短暂历史，对于职业学校或者中职学校课程建设的思考则更加短暂，这一方面是因为教育领域乃至社会各界对于中职教育独特历史定位、社会地位的认知在很长时间内没有形成一致的结论，另一方面也与中职教育在培养目标上的模糊性有关。近年来，随着高中和义务教育课程教学改革的深入推进，中职教育的课程建设和教学改革也逐渐受到重视。

中职教育的课程建设与改革，整体上可以分解为两个核心维度：专业领域的课程建设，主要围绕如何使课程更好地对应岗位的职业性和延伸性，尤其是如何

---

① 张华.课程与教学论[M].上海：上海教育出版社，2012.

② TANNER，D.&TANNER，L. N. Curriculum Development：Theory into Practice[M].New York：Macmillan，1980.

提高学生在专业课程学习中的认知水平、技能水平、思维水平、情感态度等开展,这是当前中职学校专业课程建设的核心问题[1];基础领域的课程建设,主要着眼于学生德智体美劳全面发展和未来进一步学习的需要,旨在以独特的方式落实国家课程标准和课程要求,塑造学生良好的人文和科学素养,培养学生适应未来生活和终身学习的能力。整体上看,21世纪以来,我国中职课改取得了多个维度的显著成效,主要包括:课程本质观的深化与突破,课程标准建设得到重视并逐步发布了基础课程领域的相关课程标准,确立以就业为导向的综合职业能力课程目标取向,以工作过程为逻辑进行课程内容组织,形成多元化的课程开发模式,出台相关课程政策提高课程质量,等等[2]。但是整体上看,在课程内容的丰富性、课程实施的质量、教学手段的创新、行业参与课程教学改革的力度、走向"全人"的课程理念与目标等维度上,依然存在诸多问题。在笔者看来,课程建设和教学改革是中职学校改革发展的最基础的问题,是提升人才培养质量的奠基性工程。整体设计学校课程结构、高质量实施国家基础课程、优化学校专业课程建设布局、建构高质量课程教学实施体系,是中职学校校长课程领导力的核心体现,也是事关中职学校改革发展的关键命题。

第 节 着眼中高职贯通的公共基础课建设改革

课程是落实教育根本任务的主要载体,国家课程标准规定了课程实施的方向及路径[3]。在职业教育的课程体系中,国家公共基础课程是与专业课程并重的课程领域,对于培养学生的人文素养,提升学生在未来就业和生活中的核心竞争力具有重要意义。很长时间内,由于受到职业教育"就业导向"的局限,职业教育的公共基础课程建设与实施质量一直受到局限,这种情况既与教师的认知有关,

---

① 陆坚.中职学校专业课程建设的实践与思考[J].教育理论与实践,2013,33(09):27-29.

② 赵文平,刘燕.新世纪以来我国中职课程改革:成就、难题与趋势[J].职业技术教育,2014,35(25):26-31.

③ 夏英.中职教师实施国家课程标准的起点分析和路径探索[J].中国职业技术教育,2022(17):18-23.

也与公共基础课程的实施取向和类型有关。我国的课程实施或教学主要有三种类型:基于教师经验的课程实施、基于教科书的课程实施和基于课程标准的教学①,目前基础教育领域的课程教学改革,"基于标准"的理念已经深入人心并得到了具体的落实,但是职业教育,特别是中职教育长时期因为缺少相应的公共基础课程标准,教师的教学主要依靠经验和教科书进行,课程实施质量受到限制。

为了改善中职教育公共基础课程的实施质量,建构国家层面的统一要求和规范,教育部自 2017 年启动中职公共基础课课程标准研制工作。其间,同步组织研制并于 2019 年 10 月印发《中等职业学校公共基础课程方案》。2020 年开始,陆续发布了十门公共基础课程的课程标准②。"课程标准"的颁布实施,标志着引领我国中等职业教育公共基础课的纲领性文件由原来的教学大纲过渡到课程标准,由强调知识技能的掌握、注重教师的传授向更加关注学生核心素养的养成、更加注重学生的学习策略转变③,具有重要的意义。这一标准的出台,不仅为中职学校的教育教学提供了明确的指导方向,也为培养高素质技术技能人才奠定了坚实基础。它的意义深远,既是教育现代化的体现,也是社会经济发展的必然要求。一方面,公共基础课程标准的颁布,有助于提升中职教育的质量和水平。过去,中职教育往往侧重于技能培训,而忽视了学生综合素质的培养。新标准的实施,强调公共基础课程的重要性,如语文、数学、英语、思想政治等学科,旨在帮助学生打好文化基础,提升综合素养,为未来的职业发展和社会适应能力提供支撑。另一方面,这一标准为中职学校的课程设置和教学实施提供了统一规范。各地中职学校可以根据标准,结合自身实际情况,制定科学合理的教学计划,避免课程设置的随意性和碎片化。同时,标准也为教师的教学提供了明确的目标和要求,有助于提升教学的专业性和针对性。在国家公共课程标准颁布的基础上,2022 年 10 月 20 日,上海市教委发布了 3 门中高职贯通公共基础课课程

---

① 崔允漷.课程实施的新取向:基于课程标准的教学[J].教育研究,2009(01):74-79+110.

② 中华人民共和国教育部.以新课标引领中职公共基础课程改革——教育部发布《中等职业学校数学课程标准》等 5 门课程课标[EB/OL].[2020-01-20](2024-12-09).http://www.moe.gov.cn/jyb_xwfb/gzdt_gzdt/s5987/202001/t20200120_416129.html

③ 薛春玲.基于课程标准的中职公共基础课教材建设的思考[J].中国职业技术教育,2020(20):92-96.

标准(试行稿),分别为:《上海市中高职贯通教育数学课程标准(试行稿)》《上海市中高职贯通教育英语课程标准(试行稿)》和《上海市中高职贯通教育信息技术课程标准(试行稿)》。从 2022 年秋季招收的中高职贯通、五年一贯制新生起组织实施。上述 3 门"课程标准"是规范本市中高职贯通和五年一贯制专业数学、英语和信息技术等公共基础课程教学的指导性文件,是学校组织教学工作、检查教学质量、评价教学效果、选编教材和配备教学设施设备的依据。这是全国范围内首次发布的中高职贯通公共基础课课程标准,是中高职贯通培养改革进程中的一次重要突破和创新探索,对于指导中高职贯通公共基础课的实施提供了重要的依据和指导,对于上海乃至全国范围内的中高职贯通培养具有重要的引领示范作用。

　　国家和上海市中职教育公共基础课课程标准的颁布,为中职学校的公共基础课建设与改革提供了新的借鉴与规范,中职教育能够在这种标准的引领下实现从"基于经验、基于教科书"的公共基础课程实施范式向"基于标准"的实施范式转型,进而整体提升公共基础课的课程实施质量。对于课程教学而言,"变革是非常微妙、复杂的,尤其是像教育这样的专业领域中①",课标实施既反映对旧有经验与情境所带来的主导思维、价值导向、习惯力量和制度规约的适应,又是一个基于现实条件进行突破和变革的富有创造力的活动。它需要一种引导性智慧②,这种引导性智慧的关键和基础在于建构一种基于现实、实事求是的改革立场。从上海和浦东外事服务学校的实际情况看,根据学生成长需求的变化,近年来,学校加大了中本、中高职贯通人才培养的探索比重,满足学生日益增长的中职后阶段的继续学习、提升需要。鉴于此,我们认为,国家公共基础课程的实施,对于中职阶段的学生而言,既是充实其人文素养的有力支撑,更是其适应未来更高层次学习的奠基工程。因此,我们将公共基础课程标准的落实与学生后续成长相关联,在扎实开好公共基础课的基础上,着重开展了新课标背景下中高职贯通公共基础课高质量教学实施研究,通过一系列的思考和探索,形成了学校践行

---

　　① 吉纳·E.霍尔,雪莱·M.豪德.实施变革:模式、原则与困境[M].吴晓玲,译.杭州:浙江教育出版社,2004.
　　② 陈向阳.中职公共基础课课程标准:背景、挑战与策略选择[J].中国职业技术教育,2020(09):10-16.

公共基础课程标准,夯实人才培养基础,打造人才培养特色的个性化探索。

一、廓清中高职贯通公共基础课建设的背景与价值

目前,中高职贯通公共基础课相关研究主要聚焦在课程标准、教材开发和教学等方面。课程标准方面,中高职贯通开展实施过程中,课程有效衔接是一体化设计的研究重点。目前一些学校尚未建立起自身特有的、适合双方课程衔接的独立的课程开发模式①。此外,无论是中职还是高职,在制定和编排专业课程和教学内容时,通常做法是各自为政,内容衔接存在欠缺。具体表现为中等职业教育过于重视技能培养,忽视理论教学。而高等职业教育起步较晚,没能从根本上摆脱传统高等教育学科性的影响,教学过程往往是理论重于实践,由此导致相连的两个职业教育层次在理论教学与实践教学上相互脱节②。针对这样的问题,有必要在廓清中高职贯通公共基础课建设改革的背景的基础上,形成对中高职贯通公共基础课课程标准的科学理解,建构落实中职公共基础课程有效实施的教学体系。

(一) 公共基础课在中高职贯通人才培养上具有独特重要性

公共基础课程承载着落实"立德树人"根本任务、发展素质教育的功能,具有基础性、发展性、应用性和职业性等特点。中高职贯通专业虽以培养技术技能人才为目标,但技术技能并不能成为"唯一的规定性",它同样要培养德智体美劳全面发展的社会主义建设者和接班人,同样要在"坚定理想信念、厚植爱国主义情怀、加强品德修养、增长知识见识、培养奋斗精神、增强综合素质"等六个方面下功夫,无疑公共基础课在这六方面发挥着独特的优势。

(二) 贯通课程标准的出台为公共基础课的贯通实施提供了依据

为进一步完善上海现代职业教育体系建设,上海市教委于 2022 年印发了《上海市中高职贯通教育数学课程标准(试行稿)》《上海市中高职贯通教育英语课程标准(试行稿)》和《上海市中高职贯通教育信息技术课程标准(试行稿)》。中高职贯通专业公共基础课课程标准的研制是全面贯彻党的教育方针、深化职

---

① 张秀霞.中高职贯通课程衔接的现状、策略与保障[J].教育与职业,2016(24):95-98.
② 陆国民.试析中高职贯通人才培养模式[J].教育发展研究,2012,32(17):35-37+48.

业教育教学改革的需要,是落实"立德树人"根本任务、创新人才培养模式的需要,是构建教学标准体系、健全教学质量管理和保障制度的需要。

(三) 中高职贯通公共基础课程标准的落实存在挑战

与原有课标相比,中高职贯通公共基础课程标准具有很多新特点:遵循长学制不同学习阶段学生的身心发展规律和教育教学规律,把握中高职贯通教育人才培养的定位,基于初中毕业起点、高职专科层次规格的学生发展实际需求,对课程内容和教学要求进行系统规划和一体化设计。因此,在中职学校与高职学校如何高质量实施中高职贯通公共基础课程标准,是当前急需解决的相当重要的现实问题。

二、明晰中高职贯通公共基础课课程标准的定位特色

中高职贯通公共基础课课程标准和国家层面颁布的中职教育公共基础课课程标准既有相关联之处,也有实施目标和实施重心上的差异性。明确中高职贯通公共基础课课程标准的定位特色,理解这种独特的课程标准体系对于公共基础课程实施的多维度要求,是推动中高职贯通公共基础课课程标准落实落地的基础,也是公共基础课程更好地承担学生核心素养、人文素养培育,夯实学生进一步学习和成长基础之使命的必然选择。

(一) 以"立德树人"为根本

贯通课标将落实"立德树人"根本任务放在突出位置,新标准围绕课程思政与"立德树人"人才培养要求,从内容、实施、教材编写等方面,明确提出"课程内容应有机融入思政元素,落实立德树人根本任务"。

如中高职贯通数学课标指出,"始终如一地将立德树人放在首位,课程思政元素应贯穿于全局,在不同时期、针对不同内容,以及不同教与学的形态中,都要充分体现中高职贯通数学课程思政的育人价值"。英语课标提出"指向英语学科核心素养,注重语言实践与应用",指出"英语教学实施应基于立德树人根本任务,在学科核心素养的引领下,逐步落实课程目标,真正促进学生发展"。"中高职贯通教育英语课程实施应与思政有机融合。""中高职贯通教育英语教材应以党的教育方针为指导,严格贯彻国家以及本市关于职业院校教材管理等相关文件精神,依据本课程标准中的课程定位、课程理念、学科核心素养、课程目标、课

程结构、课程内容与要求等进行一体化编写,落实立德树人的根本任务。"

（二）强调学科核心素养

2014年,教育部提出"制定学生发展核心素养体系,并把核心素养落实到学科教学中,促进学生全面而有个性地发展"。学科是培养核心素养的抓手,是学科育人价值的集中体现。学生通过学科学习与运用,得以逐步形成正确的价值观念、必备品格和关键能力。学科是在回答"培养什么人""怎样培养人""为谁培养人"的根本问题下整体设计、分科推进的。职业教育的公共基础课承载着发展核心素养的使命,其价值定位不应过度强调学科知识的重要性,而应通过对于学科核心素养体系的建构,形成具有不同侧重点的学科核心素养,突出课程教学内容与社会生活、职业生活的联系①。

以中高职贯通数学课程标准为例,其学科核心素养涵盖数学观念、数学文化、数学意识和数学能力等四部分。其中,数学文化要帮助学生"形成对数学美感的赞赏,认识到数学与未来生活的联系,数学思想方法在数学内部和外部中的作用等",数学意识表现为"用数学眼光看世界的理念,求真理性精神的认同,有条理思考的认知风格等"。

针对学科核心素养,标准在不同层面共有30处提及这方面内容。比如,在英语课程标准总则中提出,"中高职贯通教育英语教学应聚焦学科核心素养,依照核心素养内涵和课程目标要求,在遵循英语教学规律和适应职业院校学生英语学习特点的基础上,制定教学目标,选择合适的教学内容,创设较为真实的英语使用情境,开展形式多样的学习活动,促进教学目标的达成,从而全面提升学生的英语学科核心素养,切实完成立德树人的根本任务"。在中高职贯通教育英语课程实施上,"以学科核心素养为指引,基于课程目标和课程内容,聚焦教材编写、教学实施、学习评价、资源建设、保障措施等"。

（三）兼具多重作用的特色

公共基础课是学生学习其他文化基础课、专业课程以及职业生涯发展的基础,对于培养学生发现问题、分析问题和解决问题的能力起着重要作用。作为职

---

① 屈璐,杨帆.论中职公共基础课的历史演进、价值取向与功能定位[J].职业技术教育,2020,41(25):23-28.

业教育的公共基础课,需要凸显其职业性。

以数学为例,中高职贯通数学课程要确保学生学习"必需的数学",构建必需的基础,形成基本能力,学习水平要求与学生认知水平相适应。理论和方法也应是基本的,尽可能满足不同专业、不同学生对数学的不同需求,并为学生个性发展提供平台。中高职贯通数学课程标准指出:应更多体现数学的工具性,培养学生解决各类问题的能力,在问题解决的各种形态转化过程中,需要数学知识和认知情感方面的保障,需要相应的数学能力,尤其需要最核心的"建模、解模、释模"三个环节中的数学能力。尤其是随着现代信息技术的广泛应用,数学的工具性作用日益凸显。需要大力加强与现代信息技术的有机整合,强化工具的使用,优化课程内容,拓宽学习渠道,拓展学习时空,不断探索技术助力数学教学的新思路、新途径。

以数学课为例,要遵循"普遍适用"的原则,凸显课程的职教特色,选择与学生学习生活、专业实践密切相关的有实际意义的数学素材,强化数学的应用、问题的解决及实践探究能力的培养,增加学生基于真实情境下问题解决的活动体验机会,体现职业教育数学学科特色。帮助学生理解和掌握数学学科的基本思想、基本方法,形成在未来生活工作中所必备的运用数学知识、数学方法解决问题的意识和能力,培养满足社会发展、职业生涯发展所必备的数学能力、数学素养,为适应社会生活、继续教育和职业发展做准备,为终身发展奠基。

与普通高中英语课程标准相比,中高职贯通教育英语课程标准独具特色,体现出职业教育类型特征。该标准针对教材编写,提出"中高职贯通教育英语教材所选择的语料需涵盖生活和职场中的典型语篇类型,应使用真实、地道和得体的语言,应反映英语语言和中外优秀文化的多样性,应体现当代社会生活、科技进步和职场发展。教材内容的编排应融合国际先进职业教育理念,对接学生的专业学习,遵循实践导向的设计思路,强调在职场情境中用英语完成职场任务,实现职场沟通与交流,帮助学生提升职场语言沟通能力,发展高阶思维,凸显职业教育特色"。

(四)注重全面发展和终身发展

贯通课程标准指明了多元化课程目标:具有理想信念和社会责任感,具有科学文化素养和终身学习能力,具有自主发展能力和沟通合作能力,有助于系统规划基础课程学习及与专业课程学习有机融合,促进学生的全面发展。中高职贯通公共基础课程承载着发展素质教育的任务,对学生的道德品质、科学素养和人文精神的培养起着不可或缺的作用,其作用不仅体现在逻辑思维等科学素养培养的途径上,更多地体现在将德育融合于教学全过程中,实现德育、智育的双重教育之目的。

中高职贯通课程标准倡导公共基础课与专业课的融合,以数学为例,课程标准提出"挖掘数学学科与专业课程间的互联互动,加强数学在专业及社会上的运用"。在评估公共基础课学生核心素养达成情况时,要"结合日常生活和专业课程,认识数学的功用,逐步形成'建模、解模、释模'的能力"。又如关于三角函数情感、态度与价值观的教学目标是,"了解三角函数在机电、数控等专业领域的应用,增强应用意识"。数学教材的编写要"体现数学学科为学生专业学习、职业发展服务的目标"。

在中高职贯通教育英语教学一体化设计与实施过程中,应遵循语言学习规律,知识、技能等学习内容的安排需相互衔接,由易到难,并适度复现。同时,中高职贯通教育英语教学应考虑未来职场对职业院校技术技能人才的培养需求,重视对学生听说能力的培养,切实推动其职场语言运用能力的提升。在进行基础知识教学和基本技能训练的同时,应努力创设生活和职场情境,帮助学生基于信息差、意见差和推理差等进行语言交际,用语言做事,充分发挥语言的交际功能,增强学生的语言交际能力。

三、遵循中高职贯通公共基础课课程标准的实施要求

中职教育课程标准研制不只是课程内容的更新,更是理念、政策、内容与实施的系统性变革,相比较于课程标准制定本身的工作,课程标准的有效实施可能更加重要,这种实施的前提和基础是遵循中高职贯通公共基础课课程标准实施的整体规范和要求。

(一)规范性和灵活性相结合的课程结构

贯通课程标准确立了长周期模式下的培养目标,采用整体规划与局部调整相结合的方式,形成公共基础和拓展选修两部分简明合理的内容结构,既有利于中职和高职之间的协调分工,确保贯通培养要求的一致性和培养过程的有序衔

接;同时,贯通课程标准构建了模块化课程结构,有助于根据学校、专业和学生的情况灵活选择教学内容,制定合理的教学策略,为中高职协同高质量地开展人才培养提供有力的指导,有助于学生的可持续发展。

(二) 针对教学提出了明确具体的指导依据

贯通课程标准从教学理念、教学目标、教学思想和教师能力等方面对公共基础课的实施提出了要求。教学理念:教师要坚持正确的育人理念,关注学生道德品质、价值观念、文化素养、严谨精神的培育。教学目标:强化基础知识、基本技能、基本思想和基本活动经验的培养,注重学科能力的培养。教学思想:树立学生在学习活动中的主体地位,鼓励学生主动学习、主动思考,多采用自主探索、动手实践、合作交流的形式。教师能力:教师要学会反思自己的教学理念、教学行为,不断改进和调整教学方式方法,主动学习和应用现代化教育手段,提高自身教学能力。

(三) 特别强调现代信息手段的有机融入

中高职贯通数学课程标准提出,重视数学内容与信息技术的融合,借助信息化手段来推动数学知识的学习和数学能力的培养。如,借助现代信息技术手段创建空间点、线、面,理解其相互关系和性质,借助信息技术工具帮助学生直观理解无穷的含义,加深对曲线参数方程和极坐标方程的理解等。同时,在教学设计中加强信息技术的运用,并发利用信息技术及课程资源,通过信息技术带动学生对新知识、新技术的探究,不断促进教学效率的提高、教学效果的提升。

英语学科方面,教师应主动适应科技革命带来的英语教学理念和学生学习方式的变革,加强学习,不断提高自身的数字技术应用水平,为学生创设有效学习环境,改进教学方法和教学评价,利用和开发各种教学资源,将数字技术与英语教学深度融合,努力构建真实、开放、交互、合作的线上、线下混合学习与实践的环境,拓展英语学习空间,大幅提高英语教学效率,优化学生学习效果。教学过程中,教师要"利用数字技术,创设符合学生知识背景、认知能力和水平的生活与职场情境,培养学生主动使用英语进行交际的意识"。教师需"有计划、有组织地开发中高职一体化课程资源,例如教学平台、电子教案、课件以及其他数字化教学资源"。

（四）确定贯通人才培养效果及其评价要求

贯通课程标准制定的学科水平内涵和质量内涵,为有效评价教师教学成效、学生学业状况和优化教学质量提供了依据。质量是学生在完成课程阶段性学习后的学业成就表现,反映学科的核心素养要求。学业质量在课程标准中起着承上启下的重要作用,能反映学科的核心素养要求,并以核心素养为主要维度,对学生学业成就的具体表现特征进行整体描述。中高职贯通公共基础课的学业质量包含学科知识、学科技能等核心素养和学科观念、学科意识两个层面。学业质量标准为教材编写和学业水平考核命题与评价提供了依据,充分发挥评价的诊断功能、激励功能和教育功能,体现评价的增值功能,从而促进学生的道德品质、科学素养和人文精神的成长。评价分为以下几类:综合性评价、多元化评价、过程性评价、诊断性评价等。

（五）制定针对课程标准实施的有效保障措施

首先,提升学科教研活动质量。结合教学实际,有计划地开展教研工作,组织教学研究和交流探讨,促进教学方式、教学效率的改进与提升。

其次,加强教师队伍建设,构建数量充足、质量过硬的专职学科教师队伍。教师应加强学习,不断提升业务水平和教育教学能力。

再次,开发利用信息技术及课程资源。学校要开发和利用好各类课程资源,整合各类教学信息平台的资源,并融合到课程教学过程中,更好地促进课程目标的达成。

四、探索中高职贯通公共基础课的有效实施策略

从概念上说,课程实施就是把新的课程计划付诸实践的过程,也可以说是把书面的课程转化为具体教学实践的过程。课程实施是 20 世纪 70 年代以来兴起的一个新的课程研究领域,它源于人们对 20 世纪 50~60 年代美国进行的那场大规模课程改革运动的反思。在这场反思中,人们普遍认识到,课程方案本身不能等同于课程效果,缺少有效的课程实施,再美好的课程方案也无法转化为现实的课程价值。从我国的实际情况看,21 世纪初启动的基础教育课程改革,从设计到实施始终得到教育界和社会的广泛关注,课程实施基本状况的研究在此背景下应运而生,并逐渐发展成为一个相对独立的研究领域。时至今日,课程实施已经

成为一个与课程内容建构、课程评价等同等重要的研究与实践领域。通过高质量的课程实施路径设计,落实课程标准,践行课程方案,谋取课程成效,是一种理性的选择。通过研究与实践检验,我们围绕中高职基础课程实施,提出了以下五个方面的课程实施策略,分别为:确定"五化"教学理念、夯实教学关键要素环节、开发建设数字化配套资源、优化教学组织管理、提升教师课程领导力,进而建构系统性的中高职贯通公共基础课课程实施体系。

(一) 确定"五化"教学理念

在中高职基础课程教学实施中,首先要确定"五化"教学理念,包括:校本化、项目化、职业化、情境化、一体化等方面。接下来,分别对这"五化"教学理念进行分析与说明。

1. 课程标准的"校本化"实施

首先,"校本化"旨在满足学生的个性化需求,促进学生的全面发展,同时凸显职业院校的办学特色和优势。实现贯通课程标准的校本化,当先了解评估学校的实际情况和需求,充分收集各方信息,为制定校本课程标准提供依据。其中涉及学科教学基础、现有师资力量、学生学习基础、专业建设要求与中高职贯通项目情况等内容。在学科教学基础方面,应深入分析学校现有的学科教学基础,包括各学科的教学资源、教学方法和教学效果等,以确定学校在各学科上的优势和劣势。在现有师资力量方面,应对学校现有师资力量进行全面评估,包括教师的专业素养、教学能力和科研水平等,以确保教师能够适应新课程标准要求,为学生提供高质量的教学。在学生学习基础方面,应充分了解学生的基础情况,包括学生的学习能力、兴趣爱好和个性特点等,以便更好地制定符合学生实际的教学计划和教学策略。在专业建设要求方面,应根据学校的专业要求和特色,明确各专业的人才培养目标,以及未来社会对人才的需求趋势,从而确定贯通课程标准的具体目标和内容。最后,在中高职贯通项目情况方面,应全面了解现有中高职贯通项目的目标与定位、课程设置、教学模式、师资力量、学生评价机制、校企合作机会以及毕业生的去向和就业情况等多方面的信息,以确保所设计的校本方案能够体现贯通教育的核心理念。

其次,"校本化"应明确基础课在本校人才培养中的定位,即基础课在培养学生核心素养和职业技能方面所扮演的角色。在培养学生核心素养方面,基础课具有奠基作用①。基础课通过提供系统的学科知识,帮助学生掌握基本的概念、原理和方法,培养学生的团队协作精神、沟通能力、创新思维、批判性思维等综合素养。在培养学生职业技能方面,基础课程的学习一方面可以为学生后续的专业学习提供必要的知识和技能储备,另一方面可以培养学生的职业通用能力。以数学能力结构中的建模能力为例,提升学生的建模能力能够帮助学生在情境中联想适当的数学对象,确定问题类别,将具体情境抽象概括成数学问题,建立相应的数学模型,以适应未来的工作情境。为有效发挥基础课的积极作用,一方面,校本方案设计应强调基础课在培养学生核心素养方面的重要性。通过系统的教学设计,帮助学生掌握基本的概念、原理和方法,同时注重培养学生的团队协作精神、沟通能力、创新思维和批判性思维等综合素养。另一方面,应充分发挥基础课在培养学生职业技能方面的作用。通过基础课程的学习,为学生后续的专业学习提供必要的知识和技能储备,同时注重培养学生的职业通用能力,如数学建模能力等。

2. 教学"项目化"设计

"项目化"是一种工作或学习方法。在教育领域,项目化学习是一种新型的教育模式,它通过学生主动参与真实、有意义的问题解决过程,以培养学生的创新精神、实践能力和团队合作能力。项目化学习的核心特点是问题导向、真实性、实践性和合作性,旨在让学生通过亲身参与实践活动,如实验、调查、设计等,获取直接经验和知识。

在教学中,与传统教学相比,项目化学习主要有强化实践性等如下几个方面特点。

强化实践性:项目化的方法往往与解决实际问题或需求紧密相连,这使得学习过程更加贴近实际,有助于提高学习者的实践能力和解决实际问题的能力。

激发学习兴趣:在项目化学习中,学生或参与者可以根据自己的兴趣和方向选择项目主题。这种自主性有助于强化学习者的内在动力,提高学习效率。

强化能力培养:项目化不仅关注单一技能的培养,更强调跨学科、跨领域的

---

① 杨波,赵娜.基础教育高质量课程建设与管理的理论审思[J].社会科学战线,2023(12):258-263.

综合能力运用。它有助于培养问题解决能力、团队合作能力、创新能力等多方面的能力。

重视团队合作:在项目化学习过程中,学生需要分工合作,共同围绕问题解决需要,进行互动交流与讨论。通过项目的协调与实施,可以增强小组成员的沟通与合作能力。

3. 教学内容"职业化"融入

"职业化"是指在教学设计中,融入学生的职业素养和职业技能培养要求,增强学生的团队合作意识和创新能力,以适应不断变化的职业环境。其中,职业素养包括职业道德、职业态度、职业习惯等;职业技能,指掌握所学课程内容所涉的基本技能和操作方法。

"职业化"的学习特点如下。

针对职业需求:学习者不仅学习知识本身,更重要的是以职业需求为导向,注重知识的实际应用和职业技能的提升。这种学习通常与具体的职业标准和岗位要求紧密相连,以确保学习的针对性和实用性。

注重职业实践:在学习中,强调实践性,注重理论知识与实际操作相结合。学习者通过实训、实习、模拟等实践活动,将所学知识转化为职业技能,从而更好地适应职场需求。这种学习方式有助于学习者更快地融入职场,提升工作效率。

强调职业规范:学习者需要遵循一定的学习流程和操作规范。这种规范化不仅体现在学习过程中,也体现在未来的职业行为中。通过规范化的学习,学习者可以养成良好的职业素养和职业道德,增强职业意识,提升个人技能。

4. 教学过程"情境化"建构

"情境化"是一种以真实的情境作为教学的基础,将学习者置身于具体的环境中,通过实际操作和经验体验来达到学习目标的教学理念。它强调将知识和技能应用于实际生活中,以培养学生的实践能力和解决问题的能力。

"情境化"的学习特点如下。

创设学习情境:在教学设计中,教师需创设一个与学习内容相关的真实或模拟的情境,让学生在这个情境中进行学习。通过情境化学习,学生可更深入地了解知识的实际应用,并能提高学习效果。

体验真实情境:学习过程中,强调将学习者置身于真实情境中,使学生能够真实地感受和体验到所学知识的应用场景。教师要注重激发学生的情感,使学生在学习过程中产生积极的情感体验。

具有探索性:一方面,教师需重视学生在情境中的实际操作和经验体验,让学生在实践中学习和成长;另一方面,要引导学生主动探索知识,发现问题并寻求解决方案。

5. 中高职"一体化"教学衔接

这里的"一体化"主要是指,将中职教育与高职教育中的公共基础课程进行统筹规划和整合,以实现教学内容、教学方法和评价体系的连贯性和一致性。这种一体化设计有助于提高学生学习的连贯性和效率,避免教学内容的重复和断层,从而更好地为学生的全面发展服务。

"一体化"教学要求如下。

整合教学内容:针对中高职学生的不同需求和特点,对公共基础课程的内容进行整合和优化。要确保教学内容既符合中职学生的接受能力,又能为高职学生提供必要的基础知识和技能。

有机衔接教学:在中职和高职阶段,应采用连贯性的教学形式、方法和手段。例如,在中职阶段可以采用更加直观、生动的教学方法,而在高职阶段则可以逐步引入更深入、更复杂的分析和讨论。

建立统一评价体系:为了确保学生的学习效果,需要建立统一的评价体系,它应能全面、客观地评估学生的学习成果,同时为中职和高职的顺利衔接提供有力的支持。

推动教师团队协作:实现中高职贯通公共基础课教学的一体化设计,需要教师团队之间的紧密协作。中职和高职的教师需要共同商讨教学内容、教学方法和评价体系,以确保教学的整体协调与连贯。

(二) 夯实教学关键要素环节

中高职贯通公共基础课教学实施过程中,需要突出围绕课程教学目标、内容、实施、评价等关键要素,构建多模态的教学模式和流程。

1. 基于核心素养明确教学目标与内容要求

基础课程的校本转化之下,专业特质更需凸显。在确定基础课课程模块内容和要求时,需要充分考虑学科核心素养要求、专业特点,以及中高职衔接的需求。

首先，应将学科核心素养要求融入课程中，确保课程能够培养学生的核心素养和关键能力，如批判性思维、创新能力、沟通能力等。如在数学学科中，数学课程既可通过数学实验，让学生在动手操作中体验数学知识的形成过程；亦可引导学生选择感兴趣的数学问题进行深入研究，培养其独立思考和解决问题的能力[①]；也可组织学生参加数学建模竞赛，让学生在解决实际问题中锻炼数学建模、解模和释模能力[②]。

其次，设计课程模块时，应紧密结合专业特点，确保课程内容与行业需求、学生兴趣及未来职业发展相契合。在专业人才培养目标的指引下，课程模块设计可遵循"基础—专业—拓展"的逻辑思路，以确保课程内容的层次性和递进性。以数学学科为例，基础模块旨在为学生打下扎实的数学基础，为后续的专业学习和拓展提供必要的支撑。基础模块可包含代数、几何与函数等内容，以巩固基础知识与培养基本技能。在专业模块，课程模块应针对数学在各专业领域中的应用进行设计。如在财经商贸等专业大类中，可讲解概率分布、随机过程、回归分析等统计方法，巩固概率论与数理统计的学习基础。又如，在电子与信息等专业大类中，介绍数值逼近、插值法、最优化理论等计算方法，深化数值计算与优化方法的学习理解。拓展模块则旨在拓宽学生的数学视野，提升综合素质和创新能力。拓展模块可包含：数学史与文化、高级数学专题等。该模块可以根据专业需求和学生兴趣进行灵活调整。

最后，应充分考虑中高职衔接的需求，确保课程内容和要求与高职课程相衔接，为学生顺利升入高职打下坚实基础。

中高职有效衔接的关键在课程的有效衔接。一方面，针对中高职贯通培养的特点，应打破原有中职和高职课程的界限，对课程内容进行整合和优化。在基础模块中，应注重夯实学生的专业基础知识和基本技能；在专业模块中，应强调专业知识的系统性和应用性，引导学生将所学知识应用于实际问题的解决；在拓展模块中，应注重提升学生的综合素质和创新能力，为学生的未来发展奠定坚实

①　蔡金法，姚一玲.数学"问题提出"教学的理论基础和实践研究[J].数学教育学报，2019,28(04):42-47.
②　汤晓春.高中数学教学培养学生数学建模素养的实践[J].教育理论与实践,2017,37(26):62-64.

基础。另一方面,可以采用模块化、学分制等教学管理方式,确保学生在中职阶段所学的知识和技能能够在高职阶段得到进一步的提升和应用。

2. 制定体现学生主体导向的教学设计方案

在中高职贯通培养模式下,长学制的有效与高效依赖于学生的充分卷入①。这意味着教学策略应以学生为中心,充分考虑学生的需求、兴趣和能力,以激发学生的学习兴趣和积极性,提高教学效果。

在中高职贯通数学教育中,培养学生的学习能力至关重要。培养学生的学习能力是一个综合性的长期任务,需要教师激发学生的兴趣和动机,引导他们设定明确的学习目标与学习计划,并教授有效的学习策略。教师在教授数学基本知识时,可以同时传授联想记忆策略——将数学公式或概念与具体的图像、故事或日常生活中的事物联系起来,以便于记忆。例如,将几何图形的性质与日常生活中的物体相对应。又如,教师可鼓励学生将相关的数学概念、公式或问题分组归类,以便于记忆和提取。再如,将不同类型的三角函数或相似的数学定理归在一起。同时,良好的学习习惯、丰富的资源支持,以及鼓励自我评价与反思的环境,都不可或缺。通过创设灵活的自主学习环境,提供不同难度的任务以让学生体验成功,并及时给予积极反馈,学生能够逐步学会规划学习、独立思考、有效利用资源,进而在未来的学习和生活中展现出更强的自主性和适应能力。通过引导学生掌握有效的学习方法,鼓励他们独立思考和解决问题,可以逐步提高他们的学习能力,为他们未来的学习和职业发展奠定坚实基础。

3. 探索建构一种多模态的课程教学模式

随着计算机技术发展与数字化技术的应用,特别是越来越多的交互式教学工具的发明与应用,使得多模态教学成为一种可能。多模态教学是指在教学过程中,运用听觉、视觉、触觉等多种感觉,结合语言、图像、音频、动作、文字、多媒体等多种手段与符号资源进行学习的教学方式。它改变了原本静态、抽象的教学状态,使得学习过程变得生动形象、有趣味、能吸引学生的注意力,有助于学生学习效率的提升。为此,在教学实践探索中,需建构一种多模态的课程教学新模

---

① 王昕红,张俊峰,何茂刚.长学制直博生从选择到退出的实证研究[J].高等教育研究,2016,37(06):50-58.

式(参见图3-1)。

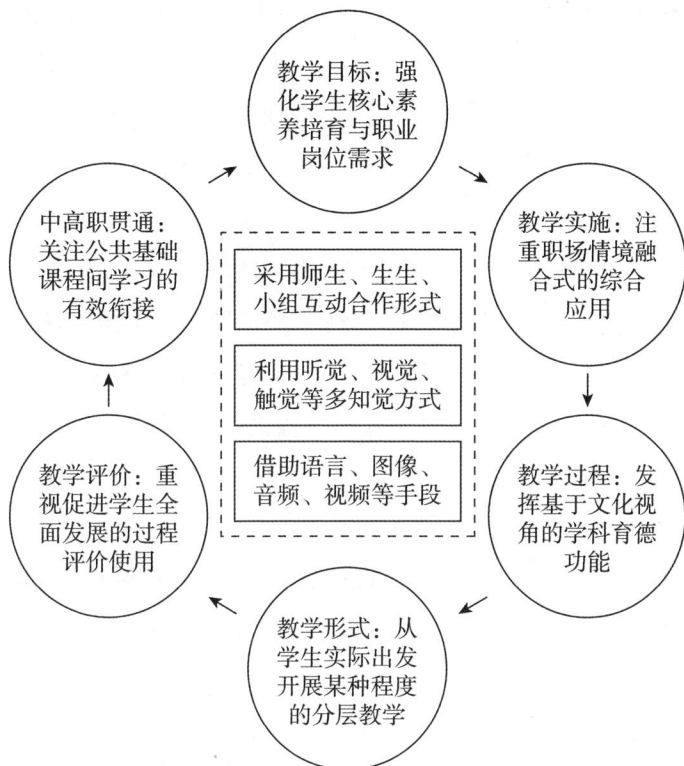

图3-1　多模态的课程教学结构图

上述多模态的课程教学结构图具有如下特征。

其一,在教学目标上,强化学生核心素养培育与职业岗位需求。说到实践性和应用性,比如"应用英语专业",实际上是有考证需要的,可以在使用中高职英语教材的时候考虑"跨学科"的问题。那么教师是不是可以利用上教版的教材当中的多模态语篇的特点,开发一种新的教学模式,以读促写、用写促说。学生能写出一点东西,但是他们宁可写也不愿意开口说,这是一种非常普遍的情况。可以借鉴高中英语教材里多模态语篇,用读来促进写,提高学生写的技能,再基于他们所写的东西帮助他们说。比如,现在学校开展了中华艺术宫走进课堂活动,学生进行文化交流讲解,介绍画作或雕塑作品的时候,他们都是先写,写完了再说。那么还可以更进一步,在学生写好的语篇的基础上改成对话,可以促进他们运用两人对话的模式,实际上也是一种辩题写作,最后通过辩题写作提高他们说的能力,那么在写和说的过程中,也可以让学生通过听课文,或者看一些教材配套的视频来锻炼他们的听。另外,有教师觉得也可以在中职阶段采取分层教学的方式,因材施教,在高职阶段可以直接分层教学,对于基础稍微好一点的可以有所拔高,基础水平稍微薄弱一点的放慢教学进度。

其二,在教学实施上,注重职场情境融合式的综合应用。"职场语言运用能力"对教师今后的教学起到引导作用,教师要加强英语学习的实践性和应用性,在课堂上尽可能让学生多一些口语输出和写作输出。比如,现在科目中有一课是介绍一个电影,有的学校在学完这个电影之后设置一个跟职场相关的情境。假设这个学生是一个从事媒体行业的工作人员,学了课文之后,怎么向大众去介绍电影?相当于切入一个职场情境,让学生去做一些输出。这意味着教学中在培养学生的"说"和"写"时会更多注意职场情景的融入,让学生的学习和未来的职业发展更加契合。针对不同专业的学生,学校一直在思考,前三年的英语教学中,怎么能够更切合学生本身的专业以及他们未来职业的特点或者是发展要求,适当增加一些非笔头类的教学或者是练习,比如口语活动,或者学生展示环节,让学生在课堂上更加愿意去学习以及运用英语。随着数字化和 AI 技术快速发展,网上的英语学习资料铺天盖地,但有的学生可能缺乏甄别能力,教师在这个过程中应该起到引导与组织者的作用。比如,有的教师目前在教计算机专业的学生,其人才培养方案中是要求学生能够读懂并且撰写英文操作文档。在新课程标准中,在写作要求方面,分为相对较低的要求和相对较高的要求。教师可在中职阶段引导学生,比如在文档写作方面先进行相对容易的职场英文教学,例如撰写保修单、产品说明等。到了高职之后,相应地对主题进行延伸,这时候就可以按照课程标准要求进行相对难度较高的教学,比如操作指南、说明书的撰写,这在难度上是有梯度的,而且在中职进行相应的培训之后,到高职后学生可以延伸发展,这样衔接起来比较自然。这是教师在阅读人才培养方案和新课程标准后的感想。

其三,在教学过程中,发挥基于文化视角的学科育德功能。数学史和数学文化是数学教育中不可或缺的部分①。通过引入数学史和数学文化的内容,可以让

---

① 许静,李雅楠,郇维中.课堂融合角度下的数学文化课程[J].中国教育学刊,2023(S2):61-63.

学生更好地理解数学知识的来龙去脉，感受数学的魅力和价值。教师可以在教学过程中穿插一些数学史和数学文化的内容。例如，在讲解某个数学定理时，教师可以介绍该定理的历史背景、发现过程以及在实际生活中的应用，让学生感受到数学的魅力和价值。此外，教师还可以组织一些数学文化活动，如数学竞赛、数学讲座等，来激发学生的学习兴趣和积极性。通过这些活动的开展，学生可以更加深入地了解数学的发展历程和文化内涵，从而增强对数学学科的认同感和自信心，而活动的完成显示出学生个体所需的能力、态度、习惯、鉴赏力和知识，学生也得以成长和发展①。再比如，第二课里介绍了两个城市：西安和佛罗伦萨，在学习完这两篇文章之后，可以给学生搭建一个跟职场相关的情境。假设学生是一个导游，要向游客介绍这两个城市，那么如何去介绍？对于"跨文化理解能力"，之前会比较注重让学生了解一些西方文化。现在新的教材更注重介绍中国文化，让学生理解中国文化，向外国人介绍中国的传统文化和中国故事。在教学中，教师需更注重中国传统文化及其表达方式。

其四，在教学形式上，从学生实际出发开展某种程度的分层教学。由于中高职贯通学生的数学基础在个体之间、班组之间存在明显差异，因此采用分层教学策略十分必要。同时，更小班额的承载容量赋予分层教学更好地实现因材施教的可能②。考量学生的知识基础、学习能力、学习潜力、兴趣爱好等因素，利用课堂观察、师生交流、作业分析等方式，对班内学生进行科学分层，并针对不同层次的学生制定相应的教学计划和目标，可以实现因材施教，确保每个学生都能得到适合自己的教育。例如，对于基础较好的学生，教师可以设置更高难度的学习任务和挑战，引导他们深入探究数学知识；而对于基础较薄弱的学生，教师则需要注重基础知识的巩固和基本技能的培养，帮助他们打牢基础。通过分层教学的实施，每个学生都能得到适合自己的教育，从而提高他们的学习积极性和自信心，促进他们的全面发展，彰显职业教育高质量发展的要求。

其五，在教学评价上，重视促进学生全面发展的过程评价使用。根据新课程

① 张俊列，袁媛.新时代我国基础教育课程改革的价值追求与内在理路[J].课程·教材·教法，2023，43(08)：27-32.

② 褚宏启.把因材施教进行到底：教育高质量发展的必由之路[J].中小学管理，2023(04)：39-42.

标准要求,要坚持过程性评价与终结性评价相结合的方式。教师可以通过很多评价方式去评价学生的学业质量水平,常用的有课堂观察、访谈、纸笔测试等等。当然,教师也可以用一些具有真实性的活动,比如让学生角色扮演、演讲、辩论或制作海报等,目的都是为了促进课程教学目标的实现。有的教师觉得应该把更多的精力放在"过程性评价"上,而不是终结性评价。因为终结性评价其实更多的是一种比较和筛选,而过程性评价可以让学生在素养上有一个很好的提升。但是在教学实践过程中,过程性评价的实施是否具有可靠性和真实性,有教师觉得还是需要去探索的,很多活动在设计完之后,对于学生的帮助具体有多大很难有定量的反馈。此外,教学过程中,应加强评价的及时性与有针对性的指导。

其六,在中高职贯通上,关注公共基础课程间学习的有效衔接。为了确保学生能够顺利适应中高职贯通教育,首先需要夯实学生的知识基础。这包括回顾和巩固初中教学知识点,填补可能存在的知识漏洞,以及引导学生建立知识体系。同时,要加强中高职知识的衔接,确保学生在升入高职后能够顺利过渡,避免因知识脱节而导致的学习困难。这一策略的实现,需要教师重点关注学生的知识基础,并采取有效措施来加强中高职教学知识的衔接。例如,教师可以在课前通过小测验或问答的方式,了解学生对初中数学知识的掌握情况,然后针对存在的知识漏洞进行有针对性的复习和巩固。同时,在教学过程中,教师应注重引导学生建立数学知识体系,帮助他们将零散的知识点串联起来,形成完整的知识网络。此外,教师还可以通过设计一些过渡性的课程或教材,来加强中高职数学知识的衔接,确保学生在升入高职后能够顺利适应新的学习要求。

(三) 开发建设数字化配套资源

教学方法和手段的创新探索是提升人才培养质量的催化剂。其着力点主要有二:一是探索信息化教学手段的创新应用;二是有效发挥课程资源库的作用。

1. 创新信息化教学手段的应用

在创新应用信息化教学手段的方向上,首先,需要深化"技术与教学融合"的理解共识①。鼓励教师将现代信息技术(如人工智能、大数据、云计算等)与学科教学深度融合,创新教学模式和方法。利用多媒体和网络技术,创设丰富多样的

---

① 何克抗.我国教育信息化理论研究新进展[J].中国电化教育,2011(01):1-19.

教学情境,激发学生的学习兴趣和主动性。其次,需利用好现有互动教学平台,以支持师生之间的实时交流和合作,提高课堂互动水平。同时,使用在线测试和即时反馈等系统功能,帮助教师及时了解学生的学习情况,调整教学策略。在此基础上,借助智能教学系统,分析学生的学习风格和需求,提供个性化的学习资源和路径,积极开展差异化教学,关注每个学生的进步和发展,促进全体学生的全面提升。具备相当条件的中高职院校可利用远程教育和虚拟现实技术,打破时空限制,为学生提供更广阔的学习机会和资源,并鼓励教师探索虚拟实验室、在线实践等新型教学方式,增强学生的实践能力和创新精神。

2. 加强数字化教学资源的开发

新课程标准提出"组成结构合理的资源开发团队""有计划、有组织地开发中高职一体化课程资源,例如教学平台、电子教案、课件以及其他数字化教学资源""利用和开发各种教学资源,将数字技术与英语教学深度融合"。尽管在没有与新课程标准相配套教材的情形下,也可以开发出数字化教学资源,但是开发出的数字化资源质量优劣很大程度上与配套教材有关系。因此,这方面工作也对配套教材提出了强烈的需要。

而聚焦于课程资源库的作用发挥,首先需建设优质课程资源库①。应加强整合校内外优质课程资源,建设符合新课程标准要求的课程资源库,为教师提供丰富多样的教学资源。还可以鼓励教师自主开发和上传教学资源,分享教学经验和成果,促进资源共享和合作创新。而后关键便是提升课程资源库的利用率。中高职院校可联合培训教师熟练使用课程资源库,提高资源的检索、整合和利用能力,并将课程资源库与日常教学紧密结合,鼓励教师根据课程资源库中的素材和案例,设计符合新课程标准要求的教学活动和实践项目,通过实际教学不断检验和完善课程资源库的内容和功能,确保资源的有效利用和不断更新。在使用过程中,应伴随持续的评估与反馈机制。建立并完善课程资源库的评估机制,收集教师和学生对课程资源库的反馈意见,及时调整和改进资源的管理和服务,并定期评价资源的质量和使用效果,为资源的优化和更新提供依据,以形成动态更

---

① 葛岩,崔璐,郭超.在线学习需求分析及优化策略研究[J].高等工程教育研究,2023(06):125-131.

新的良性循环。

（四）优化教学组织管理

1. 先行先建中高职贯通培养工作小组

以人履责，以事尽责。先行先建中高职贯通培养工作小组，当连通"人""事"，以负责校内的协调工作以及中高职的衔接工作。工作小组可以由学校领导、教师代表和相关专家组成，共同研究和解决贯通培养过程中的问题，确保方案的顺利实施。在校内协调工作方面，工作小组首先需要明确每个成员的职责和分工，确保工作的高效进行；其次需要建立沟通机制，构建信息共享平台，便于讨论工作进展、存在的问题以及需要协调的事项；再次需要负责整合校内的各种资源，包括师资、教学设施、课程等，并根据贯通培养的需求进行合理调配；同时需要与学校的教学管理部门、学生工作部门、后勤部门等相关部门进行协调，确保贯通培养工作的顺利进行。在中高职衔接工作方面，工作小组首先需要了解高职需求，主动与高职院校进行联系，了解其对学生知识、技能、素质等方面的要求，以便在贯通培养过程中进行有针对性的教学；其次，实现课程与教学的衔接，工作小组需要负责调整和优化校内的课程设置和教学内容，确保与高职的课程和教学实现无缝衔接；再次，需要实现学生评价与反馈，与高职共同建立学生评价体系，定期对学生的学习成果进行评价，并根据反馈结果及时调整贯通培养的策略和措施；同时，需要积极开展师资交流与培训，组织校内的教师与高职的教师进行交流和学习，提高教师的教学水平和贯通培养的能力。

2. 充分发挥中高职联合体互动交流功能

实现教育机构之间的互动交流，既在于校企合作等任务协作，更在于教师、学生等主体的交往联通。从任务协作角度出发，中高职联合体既可与企业合作，共建共享实训基地，为学生提供更加贴近实际工作环境的学习体验；又可利用中高职联合体的资源优势，合作开展社会服务项目，如技术培训、技术咨询等，增强中高职的社会服务能力；更能为学生拓展更多的就业渠道和争取更多的实习机会，提高学生的就业竞争力。从教师的主体角度出发，中高职联合体应鼓励中职和高职的教师共享教学资源，如教案、课件、教学视频等，以便双方在教学过程中相互借鉴和学习，并互派教师到对方学校进行教学交流，了解不同学段的教学特点和需求，提升教师的教学水平，并可合作开展教学研究项目，共同探索中高职衔接的有效途径和方法。从学生的主体角度出发,中高职联合体可开展学生互访活动,既组织中职学生到高职院校参观学习,同样也可以安排高职学生到中职学校进行交流,还可联合举办各类技能竞赛,为学生提供展示才能的平台,增进双方学生的相互了解。同时,积极探索中高职学分互认制度,允许学生在中职阶段获得的学分在高职阶段得到认可,为学生提供更多的学习选择。

3. 持续强化基础课与专业课的教学整合

基础课程为学生核心素养培养奠基。受多种因素影响,基础课程的课时受到一定影响,课程效用发挥有所削弱。因此,应采取优化课程设置、利用课外时间、开展线上教学等手段,以弥补基础课课时的不足问题。在保证教学质量的前提下,对基础课进行优化设置,如减少重复内容、整合相关课程等,以节省课时;鼓励学生利用课外时间进行自主学习,如预习、复习、阅读相关书籍等,以弥补课堂时间的不足;利用现代信息技术开展线上教学活动,如微课、慕课等,为学生提供更加灵活的学习方式。

协调基础课与专业课的课程关系,提升中高职贯通培养的效力。可采取明确课程关系、加强教师协作、强化实践教学等措施,以保障贯通培养课程的协同效应。首先,应明确基础课和专业课之间的关系,确保两者在教学目标、教学内容等方面相互衔接、相互支持。其次,鼓励基础课教师和专业课教师加强协作,共同制定教学计划、设计教学方案等,以确保两者之间的协调一致。同时,可考虑加强实践教学环节,让学生在实践中体验和应用所学知识,促进基础课和专业课之间的融合与贯通。

4. 制定全市统一基础课学业水平考核方案

对于中高职贯通培养模式而言,全市统一的基础课学业水平测试考纲和考核方案至关重要。统一的基础课学业水平测试考纲和考核方案,不仅有助于确保中高职阶段基础课程的连贯性和一致性,为学生打下坚实的学科基础,还能通过统一的评价标准,客观衡量学生的学习成果,为后续的专业学习和职业发展提供有力支撑。此外,统一的考纲和考核方案还有助于促进中高职教育之间的衔接与沟通,推动教育教学资源的共享与优化,从而提升中高职贯通培养的整体效果和质量。

制定全市统一的基础课学业水平测试考纲和考核方案,一方面需要组建专业团队并明确指导思想,调研现有情况并分析专业大类特点,设计考试内容与结构并制定评价标准与细则,同时广泛征求意见与建议,确保其实施与监督的公平、公正和有效。另一方面,更需要充分考量职业教育专业大类特点,进行细致设计。职业教育专业大类具有不同的特点和发展方向,对应的基础课教学内容和要求也应有所区别。以电子与信息专业大类中的数学课程为例,该专业大类涵盖了计算机类、通信类、电子信息类等多个专业类别,而数学是电子与信息专业大类的重要基础课程之一,被广泛应用于信号处理、通信原理、电路分析、数字电子技术等各个方面。通过访谈了解到,有了统一的课程标准与中职学业水平考试,有利于教学进度的统一协调与教学水平与质量的整体提升,也有利于全市中职学业水平考试质量的保障。在此基础上,这也有助于为教师教学改革与实践探索提供可靠的参考依据。

因此,在制定考纲和考核方案时,首先,需要充分考虑这些专业方向的特点和共性,明确基础课的教学目标和要求。而针对每个专业大类,需要进一步分析其对应的基础课需求。这包括确定哪些基础课程是该专业大类学生必须掌握的,以及这些课程应达到的深度和广度。同时,要考虑不同专业大类之间基础课程的共性和差异性,以便在考纲和考核方案中体现。其次,在明确各专业大类基础课需求的基础上,制定全市统一的考纲框架。这个框架应包括考试目标、考试科目、考试内容、考试形式和评价标准等要素。其中,考试内容应根据各专业大类的特点进行适当调整和拓展,以确保考纲的全面性和针对性。最后,根据专业大类的分类,设计相应的考核方案。这些方案应针对不同专业大类的特点,选择合适的考试形式和题型。同时,要根据各专业大类基础课程的权重和难易程度,合理分配分值,确保考核的公平性和有效性。

（五）提升教师课程领导力

1. 定期开展新课标实施专题培训

开展专题培训有利于教师围绕贯通课程达成新认识、提出新想法、做出新举措,提升教师的课程执行力。围绕贯通课标的专题培训可就四个方面进行:新课标解读、教学方法、教材研究、信息技术应用。

新课标解读为中高职贯通培养靶向引航,当率先开展该专题培训。通过深入解读新课标的背景、目的、意义、其主要变化和创新点,教师可以更好地理解新课标的理念和要求,从而在实际教学中贯彻落实,推动学生全面发展。在培训过程中,可邀请专家或教研员举办讲座,详细解读新课标;开展分组讨论,让教师交流对新课标的理解和看法;同时,提供新课标的相关资料,供教师自主学习。

教学方法是实现教学目标的关键手段。在新课标的指导下,教师需要不断探索和尝试现代教学理念和方法,激发学生的学习兴趣和主动性。通过案例分析、教学实践和互动研讨等培训方式,教师可以掌握更多有效的教学方法和策略,提高教学效率。

教材是教学内容的重要载体。通过深入研究教材的编写理念、结构内容和重点难点,教师可以更好地把握教学方向,创造性地使用教材进行拓展和延伸。邀请教材编写者进行教材解读和答疑、集体备课和教材使用经验分享等活动,都有助于提高教师的教学水平和质量。

信息技术在现代教育中发挥着越来越重要的作用。开展信息技术专题培训需将现代信息技术在教学中的应用、网络教学资源的获取和利用等内容囊括在内,也需将技术培训、教学观摩、实际操作等活动作为辅助支撑手段。

2. 激励教师积极开展教学探索

教学实践关系到中高职贯通培养的实际效力。通过开展教学实践来提升教师的课程执行力,可遵循下列阶段与步骤。

第一阶段,设计与准备。在该阶段,当首先明确教学实践的主题,比如围绕新课标的某个特定方面(如教学内容的创新、学生自主学习能力的培养等)进行探索。其次,选择课型与形式,如确定采用研讨课、公开课或其他课型。这些课型能够提供一个开放、互动的环境,有利于教师展示中高职贯通课标下的教学实践并收集反馈意见。同时,根据新课标的要求,准备或更新教学材料、多媒体课件等,确保它们与新课标的要求相一致。

第二阶段,实施教学实践。在该阶段,由选定的教师或教师团队进行实际教学,展示新课标下的教学内容、教学策略、教学方法和手段。其他教师则作为观察者和学习者参与。并鼓励学生积极参与课堂活动,观察他们的反应和学习效果,以此作为评判教学策略有效性的重要依据。

第三阶段,反思与评估。该阶段由教师说课与教学反思、同行评议与讨论、学生调查与反馈等三个步骤组成。在教学实践结束后,进行说课环节,让展示的教师分享他们的教学理念、设计思路、实施过程中的感受以及遇到的挑战等。接着,进行教学反思,诚恳地提出自己在教学实践中的成功经验和需要改进的地方。其他参与的教师同样需要提供他们的观察结果、建议和反馈,共同讨论如何更好地实施新课标。并通过问卷调查、小组讨论或个别访谈等方式,收集学生对教学实践的看法和建议,从学生的角度评估教学效果。

第四阶段,总结与提升。在该阶段,需要将教师、学生的反馈和建议进行整理,归纳出主要的改进点;进而根据反馈结果,调整教学内容、教学策略和教学方法,为下一次教学实践做准备;更可通过研讨会、工作坊或网络平台等方式,将成功的实践经验分享给更多的教师,促进教师之间的合作与交流。通过这样一个循环往复的过程,教师不仅能够在实践中检验新课标的执行效果,还能不断提升自己的教学能力和对新课标的理解。

3. 建立中高职联合教研制度

教研能力是实现教师专业发展的核心必备能力[1]。建立常态化的中高职联合教研制度需要中高职院校在理念上达成共识,构建专门的组织机构,制定详细的规划与制度,实施多样化的教研活动,建立激励机制,并加强评估与反馈。

其一,确立常态化联合教研的理念。中高职院校需要达成共识,明确联合教研对于促进双方教育资源共享、教学经验交流以及课程与教学改革的重要性。这种理念上的认同是建立常态化联合教研制度的思想基础。

其二,为了实现常态化联合教研,需要成立专门的联合教研组织机构,如中高职联合教研室或教研团队。这些机构应由中高职双方的教师代表、教学管理人员和专家组成,负责规划、组织和实施联合教研活动。

其三,联合教研组织机构应制定详细的教研规划和制度,包括教研活动的目标、内容、形式、时间安排、参与人员、经费保障等。这些规划和制度应确保联合教研活动的常态化、规范化和有效性。

其四,为了实现常态化联合教研,需要开展多样化的教研活动,如教学观摩、教学研讨、经验分享、课题研究、教材编写等。这些活动应围绕中高职教育的衔

---

① 刘东方,景敏,赵欣言.校本教研模式重构:问题与循证[J].东北师范大学学报(哲学社会科学版),2023(06):16-122.

接点、教学难点和热点问题展开,旨在提升教师的教学能力和解决实际问题的能力。

其五,为了激发教师参与联合教研的积极性,需要建立相应的激励机制。这些机制可以包括物质奖励(如教研经费、成果奖励等)和精神奖励(如表彰、荣誉等),以及为教师提供专业发展机会(如培训、学术交流等)。

其六,为了确保联合教研活动的质量和效果,需要建立完善的评估与反馈机制。这些机制应包括对教研活动的过程和结果进行定期评估,收集教师和学生的反馈意见,及时调整和改进教研计划和活动安排。

通过上述这些措施的实施,可以推动中高职教育的紧密衔接和协同发展,提升教师的教学质量和专业发展水平,以形成长周期人才培养的合力。

第二节　着眼高技能素养培育的专业课建设改革

从中职教育的职业属性看,其课程建设除了共性的公共基础课程建设之外,还必须建设具有特色的、高质量的专业课程。一直以来,我国中等职业教育的课程教学呈现出学科课程观与职业课程观分野现象。新时代中等职业教育的定位由就业导向转变为就业和升学并举,有鉴于此,中等职业教育的课程观应超越"学科课程观"和"职业课程观"的分野,以马克思关于人的全面发展理论作为科学依据与逻辑起点,综合两者课程观,规避单一课程观带来的局限,重塑中等职业教育课程思维,使中等职业教育课程内容互嵌,推进中等职业教育课程一体化实施[①]。对于专业课程领域的建设而言,核心任务就是结合学生多样化的成长需要和学校个性化的人才培养目标,不断丰富专业课程体系,优化专业课程结构,突破专业课程实施中过于聚焦学生职业能力、职业技能培养的局限,发挥专业课程的整体"立德树人"价值。

相比较于公共基础课程,整体而言,中职学校在专业课程建设领域往往面临

---

① 耿义博,谢勇旗.升学与就业并举视角下中职学校综合课程观的构建——学科课程观和职业课程观的比较与启示[J].职业技术教育,2024,45(17):20-26.

更多的压力和困难。专业课程建设和改革中,中职学校一方面要承担课程开发和教学改革的双重压力,另一方面又要面对资源匮乏和能力不足的现实,导致很多时候中职学校的专业课程建设成为学校"无法承受之重"①。普遍来看,当前中职学校在专业课程建设中存在如下问题:①课程内容与实际需求脱节,即中职教育的核心目标是为社会培养技能型人才,但部分课程内容与企业实际需求存在脱节现象。一些课程设计过于理论化,缺乏对行业前沿技术和工作场景的深入对接,导致学生毕业后难以快速适应岗位要求。②师资力量不足,即中职教育的师资力量普遍存在结构性问题。部分教师缺乏行业实践经验,难以将理论与实践有效结合。此外,教师培训机制不够完善,导致教学方法和内容更新滞后,无法满足快速变化的行业需求。③实训资源匮乏,即中职教育强调实践能力的培养,但许多学校在实训设备和场地方面投入不足,导致学生缺乏足够的动手操作机会。实训资源的匮乏直接影响了学生技能的提升,也削弱了中职教育的竞争力。④课程体系缺乏灵活性,即中职教育的课程体系往往较为固定,缺乏针对不同学生需求的个性化设计。一些学生可能对某些领域更感兴趣,但由于课程设置的限制,无法深入学习相关技能,这在一定程度上限制了学生的职业发展空间。⑤评价体系单一,即目前中职教育的评价体系多以考试成绩为主,忽视了学生的实践能力和综合素质的评估。这种单一的评价方式无法全面反映学生的真实水平,也不利于激发学生的学习兴趣和创新能力。⑥校企合作深度不足。虽然校企合作是中职教育的重要方向,但许多合作流于形式,缺乏实质性内容。企业参与课程设计、实训指导的力度不够,导致学生在校期间难以接触到真实的行业环境和工作流程。

　　进入 21 世纪以来,我国中职学校专业课程进行了各种形式的改革。但就教学而言,仍然没有走出以传授知识或技能为中心的课堂学习模式,学生的分析问题、解决问题的能力以及课堂上和谐自由的学习氛围还远没有形成。因此,中职学校专业课程建设的基础工作就是要针对学生的学习现状和企业岗位的工作要求,按照学生终身发展需要的"三个层面",即知识技能层面、情感态度层面和思

---

①　周宏伟.课程改革:中职学校不能承受之重[J].中国职业技术教育,2015(32):64-67.

维能力层面革新专业课程体系、完善课程模块①。其中最为核心和基础的工作有两个,其一是根据学校的实际情况和学生的成长需要不断完善专业课程体系;其二是结合职业教育改革发展的整体趋势,不断调整优化专业布局,最终让学校的专业课程体系能够匹配学生成长需要,匹配学校办学定位,匹配职业教育的整体变革与发展趋势。

　　基于这样的整体认识,近年来,浦东外事服务学校全面贯彻党的教育方针,以"立德树人"为根本,以"服务发展"为宗旨,以"促进就业"为导向,站在国家和上海城市建设与发展的高度,适应区域经济社会发展需求,服务上海"五个中心"和"四大品牌"建设和浦东社会主义现代化建设引领区的打造,坚持走内涵式发展道路,深化校企合作、产教融合。充分发挥市级示范性品牌专业的优势,坚持以贯通专业为引领、以品牌专业为示范、以骨干专业为支撑的多元并举的人才培养模式,进一步优化结构,提升专业建设质量,深化教育教学改革,建设含金量更高的品牌专业,加快培养适应经济社会发展需要的高素质技术技能型人才。

一、学校专业布局现状和优化目标

　　学校对接区域经济社会发展,优化专业布局结构。围绕产业结构调整,瞄准区域产业转型方向,学校财经商贸类、旅游艺术类、交通运输类和信息技术类专业要对接上海"国际经济、金融、贸易、航运、科技创新"五个中心和"上海服务、上海制造、上海购物、上海文化"四大品牌建设,优化专业布局,提质培优,错位发展,特色发展。

　　学校与上海立信会计金融学院、上海工程技术大学、上海师范大学天华学院合作,分别在金融营销、服装表演与策划、旅游电商等3个专业开展中本贯通人才培养,与上海思博职业技术学院、上海工商外国语职业学院、上海电子信息职业技术学院、上海邦德职业技术学院合作,分别在新能源汽车技术、国际商务(数字贸易)、应用德语、应用日语、应用英语、应用法语、计算机网络技术(云计算方

---

　　①　陆坚.中职学校专业课程建设的实践与思考[J].教育理论与实践,2013,33(09):27－29.

向）、数字媒体技术等 8 个专业开展中高职贯通人才培养（参见表 3－1）。

表 3－1　浦东外事服务学校专业统计表

专业群	序号	中职专业名称	贯通专业名称	合作高校	备注
商务外语	1	商务英语（上海市品牌专业）	应用英语（跨境电商）	上海工商外国语职业学院	中本贯通
	2	商务日语	应用日语	上海工商外国语职业学院	中高贯通
	3	商务德语	应用德语	上海工商外国语职业学院	中高贯通
	4	商务法语	应用法语	上海工商外国语职业学院	中高贯通
财经商贸	5	金融事务（上海市示范专业）	市场营销（金融营销）	上海立信会计金融学院	中本贯通
	6	国际商务	国际商务（数字贸易）	上海思博职业技术学院	中高贯通
交通运输	7	航空服务	民航运输服务	上海民航职业技术学院	中高贯通
	8	汽车运用与维修	新能源汽车技术	上海思博职业技术学院	中高贯通
	9	城市轨道交通运营服务			
旅游艺术	10	旅游服务与管理	旅游管理（旅游电子商务）	上海师范大学天华学院	中本贯通
	11	服装表演	表演（服装表演与策划）	上海工程技术大学	中本贯通
	12	高星级饭店运营与管理（上海市品牌专业）			
	13	动漫与游戏制作			

（续表）

专业群	序号	中职专业名称	贯通专业名称	合作高校	备注
电子信息	14	计算机应用	数字媒体技术	上海邦德职业技术学院	中高贯通
	15	计算机网络技术	计算机网络技术（云计算方向）	上海电子信息职业技术学院	中高贯通

在做好专业布局的同时,学校居安思危,注重结合中职教育整体改革发展需要,动态做好专业布局的持续优化。学校的专业布局和专业课程建设,以上海市示范性品牌专业和品牌专业建设为引领,进一步调整发展受限专业,优化专业结构,明确专业定位,深化产教融合、校企合作,丰富建设内涵,提升专业基础能力和发展质量。整体目标是进一步完善各专业教学指导性文件的编制,开展以专业建设为核心的资源优化整合工作。到2025年,建设"双师型"教师占专任教师比例达到65%的教学团队,优化实训条件,建立现代、开放、共享的实训中心,开发优质共享型专业教学资源库,提高信息化教育教学水平。

学校专业布局与优化的具体目标如下。

其一,对接区域经济社会发展,优化专业布局结构。围绕产业结构调整,瞄准区域产业转型方向,学校财经商贸类、旅游艺术类、交通运输类和信息技术类专业要对接上海"国际经济、金融、贸易、航运、科技创新"五个中心和"上海服务、上海制造、上海购物、上海文化"四大品牌建设,优化专业布局,提质培优,错位发展,特色发展。

其二,坚持多措并举,提升人才培养质量。继续深化人才培养模式,开展"1+X证书制度"试点,力争2025年底前再新增1—2个中高职贯通试点项目;学生双证获取率达到85%以上,用人单位满意度保持在90%以上,就业率保持98%以上,培养质量持续提升。

其三,推进教学改革,完善专业教学资源库建设。继续完善课程体系建设,改革教学模式和评价模式,力争2025年底前再开发1—2个市级网络课程,牵头或参与制定市级专业教学标准,编写(修订)校本课程。持续开展教改实践研究课题,开发教学改革项目。

其四，深化校企合作，完善实训教学条件。加强与行业企业之间的联系合作，为企业深度参与专业建设创造条件。不断加强各专业实训室建设，改善实训设施设备条件，特别加强金融开放实训中心、旅游开放实训中心这两个市级开放实训中心的建设，保证绩效评估保持原有星级（金融事务、高星级饭店运营与管理），力争2025年底前再新增或升级1—2个专业实训室。

其五，推进专业诊改，提升办学能力。贯彻落实教育部和市教委颁发的有关中等职业教育专业教学和管理的政策文件，加强专业基础能力建设。立足专业自身实际，根据经济社会发展对人才需求的变化，梳理专业发展过程中存在的问题，制定专业发展规划和目标，细化相关标准，切实推动专业教学质量稳步上升，形成专业建设特色与品牌。进一步加强专业质量监控制度建设，形成专业质量监控机制。

其六，联合各方资源，增强社会服务能力。持续开展职业体验日活动，进行职普渗透，提高社会服务水平；以劳模精神和工匠精神进校园、校企合作研讨等活动为载体，整合职教资源，提高职业教育服务质量和效率；学校和企业深层合作，调整职业资格和企业专项培训服务，进一步提高师资培训和职业培训的质量和层次。

二、学校专业布局优化的主要举措

（一）优化调整专业布局，打造"外事"专业集群

1. 瞄准区域需求

对接产业变革、经济社会发展和行业企业人才需求，以促进就业为导向，适应上海经济社会发展需求，服务上海"五个中心"和"四大品牌"建设和浦东社会主义现代化建设引领区的打造，结合创新驱动产业结构升级的发展战略，瞄准市场需求，形成与区域经济社会发展相适应的，结构合理、特色鲜明的专业结构，重点打造新能源汽车技术、商务日语、航空服务、服装表演等专业。

2. 动态优化布局

为适应外事企业需求的多样性，学校按照各专业职业和岗位需求，适时动态调整专业发展方向，优化专业结构与布局，形成招生就业与人才培养的联动和反馈机制，加强对招生、人才培养、就业的全链条统筹，实现人才培养供给侧和产业

需求侧结构要素全方位融合，建立专业有进有出的动态调整机制。根据区域经济发展需求和市场需求，逐步调整改造办学层次、办学质量与需求不对接的专业，激发专业的办学活力，并实现专业结构与自贸区行业的动态同步。

3. 打造品牌专业

以示范性品牌专业和品牌专业为龙头、中本和中高职贯通项目为引领、重点发展专业为支撑、开放实训中心为保障，实现各专业与市场需求对接，建成支撑区域经济社会发展的品牌专业。建立产教对接机制，依托专业建设指导委员会和浦东职教集团，开展校企合作，实现产教互动，实现合作育人、合作就业、合作发展。增强专业的适应性，完善人才培养模式，做特做强学校专业，提升人才培养质量，服务区域经济发展。

（二）强化专业内涵建设，深化教育教学改革

1. 优化培养目标，开展培养模式改革

人才培养方案是组织教学活动和开展质量评价的基本依据。围绕"立德树人"根本任务，注重培育劳模精神和工匠精神，适应经济社会发展需求，遵循学生成长和教育规律，各专业持续开展专业人才市场人才需求调研，对接企业岗位人才需求，优化各专业人才培养目标，编制各专业教学实施方案等教学指导类文件。依托学校优势特色品牌专业，健全对接产业、动态调整、自我完善的专业群建设发展机制，校企共同研制科学规范、国际可借鉴的人才培养方案和课程标准，找准转型发展的着力点、突破口，按区域行业发展需求重组人才培养结构和流程，围绕产业链、创新链调整课程设置。

2. 推进试点项目，贯通培养深度衔接

推进"1+X证书制度"试点项目。深化中高职、中本教育贯通培养模式试点，与合作院校就中本、中高职贯通教育专业的培养目标、专业设置、课程设置、课堂教学实施、职业资格证书等多方面开展贯通一体化协同发展、衔接推进，不断加强贯通教育专业日常教学管理与教学质量，积极探索与实施一体化教学的贯通教育人才培养模式，打造我校贯通培养的特色与亮点。

3. 依托信息技术，探索教学模式改革

推进教学方式方法改革。创新教学方法，探索与应用型人才相适应的培养方式。加快更新学校信息技术和平台承载资源的建设，建构交互式的学习支持，

带动学校革新管理方式,带动教师教育理念、教学手段和方法的改革,积极推进信息化教学改革,推进沉浸式、体验式、全景式等新型教学方式方法。利用网络教学平台搭建课程教学资源库,开展线上线下、课内课外混合式教学模式改革。以信息化教学能力提升为主体设计教师信息化培训框架,加强教师信息素养的培训,从而激发教师探索教学模式改革的动力。

(三)探索评价模式改革,以赛促教提升质量

1. 坚持以学生为中心,科学设计考核方式

学校将充分发挥教育评价指挥棒的作用,构建科学合理的职业教育评价体系,引导职业教育按类型教育规律办学,坚定服务发展、促进就业的办学方向。推进学生学业评价改革。改革传统纸笔考试方式,鼓励教师结合课程特点采用体现学生能力培养的个性化考核方式;实行开卷、半开卷、实践操作、面试等多种成绩考查方式,探索实践学生职业技能第三方评价机制,将职业标准、技术标准融入学生课程学习中,聘请行企人员参与学生学业评价。注重定性与定量评价并重,改进结果评价,强化过程评价,探索增值评价,构建多方评价体系。充分利用信息技术,提高教育评价的科学性、专业性、客观性。

2. 增强以赛促教活力,激发以赛促学动力

进一步改善生源结构,建立年度专业质量报告制度,毕业生双证率达到85%,就业率保持在98%以上,企业满意度达90%,就业质量进一步改善,与行业企业深度合作,培养一大批高质量技术技能型人才和创业创新人才。在能力培养上,注重社会需求与学生发展并重、知识教育与技术训练并重、学校教育与企业培养并重的"三维并重"要求;积极参加全国技能比赛、上海市职业院校"星光计划"职业技能大赛、行业及职教集团各类技能大赛,力争在各类竞赛中获得优良成绩,实现"以赛促教""以赛促学""以证促教""以证促学",促进学生的个性化发展,注重懂理论、有证书、强技能、会应用,为区域经济社会持续转型发展培养高素质劳动者和知识型、发展型技术技能人才。

(四)建立专业评估机制,促进专业良性发展

1. 对接行业发展需求,明确专业发展定位

各专业要在行业发展趋势调研的基础上,结合行业发展需求以及专业面向岗位的工作要求,对专业教学运行的关键要素和环节进行全面诊断,结合专业教

学文件、课程设置与实施、师资队伍、保障条件、学生发展和专业声誉等方面，梳理专业教学的主要成绩、存在的主要问题，并提出改进举措，明确专业的发展定位和未来建设目标。

2. 组织专业诊改培训，建立自评自建机制

进一步加强专业质量监控制度建设，形成专业质量监控机制，每年形成各专业自主诊改报告。组织开展专业教学自主诊改的学习和培训。加强学习诊改理念，领会专业教学自主诊改的重要意义和工作重点，明确专业教学自主诊改的目标、重点、要求和组织，通过建立畅通的信息收集和意见反馈渠道，促进专业教学质量的提升。在日常教学工作开展的同时，强化专业教师研讨、交流、合作，达到改进和提高专业教学质量的目标。在推进学校教学工作诊断与改进的过程中，建立常态化、周期性的专业教学自主诊改制度和工作机制。

（五）加强教科研究立项，引领专业纵深发展

1. 开展教科研合作，加强教科研指导

打造专业性强的教研共同体，吸收行业企业人员参与，通过对行业发展与岗位需求的深度调研及职业教育发展的深度研究，为工学结合开展教研活动奠定基础，与外部的教研团体、学术机构紧密联系，开拓教研资源，初步建立起纵横交错、内外协同的"立体化"教研体系；同时，启动教师教研能力系统培训，借助各级培训平台，通过校本研修、专家讲座、教师论坛等多种形式开展不同主题的教科研培训，增进教师的教研意识，提高教师的教研能力。

2. 启动核心课题，引领学校发展

学校要确立专业发展相关的教育教学科研核心课题，借助课题研究解决专业发展中的问题。持续优化激励政策，引导教师积极主动地承担起专业教研重任，力争在教育科研课题研究上实现量和质的突破，积极探索具有学校特色的中职以及中高、中本贯通教育研究项目，服务学校专业发展。积极申报上海市课改课题、德育课题等各类专项研究课题及项目，将教育科研成果反哺专业建设及教育教学改革，增强成果的应用性。

（六）强化校企合作力度，提升社会服务能力

首先，各专业要积极探索企业项目与教学实践相结合的人才培训模式，积累经验，形成特色。其次，在学生培养、教师培养、技术交流、文化交流、文化互动、

基地建设、兼职教师队伍建设等方面,与合作企业共同研究确定培养目标、规格、课程等方案,开展形式多样的校企合作,加大校企合作力度。再次,按照专业发展的需要,深度遴选部分专业对口、社会责任感强、参与职业教育积极性高的企业进行合作,进一步探索与学校专业发展更加适配的企业的合作途径和方法,拓展校企合作项目,扩大校企合作范围。最后,进一步推进校外实训基地建设,通过拓展合作企业的数量及合作范围,新增一批稳定的校外实训基地。

通过校企合作企业、职教集团等途径,探索联合培养专业特长的路径与方法,大力开展职业培训。通过企业员工培训、职业技能提升培训等,提高综合服务能力;坚持学历教育和职业培训相结合,提升服务社会能力;结合区域经济社会发展的趋势,加强各级各类职业培训,全面提升培训能力。推进"育训结合",进行充分的调查研究,拓展市场,做好专项培训和职业资格鉴定项目、企业认证鉴定项目;继续办好职业体验日活动,提高学校为社会服务的能力。

三、学校优化专业布局的保障措施

（一）组织保障

为保障专业建设规划的科学制定及贯彻落实,成立由校长、分管教学副校长、系部和相关职能部门负责人、专业带头人（负责人）等组成的专业建设工作领导小组,组建专业建设、课程建设、教育教学研究团队,落实人员,明确责任,确保建设任务的顺利完成。成立专业建设指导委员会,科学地制定专业建设发展规划,制定和调整专业建设方案,审议专业人才培养方案和教学计划,指导专业建设和教学改革,监控专业教学质量,全面提升专业建设水平,为专业建设提供组织保障。领导小组负责本规划实施的指导、监督和考核工作。

（二）制度与机制保障

在学校办学章程和管理制度架构下,依托学校管理运行标准化体系,严格执行学校专业建设管理的要求。分年度制定、执行工作计划,分项目和任务编制、落实工作方案;根据任务节点完成项目或任务总结,每年度完成专业建设总结报告,总结成绩,分析问题,提出解决问题的思路,保障专业建设各项目任务的顺利完成。

（三）经费与后勤保障

健全经费预决算和审核制度,确保资金规范、合理地使用,经费分配向重点专业和精品专业适度倾斜。学校要创设条件、采取措施确保经费到位。一是积极争取专项建设资金,开展专业教育教学改革;二是利用内涵建设经费,保障课程建设、师资建设、改善教学条件等工作顺利开展。后勤部门要确立"一切为了教育教学第一线"的服务观念,改革创新后勤运营和保障机制,降低后勤运营成本,推进"一站式"服务,提高服务水平和质量。

第三节　着眼可持续发展的课程教学质量保障

课程教学质量是中职学校办学质量和人才培养质量的关键性决定因素。课程教学建设与改革只有进行时,没有完成时。要从课程教学可持续发展与提升的角度,建构学校内部课程教学质量保障体系。从理论上说,学校教学质量的持续提升,关键在于能否建立一种有效监控质量、维护质量、促进质量进步的质量保障机制①。尽管整体上看,我国目前各级各类学校普遍重视课程教学保障体系的建构,但是"教学充满活力与管理富有效率"一直是困扰课程教学质量保障体系建构的一对重要矛盾②。优化课程教学质量保障体系,发挥这种质量保障体系对于学校课程教学可持续发展的激发、激励、保障价值,对于学校改革发展而言至关重要。

对于中职学校而言,保障专业教学质量是中等职业教育主动服务经济和社会、体现自身功能和特色、实现培养目标和实施教学活动的基础性工作,也是职业学校提高自身适应力、竞争力的重要途径。近年来,上海市中等职业教育坚持以服务为宗旨,以就业为导向,以能力为本位,推动学校依法面向市场自主办学,办出职业教育特色,逐步形成了学校在主管单位的统筹领导下,自主设置专业并

---

① 沈玉顺.高校教学质量保障体系建设的组织策略初探[J].复旦教育论坛,2010(04):27.

② 彭安臣,等.实质标准和程序标准——高校教学质量保障体系建设矛盾破解之道[J].江苏高教,2022(06):87-91.

强化专业质量控制,评估机构提供咨询服务与质量评估,教育行政部门宏观规划指导和监控的中等职业学校专业教学质量保障体系①。但是整体而言,中职学校依然较为普遍地存在课程教学质量的自我检视意识不足、课程教学质量持续提升的有效工作机制不健全、基于教学评估的行动改进设计不丰富等问题,在很大程度上消解了课程教学质量保障体系对于课程教学质量和人才培养质量的持续提升价值。针对这样的问题,上海市浦东外事服务学校认为,要进一步激发学校课程教学质量意识,建构一种涵盖内部监视和外部分析整体联动的协同化课程教学质量保障体系,为课程教学改革的可持续推进、课程教学和人才培养质量的可持续提升,建构良好的运行"闭环"。

一、系统性建构教学诊改体系

从概念上说,一般意义上的教学诊断是指教师对教学活动中各种现象进行检查、分析、反馈和调节,使其不断优化的过程②,这为教学问题的发现和解决提供了专门途径。但由于人们认识的局限性和技术发展的限制,传统教学诊断主要采取同伴听课、评课或课堂观察等形式,以看、听、问等主观方式进行,这导致人们对教学问题的理解也多来自思辨、经验以及部分碎片化的感性认识,缺少针对现实问题的深入思考、理论追问和依据建构③。因此,当下的教学诊断主要的改革方向在于借助信息技术,实现数字赋能的教学实证性诊断与提升④。相比较于普通教育相对完善的教学诊断与改进体系,职业学校的教学诊断与改进体系建设相对落后,目前普遍存在诊断标准缺失、具体实践性案例缺乏、教学评价与教学诊改相混淆等问题⑤。浦东外事服务学校充分重视借助教学诊断与改进体

---

① 陈效民,胡兰.中等职业学校专业教学质量保障体系的构建——以上海市中职学校为例[J].职教论坛,2012(10):68-72.

② 代天真,李如密.课堂教学诊断:价值、内容及策略[J].全球教育展望,2010(04):41-43+66.

③ 岳欣云,董宏建.教师教学诊断能力:内涵、价值及提升策略[J].教育理论与实践,2015(26):3-5.

④ 张学波,林书兵,王宏媛.基于数据的教学诊断:数据表征、问题指向与教学处方[J].现代教育技术,2022,32(12):41-48.

⑤ 吕路平,童国通.基于五位视角的高职课堂教学诊断与改进体系构建[J].职业技术教育,2017,38(20):51-55.

系的建设,建构自发性的课程教学监视与改进体系。在学校看来,信息技术的充分运用只能提升教学诊改的科学性,发挥其作为工具的价值,但是要真正建构有效的课程教学质量保障体系,就不能仅靠教师单一主体的教学诊断价值,要建构学校为主体、教师为主导的系统性的教学诊断与改进体系,让课程教学的自我审视与改进成为融入学校文化的行动自觉。

（一）教学诊改以学校为主体

1. 加强组织领导,营造质量文化

学校把教学诊断与改进工作作为"一把手"工程,党总支书记、校长亲自抓,按照学校《教学工作诊断与改进实施方案》,设置三级组织机构,进行全员、分层培训,强化全员质量意识,加强质量文化建设,使全校师生员工逐步树立以质量求生存的理念,提升对"教学诊改"的认知度和参与度。教职工全员、全过程、全方位参与教学诊断与改进的局面已经形成。

2. 完善管理制度,确保有章可循

修订章程和制度汇编等制度文件,梳理部门工作职责,优化完善管理制度,构建较为完善的教育教学管理制度体系。学校共制定、修订了 37 项制度;依据"8 字形质量改进螺旋"状态运行,建立了《教学诊改项目化管理与督导制度》《教学诊改资料和信息采集管理制度》等 7 项教学诊改制度。

3. 把握教学诊改起点,精心打造"两链"

制定完善"十四五"发展规划,依据发展规划进行目标分解,形成专业建设、课程建设、师资队伍建设、德育工作、党建工作、信息化建设、社会培训、实训中心建设等 8 个专项规划,编制完成 23 个专业发展规划;将发展规划和目标任务分解到年度、学期、相关部门、责任人,形成上下贯通、内容呼应、指向一致的目标体系。

4. 构建质量监测预警机制

建立数据平台,针对不同的诊断点,设置不同的监测周期,确保及时发现问题,及时预警。对于动态数据变化幅度较小的诊断点,设置以每学年为一个监测周期,对于动态数据变化幅度较明显的诊断点,则根据客观实际缩短其监测周期,确保质量监测预警机制发挥应有效能。

5. 建立常态教学诊改运作机制

根据《上海市中等职业学校教学工作诊断与改进实施方案》,确立诊断项目。学校结合实际,分析把握诊断点内容,将诊断点责任分解到具体部门,充分利用"五纵五横一平台",依据"8字形质量改进螺旋"状态运行,形成了事前制定目标标准、事中监测预警、事后诊断改进的工作流程,使各项工作更趋规范化、标准化、程序化,初步形成了常态化长效运作机制。

6. 打造共同参与、协调推进的教学诊改机制

学校注重各层面之间协同合作,由教学诊改工作领导小组统筹协调,组织专项工作研讨会、推进会等,通过数据分析发现问题后,及时落实责任主体,采取相应措施加以改进,切实做到发现问题即知即改,强化实效。

(二) 教学诊改以教师为主导

1. 加强制度建设,为教学诊改保驾护航

落实制度规范,奠定教学诊改基础。依据"8字形质量改进螺旋"状态运行,对照学校"十四五"发展规划和《教学工作诊断与改进实施方案》,优化了学校《学科带头人、骨干教师奖励方案》《教师培训制度》《教师下企业实践制度》等多项制度,形成了以制度建设为基石,设定目标标准,制定工作流程。

形成科学合理的目标链、标准链。一是打造目标链。学校以"十四五"规划为总体目标,制定了师资队伍建设规划、任务分解表,设定教师个人发展规划和年度目标,确定了实施办法。二是形成标准链。学校制定了《"十四五"师资队伍建设规划》,对照《中等职业学校校长专业标准》行使校长专业职责,严格落实《中等职业学校教师专业标准(试行)》,建立了师德师风标准、教师准入标准、见习教师考核标准、教师发展标准、教师职称认定标准、"双师型"教师标准、骨干教师与专业带头人标准等。

2. 动态监测预警,强化教学诊改意识

学校依据数据平台,针对教师层面开展诊断工作,以学年为周期进行过程动态监测。如教学诊改过程中,发现专任教师"双师型"比例低,学校采取以下措施:一是以外部引入推动"增量",通过优先招聘具有企业工作经历并具有专业职称的人员充实教师队伍;二是内部"盘活",激活"存量",为专业教师培训"架梯",派送骨干教师加入上海市职业教育名师培育工作室和名师基地,选派专业

教师参加市级层面的下企业实践活动。

3. 常态运行，开展自我诊断

对照国家、市和学校教师发展规划、发展标准，开展自我诊断，分析存在的问题及产生的原因，制定改进措施，形成问题明确、改进措施可行的教学诊改报告。如，发现专任教师学历结构不合理，研究生学历人数和 35 周岁以下青年教师人数低，学校科学安排招聘计划，鼓励教师攻读硕士研究生学历学位，完善教师年龄和学历结构。

二、常态化开展人才培养调研

学校培养的人才要最终获得社会的认可，就不能仅仅靠学校自身内部的质量评估，而要通过人才培养调研，从社会需求、用户导向的角度更清晰地判断人才培养的质量，建构多元主体协同参与的学校课程教学质量保障体系。整体上看，中职学校开展人才培养调研是为了更好地适应社会需求、提升教育质量、服务学生发展。作为职业教育的重要组成部分，中职学校肩负着为社会培养高素质技术技能型人才的重任，而人才培养调研正是实现这一目标的重要抓手。

首先，开展人才培养调研有助于中职学校适应社会需求，优化专业设置。中职学校的核心任务是培养能够直接服务于产业发展的技术技能型人才。然而，随着经济结构的调整和技术的快速迭代，社会对人才的需求也在不断变化。通过开展人才培养调研，中职学校可以深入了解行业发展趋势、企业用工需求以及岗位技能要求，从而及时调整专业设置和课程内容，确保培养出的人才与市场需求无缝对接。

其次，开展人才培养调研有助于中职学校提升教育质量，改进教学方法。调研工作可以帮助中职学校发现当前教育教学中的不足。例如，某些课程内容可能过于理论化，缺乏实践性；某些教学方法可能无法激发学生的学习兴趣。通过调研，学校可以收集学生、教师以及用人单位的反馈，有针对性地改进教学方式，引入更多实践教学、项目化教学等创新模式，提升学生的职业技能和综合素质。

再次，开展人才培养调研有助于中职学校服务学生发展，增强就业竞争力。中职学校的学生大多以就业为导向，因此，调研工作可以帮助学校更好地了解学生的职业发展需求。通过调研，学校可以发现学生在职业规划、技能提升、就业选择等方面的困惑,从而提供更有针对性的指导和服务。同时,调研还可以帮助学校与更多企业建立合作关系,为学生提供更多的实习和就业机会,增强他们的就业竞争力。

最后,开展人才培养调研有助于中职学校推动校企合作,深化产教融合。中职学校的人才培养离不开企业的参与。通过调研,学校可以了解企业对人才的期望和要求,从而在课程设计、实训安排等方面与企业需求紧密结合。同时,调研也为校企合作提供了契机,推动学校与企业共同开发课程、共建实训基地,甚至开展订单式培养,真正实现产教融合、工学结合。

除此之外,中职学校的人才培养调研成果可以为教育主管部门提供决策参考。通过调研数据,相关部门可以了解职业教育的整体发展状况,发现政策实施中的问题,从而制定更加科学、合理的政策措施,推动职业教育高质量发展,服务国家技能型社会建设的战略目标。

总而言之,中职学校开展人才培养调研,既是对自身教育质量的检验,也是对社会需求的回应。通过调研,学校可以不断优化人才培养模式,提升学生的职业技能和就业能力,同时为区域经济发展和国家战略实施提供有力支撑。这是一项关乎学生未来、学校发展乃至社会进步的重要工作,值得高度重视和持续推进。正是基于这样的认知,浦东外事服务学校建构了常态化的专业人才培养调研和评估体系,通过人才调研报告的撰写分析,引导全员参与课程教学质量评估与保障,树立起每一个人都是课程教学质量保障者的主动意识,也让学校的专业建设、课程教学、人才培养的系统改进有了现实的依据与支撑。

以《中高职贯通应用英语专业(跨境电商)人才培养调研报告》为例,该调研的目标是:

进一步了解就业市场对专业人才的定位和需求,研究分析专业五年贯通培养方案所开设的课程与职业岗位的匹配程度以及存在的问题,为人才培养模式、课程模式和教学模式的改革,以及教学内容的充实调整提供依据。

调研的整体思路是:

通过紧紧依靠行业、企业资源,深入对上海部分跨境电商企业进行调研,调研上海开设商务英语专业的中高职院校,从宏观上了解跨境电商的人才需求及中高职院校商务英语专业人才培养的现状,着力解决目前上海市中高职院校商务英语专业在教育中存在的问题,从而优化应用英语(跨境电商方向)专业的人才培养方案,提高中高职院校应用英语专业(跨境电商方向)的办学针对性和实用性,提升该专业的就业竞争能力和职业变化的适应能力,努力构建与市场需求和劳动就业紧密结合,校企合作、工学结合、结构合理、形式多样、灵活开放、自主发展的应用英语专业(跨境电商方向)的中高职教育一体化职业教育格局。

调研形成的基本结论如下：

上海市"十四五"期间国际化大都市和"五个中心"建设目标凸显了外向型企业对人才的需求。而岗位调研显示,就业市场上对跨境电商人才的需求量逐年递增,而且岗位相对集中,最受欢迎的应用英语专业(跨境电商方向)人才是中高端跨境电商人才、外贸业务人才、国际商务谈判人才、出口营销人才等复合型人才,均属于国际贸易行业中对英语应用能力和商务能力要求较高的岗位。由于行业岗位技术含量较高,岗位技能复合性高,熟练程度要求高,因此需要较长的专业技能训练周期,适合中高职培养目标相互衔接贯通。目前,中职的商务英语专业在发展中遇到一些瓶颈,开创中高职贯通的应用英语专业(跨境电商方向)培养模式能在很大程度上解决这些问题。商务英语专业学生相关专业技能和职业素养能力的培养贯穿中高职始终,针对学生的人际沟通能力、通用能力和专业技能进行重点训练和培养,能够提高就业竞争力,为学生的终身学习奠定基础,满足上海市国际化大都市建设对应用英语专业(跨境电商方向)复合型高技能人才的需求。

调研的核心任务是基于问题形成对我校中高职贯通应用英语专业(跨境电商)人才培养的改进行动建议,具体包括：

第一,精心完善人才培养方案。根据市场对跨境电子商务中高端人才的大量需求,中高职贯通应用英语专业面向跨境电商行业,培养具备相关职业领域的相关技能与沟通能力,掌握国际通用技术与工作方法,能胜任跨境电商专员、网络推广员、网络客服、网络编辑等工作,具有职业迁移和终身发展能力的知识型、发展型、复合型技能人才。此类岗位群对中高端技能人才要求具有人文底蕴厚、专业基础宽、职业技能强、发展潜力大等特点,而达到这些要求则需要更长的培养周期、更扎实的课程学习和更有效的实践训练,因而更能够充分发挥中高职贯通培养模式的优势。人才培养标准如下：适应社会主义现代化建设需要,德智体美劳全面发展,具备良好职业道德素养和敬业精神,具有比较扎实的英语基础及岗位所必需技能,能在跨境电商、商贸、涉外服务机构第一线工作的高素质复合型、应用型人才。

第二,大力加强课程建设。中高职贯通应用英语专业(跨境电商方向)将学历教育、职业技能培养与职业认证三者有机结合,打破原有课程、学科之间的界限,以培养学生具有较强的职业技能和综合知识的运用能力为宗旨,融知识、能力和素质培养为一体,贯彻多元整合的策略思想,重构专业人才培养的课程新体系。专业教学中,课程模块及教学内容的设置与岗位资格证书、技能证书的考核紧密对接。根据职业岗位对人才的需求,在市场调研基础上,对本专业岗位群的职业能力进行分类,从岗位的需求出发,将专业所涉及的职业活动分解成若干工作任务,以工作任务为引领,整合理论与实践课程,构建"岗位导向、课证融通、工学结合"的课程体系。按人才培养目标要求对该专业课程体系进行一体化设计,分段实施。在此一体化设计的构架上强调:

1. 大力开发"模块化"课程——课程采取模块化设置,包括以职业综合能力培养为目标的通识能力单元系列,包含17个能力单元;以英语应用能力培养为主要目标的专业英语课程系列,包含13个能力单元;以商务模拟公司和跨境电商平台为主要载体的跨境电商能力单元系列,包含20个能力单元。

2. 强化英语能力培养——在合理定位专业培养目标的基础上,明确专业岗位群的英语能力要求,细化英语能力结构与标准,深入研究语言类课程与商务类课程的结合点,逐步实现二者的有机融合,使该专业学生掌握比较熟练的英语阅读、交流与沟通能力,以适应跨境电商领域对专业人才的外语能力要求。

3. 落实职业能力培养,实现学生"课证融通"——在课程体系设计中结合职业资格证书考证的要求,围绕所需掌握的职业能力,细化课程内容,针对相应的技能设计实践活动,提高学生的职业能力,使设置的课程既能支撑专业学习,又能支撑学生考取职业资格证书,将学历教育与考证培训紧密结合。

第三,切实搞好校企合作。包括:①加强工学结合人才培养模式机制创新、制度建设,推进合作办学、合作育人、合作就业、合作发展。校企共同进行组织制度设计,形成合作动力机制、运行机制、治理机制等,形成人才共育、过程共管、成果共享、责任共担的紧密型合作体制机制,建立鼓励企业介入职业教育新机制,建立提高教师参与校企合作的激励机制,推进学校与地方、行业、企业的深度合作,保障合作长效运行。②校企双方共同制定专业培养方案,构建教、学、做结合的课程体系。中高职贯通应用英语专业(跨境电商方向)的培养方案制定、实施与完善,要与企业密切合作,共同完成人才定位、岗位分析、能力要求、课程设置、内容选择等工作,保证专业培养方案既符合国家对职业教育人才培养的要求,又符合职业教育的发展规律,还能满足用人单位的具体需求。③建设稳定高效的校外实习基地。在巩固现有实习基地的同时,开发新的校外实习基地,尽最大限度满足该专业学生见习、实训、顶岗实习的需求。组织校企双方人员合作制定有关制度,采取有效措施,保障学生在校外实习基地学习期间的技能训练与管理指导工作的开展,提高实习质量。④探索"校企融合"的合作模式,实现企业环境与学校环境、学校资源与企业资源的融合。在现有国际交流、实训中心等资源的基础上,组建小型外贸和跨境电商公司等,为实现产教一体、工学结合提供真实环境。

第四,全力打造"双师型"团队。包括:①加强师德建设,提高教师队伍整体素质。把培养教师具有正确的政治方向、高尚的思想品质、优良的职业道德、强烈的团队意识作为中高职贯通应用英语专业师资队伍建设的必备内容和重要目标,以"勤勉踏实的治学精神、为人师表的高尚品德、教书育人的杰出楷模"为主线,建立长效机制,树立优良师风、教风,创建良好学风、校风。②中高职密切合作,实现教师资源共享。根据中高职贯通应用英语专业(跨境电商方向)建设需要,中高职院校共同组建师资团队,充分发挥中职教师和高职教师的不同优势,充分实现优质教师资源的共享。③加强人力资源配置,优化教师队伍结构。在专业教师中,硕士研究生以上学历占比超过70%,专业教师职称结构比例合理,保持各年龄段教师人数相对均衡,形成合理的梯队结构。④开展校本培训,提高师资队伍业务能力。针对中高职贯通模式对教师教育教学能力提出的新要求,制定专业师资培养规划,积极开展校本培训,提高教师整体素质,集中力量培养一批专业带头人与骨干教师。⑤加强"双师型"队伍建设。以建设一支拥有"行业是专家、教学是名师"的专业带头人、"企业能顶岗、教学会双语"的骨干教师、"业务为骨干、实践会示范"的兼职教师组成的教学团队为目标,专业技能课程教师"双师型"比例要达到50%以上。加强兼职实践指导教师队伍建设,每年聘请

1—2 名行业企业专家充实教师队伍,构建一支专兼结合、经验丰富的教师队伍。

常态化的人才培养调研让学校能够跳出自我的、单一的眼光审视学校课程教学和人才培养工作,建构学校、教师、社会、用人单位等协同参与的人才培养质量保障体系,让课程教学的改革能够与社会发展、企业需求更有效地接轨,也很好地体现了学校的职业教育特色,与学校内部的教学诊改一起构筑了内外联动的课程教学质量保障体系,为学校课程教学和人才培养的持续变革与质量提升提供了坚实保障。

第四章　立本:
以多元的路径提升中职人才培养的效能

在当下的课程教学和人才培养变革中,教育效能、学校效能是一个颇受关注的命题。从概念上说,效能是事物所蕴藏的有利的作用,它与效率、效益、效应、效果有相关性。教育效能和学校效能的研究,主要借鉴的是管理学领域的效能概念。著名管理大师彼得·德鲁克认为,效能是指选择适当的目标并实现目标的能力,就是去做正确的事的能力①。西方发达国家开展学校效能研究已有近60年的历程,詹姆斯·科尔曼在1966年发表的《教育机会均等的观念》一文中首先提出"学校效能"的概念,认为学校效能是指学校选择目标的适宜程度及实现学校功能的程度②。整体上看,关于教育效能的研究大致经历了学校无效阶段、学校有效阶段、学校改进阶段和稳步拓展阶段等四个发展阶段③。这些研究整体上是围绕什么是"有效的"和"高效的"学校教育体系,以及如何打造这种"有效的""高效的"学校教育体系而开展的。当前,我国学校教育效能和学校效能的研究,整体上表现为两种样态。一种是从理论层面分析教育效能、学校效能的特征,并结合教育改革发展的趋势,探索提升教育效能和学校效能的方法论体系。如有研究认为,教育效能具有合目的性、有效性、整体性、持续性、潜在性与时代性等主要特征。教育效能改进的方法论是整体结构优化。具体可以包括如下举措:以提升"合目的有效整体性"为核心的整体结构优化;在提高素质的基础上完善人格目标;优化教育保健的教育教学生态;创建师生高效能教学共同体的师生

---

①　王振洪.高职院校学生管理文化与学生满意度、组织效能研究:基于全国12所高职院校的实证分析[J].教育发展研究,2014(19):73-79.

②　陈孝彬,高洪源.教育管理学[M].北京:北京师范大学出版社,2008.

③　孙绵涛.教育效能论[M].北京:人民教育出版社,2007.

关系;学习先进,科学增效、科技赋能、创造性艺术性改进的教育教学方法;在教育效能改进中创造更先进的富有中国特色与时代风格的现代教育文明的品格与态势[1]等。另外一种是结合学校办学和人才培养的具体实践,探索学校层面如何提升教育效能、学校效能、育人效能的实践举措。如有的学校开展了以立体融通课程提升整体育人效能的实践[2];有的学校通过建构校本化的育人效能评价标准引领育人方式转型,进而提升人才培养效能[3]。

　　学校的核心工作是育人,因此,教育效能和学校效能的核心表征是人才培养效能。人才培养效能是指在一定时间内,通过科学的教育、培训和管理手段,使人才在知识、技能、素质等方面得到有效提升的能力。它不仅仅关注人才培养的数量,更注重质量、效率和可持续性。提升人才培养效能,意味着以更低的成本、更短的时间,培养出更多符合社会需求的高素质人才。人才培养效能的提升是一个系统工程,需要有明确的培养目标、合理的课程架构、有效的教学体系、高素质的教师队伍、良好的学校管理秩序和文化、科学的人才培养反馈与评估机制、顺畅有效的校内外合作等。但是,最为重要的是建构完善的人才培养体系,设计丰富多样的人才培养路径。着眼人才培养的系统性体系建构,浦东外事服务学校从建构指向立德树人的大思政格局、完善促进全面发展的多维度体系、实现产教融合育人的深层次耦合、创设校内校外联动的协同性机制、丰富实训中心统筹的实践性平台等维度,建构了新时代中职人才培养的实践体系,以多样化的人才培养路径保障学校人才培养效能的持续提升。

第一节　建构指向立德树人的大思政格局

　　"立德树人"是教育的根本任务。思政课是落实"立德树人"根本任务的关

①　温恒福,温宏宇.教育效能的本质、特征与改进方法论[J].教育学报,2020,16(02):66-74.

②　周清华.以立体融通课程提升整体育人效能[J].人民教育,2021(09):68-70.

③　徐涛,等."人和"育人效能评价标准的构建与实施[J].中国教育学刊,2021(03):99-102.

键课程、基础课程,因此,在近年来的教育教学改革中,思政教育改革始终占据重要的地位。但是,从教育活动育人价值的基本立场出发,任何课程都应该具有"立德树人"的价值,在承担相应学科内容、专业内容教学的同时,也应该凸显其思政教育价值。因此,倡导学科课程、专业课程与思政课程同向同行,通过"课程思政""大思政课"等理念的落实,建构完善的"立德树人"体系,不仅是当下课程教学改革的关键问题,也是落实教育根本任务的必然选择。

在思政教育变革中,"大思政课"是近年来颇受关注的改革话题。2021 年 3 月 6 日,习近平总书记在看望参加全国政协会议的医药卫生界、教育界委员时明确提出:"'大思政课'我们要善用之,一定要跟现实结合起来",强调"思政课不仅应该在课堂上讲,也应该在社会生活中来讲"①。从某种意义上说,"大思政课"理念遵循"铸魂育人"的价值导向,注重"社会即课堂"的现实观照,强调国内国际两个大局相结合的全球视野,倡导构筑多元主体共同参与的协同育人新格局,要求思政课堂更加富有活力和魅力②。"大思政课"理念为新时代思政教育工作守正创新指明了新方向,为新时代思政工作"如何培养人"提出了新要求,还为新时代思想政治理论课改革提供了新动力。在"大思政课"的理念下,各级各类教育系统中的思政教育改革不断落实,取得了丰富的积极成效,"大思政课"协同机制建设③、大中小学思政一体化建设④等成为这些研究成果的显著代表。

在笔者看来,"大思政课"不仅是一种思政教育课程改革的理念,也是一种思政教育整体变革的指导思想。它能够整合学科课程、专业课程和思政课程,形成一种共同指向于"立德树人"教育根本任务的课程教学和人才培养体系,其核心价值在于建构一种完整、立体的大思政工作格局。大思政工作格局是指在新时代背景下,构建以思想政治教育为核心,贯穿于教育、管理、服务等各个环节的全

①　"'大思政课'我们要善用之"(微镜头·习近平总书记两会"下团组"·两会现场观察)[N].人民日报,2021-03-07(1).

②　朱旭."大思政课"理念:核心要义、时代价值与实践路径[J].马克思主义理论学科研究,2021(05):107-114.

③　石书臣,韩笑."大思政课"协同机制建设:问题与策略[J].思想理论教育,2022(06):71-76.

④　闫辉.大中小学思政课一体化建设:认识与实践[J].国家教育行政学院学报,2024(03):36-42.

方位、多层次、立体化的工作体系。它旨在通过整合资源、创新方法、优化机制，将思想政治教育融入学校、社会、家庭等各个领域，形成全员育人、全程育人、全方位育人的大格局。"三全育人"是大思政工作格局的核心要义，它意味着思想政治教育不仅仅是思政课教师的责任，而是全体教职工、家长、社会各界的共同任务，通过协同合作，形成教育合力；意味着要将思想政治教育贯穿于学生的成长全过程，从入学到毕业，从课堂到课外，从理论学习到实践锻炼，实现教育的连续性和系统性；意味着要通过课堂教学、校园文化、社会实践、网络平台等多种渠道，构建多层次、立体化的教育网络，满足学生多样化的成长需求。

上海市浦东外事服务学校充分认识到学校思政教育变革的迫切性和必要性，认识到建构一体化思政教育体系的重要价值，充分利用学校独特的专业和办学优势，以中本贯通专业为试点，开展了中职学校"大思政课"和"大思政工作格局"建设的探索。

一、中本贯通专业"大思政课"的核心理念

当前我国教育体系中，中等职业教育和高等教育的衔接不够紧密，导致中职毕业生在升学和就业方面存在一定的困难。为了解决这一问题，《关于开展中等职业教育——应用本科教育贯通培养模式试点工作的通知》和《职业教育提质培优行动计划（2020—2023 年）》明确提出了中本贯通培养模式的试点工作，并鼓励中职和应用本科院校合作，共同研究和实施贯通培养方案。"中本贯通"即中职教育与应用本科教育的贯通，其目的在于确保中职和高等教育之间衔接顺利进行，帮助学生平稳过渡并成功适应高等教育阶段的学习。

与中职、中高贯通相比，中本贯通专业在避免中高职衔接中的重复和浪费、根据社会需求和行业特点系统化地设计课程体系和教学内容、促进职业教育资源的整合和优化配置等方面，都拥有明显优势。特别是在职业教育方面，中本贯通模式能够为职业教育的发展提供更多的机会和平台，促进职业教育的可持续发展。职业教育作为一种特殊类型的教育，旨在实现普职融通，同时建立"中等职业教育—专科高等职业教育—应用本科教育—专业硕士学位教育"的纵向衔接体系。从 2014 年起，上海启动中职——应用本科贯通培养试点。在人才培养模式上，"3+4"中职本科贯通实现七年一体化培养，大学将关注中职学生的培养

过程,思政课是落实"立德树人"根本任务的关键课程①。

"大思政课"作为深化并推进青年学生群体思想政治教育改革的重要载体,必须坚持以"纵向贯通、横向延展、情理交融、启智润心、塑造精神"的核心理念,充分调动中职校和高校的积极性,紧密联结"思政小课堂与社会大课堂",服务青年学生的核心素养培育与健康成长需求。

"大思政课"的核心理念是以学生为中心,注重价值引领和实践育人,促进跨学科融合和创新教学方式方法,培养学生的社会责任感和历史使命感,提高学生的综合素质和能力。对于中职学校而言,要推进"大思政课"建设与变革,首先要对"大思政课"的独特价值与理念有一个清晰的理解。结合中职教育的特点和中本贯通专业培养的要求,"大思政课"的内涵可以从以下几个维度进行把握。

(一)"大思政课"的课程属性

"大思政课"命题的提出,主旨是提升思政课的吸引力、生命力,其并不否认"思政"的课程属性,恰恰是进一步强调了"思政"是一系列课程,其课程属性是"大思政课"的根本属性。

与思政课的课程属性相对应,课堂教学是思政课的主渠道、主阵地,必须牢牢把握这一主阵地、主渠道,充分发掘和创新课堂教学,提升思想政治教育的效率。

(二)"大思政课"的独特之"大"

"大思政课"的"大",体现在全员、全方位和全过程。"大思政课"的"大"体现在施教主体的全员化、着力点的全面化,以及教育的持续性。

首先是教育主体的全员参与,包括家长、教师,涵盖家庭、学校、政府和全社会的多元主体协同发力,一起打造思政课"育人共同体"②。

其次是思政教育的着力点是全面的,关注受教育对象的各个方面。既包括心理的,也包括生理的;既关注理念信念方面,也关注工作生活方面的引导和指导;既关心校内,也关心校外。

再次是教育的持续性和整体性,包括各个学段的连贯性,以及整个课程体系

① 冯秀军."大思政课"建设的几个基本问题[J].思想教育研究,2023(08):84-89.
② 徐志萍."大思政课"的理论内涵、现实价值与实践路径[J].中学政治教学参考,2023(32):41-44.

的协同性和整合性。

（三）"大思政课"的课堂要有大格局

课堂仍然是"大思政课"的主渠道、主阵地。这里的课堂不仅仅是三尺讲台，而是一个更大、更广的课堂概念和范围。课堂的大格局，体现在教学内容上，就是要求教学内容更丰富，涵盖理论内容、社会热点、社会实践以及劳动教育等等；在教学资源上，要有更丰富的教学资源，要搭建全国性的"大思政课"资源，挖掘各个条线、各个地区以及各个民族的特色资源，实现全国各级各类学校的线上线下共享；要实现教学师资更多元，既要有专职的思政教师，也要有大师、大家，既要有行业翘楚，也要有在平凡的岗位上初心不改的坚持者、践行者；要有多样化的教学手段，既要坚持课堂上的谆谆教导，也要注重生活中的点点滴滴、潜移默化，要开门办学、出校园上课，用好社会大课堂，强化社会实践的思想引领和专业支撑，实现"大思政课"的以"大"促"强"①。

二、中本贯通专业"大思政课"的可行与必要

当前中本贯通专业"大思政课"的可行性主要体现在三个方面：其一，健全的组织体系。健全的组织体系能够提供协同管理的平台，确保中本贯通专业"大思政课"的各个环节得到有效的协调。有组织体系的机构能够更有效地调配资源，包括教学人员、教材、教室等。这对于中本贯通专业"大思政课"而言尤为重要，因为该课程可能涉及多个学科领域，需要跨足不同专业的知识和资源。其二，人才培养方案的丰富经验。人才培养方案的丰富经验能够确保中本贯通专业"大思政课"的培养目标明确、具体。比如，对学生综合素质、思想政治素养和专业知识等方面的期望，有助于设计出更符合实际需求的课程内容和教学方法。通过积累丰富的人才培养方案经验，学校能够更好地处理中本贯通专业"大思政课"中可能涉及的实践性问题。如实际案例的引入、实地考察和项目实践等，以提高学生的实际问题解决能力。其三，课程衔接的积极探索。中本贯通专业"大思政课"涉及多个学科领域，要求对思政教育和专业知识进行融合，确保课程内容既

---

① 雷洪峰，靳斯琪.核心要义、育人理路、实践进路："大思政课"基本问题探析［J］.思想教育研究，2023（07）：86－90.

具备深度的专业性,又能够涵盖广泛的思政教育要点。因此,需要通过积极的课程衔接探索,找到不同学科之间有机融合的方法。学生在不同学科领域难免面临认知差异,对于思政教育和专业知识的理解存在偏差。通过积极探索课程衔接,可以促进不同学科间的认知融合,提高学生对整体知识结构的把握。

中本贯通专业"大思政课"的必要性也可从三个方面进行理解。首先,弥补中职思政课不足。思政教育在学生全面素质培养中扮演着核心角色。中本贯通专业"大思政课"将思政教育融入整个学业过程,有助于培养学生的社会责任感、团队协作能力以及良好的职业道德素养。然而,在中职教育中,思政课程的教学可能相对较少或者缺乏深度,主要聚焦专业技能培养。中本贯通专业"大思政课"能够弥补中职阶段思政教育的不足,为学生提供更为全面的思想政治素养。其次,提高中职生的综合素质。现代职场对于学生综合素质的要求日益提高,仅有专业知识是不够的。中本贯通专业"大思政课"通过融入全面素质培养的内容,使中职生在学习专业技能的同时,培养更多的社会责任感、团队协作能力、职业道德素养等,提高其综合素质水平。最后,帮助中职学生更好地适应高校。面对未来社会的不确定性和快速变化,学生需要更强的社会适应力。中职学生在升入高校时可能面临适应性问题,尤其是在思政教育方面。通过中本贯通专业"大思政课"的设计,可以帮助中职学生更好地适应高等教育体制,减少升学过程中的障碍。

三、中本贯通专业"大思政课"建设的校本实践

在"立德树人"和思政教育变革的实践中,浦东外事服务学校深刻认识到,"大思政课"是解决"培养什么人、怎样培养人、为谁培养人"这个根本问题的关键抓手,其本质在于聚焦新时代、建构大格局、汇聚大资源、统筹大课堂、打造"铸魂育人"的大工程①。作为上海高等教育创新发展的重要成果和成功案例,上海市浦东外事服务学校与上海立信会计金融学院(以下简称"两校")自2015年开始连续合作开办市场营销(金融营销)中本贯通专业,既为中职生升学深造提供

---

① 任德欣,代超,任青青.新时代高校"大思政课"建构模式探析[J].齐齐哈尔大学学报(哲学社会科学版),2023(08):143-146.

了新出路,也为中本贯通联合培养积累了经验。近些年来,伴随思政课程到课程思政,再到大思政课的演进,两校遵循思想政治理论教育规律,聚焦学生特点、专业特色和联合培养的具体实际,统筹资源、贯通机制,对"大思政课"建设进行了改革和探索。

(一) 贯通联动机制,构筑育人体系"不断线"

在推进"大思政课"协同育人过程中,两校进一步加强联动,让连贯系统的人才培养体系"不断线"。一是完善顶层设计落地,建立"联动组"常设机制。两校分别成立了由主要领导和分管领导以及有关部门负责人组成的领导小组和工作小组。二是通过定期召开联席会议,研讨人才培养计划和课程方案,形成顶层设计,确保两校联动质量。三是通过完善制度体系、强化工作考核、创新激励机制、保障专项经费等方式,真正实现"多方力量+多样渠道"的工作体系和育人协调机制,实现纵向贯通、横向融合拓展的联动机制,推进思想政治教育教学改革工作。

(二) 贯通课程体系,打好育人"组合拳"

一体化的课程体系在中本贯通专业"大思政课"建设中起着决定性作用。通过两校的努力,坚持问题导向和目标导向,坚持守正和创新相统一,实现了"大思政课"课程体系的贯通。

一是形成了"立体式"思政课程体系。结合两校自身特点和学生实际,探索构建了"必修+选修"的思政课程体系,由两校思政课教师合作制定思政课程选修课的课程大纲、教学标准等,通过丰富多彩的必修课和选修课,涵盖了思想政治、文化传统、心理情感、体质形体等,形成了中本衔接的思政课课程体系。结合上海立信会计金融学院的办学特色,本科阶段开设了《信用中国》《红色金融史》《中国民俗文化传统》《当代世界经济与政治》等特色专业思政课程,以及《大学生心理健康》《人格心理学》《艺术与商业》《民族工艺品传承、开发与营销》《西方礼仪》《艺术鉴赏》等专业选修课,陶冶学生的情操,提升学生的精神文化素养。

二是打造了"螺旋式"递进的专业课程体系。一方面,在保持中职和大学思想政治理论课的课程体系相对稳定的基础上,结合学生各个年龄阶段的特点,创新调整大中学思想政治理论课的课程体系。中职阶段重点抓好《中国特色社会主义》《心理健康与职业生涯》《哲学与人生》《职业道德与法治》等四门思政课程教学,围绕课程目标综合开展经济、政治、哲学、职业素养、心理健康知识的教育和引导,内容丰富且多为基础知识,彰显职业教育特性。大学阶段重点抓好《思想道德修养与法律基础》《毛泽东思想和中国特色社会主义理论体系概述》《形势与政策》等思政课程,注重对学生进行较为系统的马克思主义基础理论和思想政治教育及理想信念引导。另一方面,在专业课程设置与衔接方面,结合中职阶段和本科阶段的不同特点,进行系统性的设计。以两校市场营销(金融营销)专业为例,该专业在中职阶段和大学阶段的专业课程体系存在有效交叉、必要重复、合理反复、螺旋上升的具体特点(参见表4-1)。

表4-1　市场营销(金融营销)的部分专业课程及思政课融入示例

阶段	专业课程	思政课融入
中职阶段	市场营销基础	市场经济理论,介绍市场经济体制的发展和背后的思想观念,培养对政治经济学的思考
中职阶段	金融基础与政治经济学	金融与政治的关系,国家金融政策对市场的影响,培养政治敏锐性
本科阶段	市场营销策略	社会主义核心价值观对市场营销的影响,讨论企业在市场竞争中的社会责任,培养社会责任感
本科阶段	金融市场分析与国家政策	国家金融政策的理论基础和实施过程,培养对金融行业与国家政策的理解

(三) 创新贯通教学模式,拓展育人"新路径"

两校专业课教师和思政课教师选择专业课课程,共同研究专业教学标准,充分挖掘专业学科所蕴含的思想政治教育资源,抓住经济热点问题,结合学生实际,开展专业课程思政主题、思政元素和教学内容的设计,打破长期以来思想政治教育与专业课程教育相互隔绝的"孤岛效应",实现了协同,创新了育人"新路径"。

一是中职、本科师生课堂大融合。打破校门、阶段的藩篱界限,实现学生中职阶段和本科阶段的融合式互动学习、教师的互换式授课。中职进本科课堂预热,本科进中职课堂重温。每学期都根据相关课程的进度安排,带领中职生走进本科生的课堂,与本科生一起学习《信用中国》《金融营销》等课程和章节的内容,让中职生提前感受本科学生的讨论式、案例式学习课堂。同时,选拔优秀的本科生重返中职课堂,与中职生同学共上一节课,把本科生的视角和收获带入中职课堂,让本科生也可以重新审视自身的学习理念、视野和方法,现身说法。两校教师增加互动和共同授课频次,在共用教学资源、共建教学标准的基础上,实现了两校教师互换授课。根据本科阶段和中职阶段的培养方案,公开选拔互换授课教师,让中职师资进本科生课堂完整教授一门课,本科院校的教师进中职校园授课、开讲座等。学校层面提供充足的保障和激励,同时提升教师和学生的教与学的能力。

二是打造"情景式"教学项目。以两校《金融客户服务与技巧》课程为例,该课程采用的是浸入式线上线下混合的专业教学模式,结合实际的工作任务和工作项目,为学生创设身临其境的学习场景。在浸入式专业教学模式实施的过程中,可以把本专业相关的社会热点、现实问题引入《金融客户服务与技巧》课程的教学中,运用正确的价值观引导学生,分析和解决金融客服工作中的实际问题。培养学生在岗位活动中善于总结规律的能力和努力进取、开拓创新的职业精神。通过创设情境,课程中的专业知识拥有了育人的价值和意义,专业知识具有了"思政"的元素。

三是积极挖掘"浸入式"思政元素。专业课程教学模式在创设专业内容的同时也要注意思政元素的挖掘,比如在行政助理的贵宾接待工作中,能够运用贵宾接待礼仪拟定并安排接待方案,并采用接待礼仪为贵宾服务。在这部分内容的情境创设中,应坚持马克思主义人民观和以人为本的思想。在贵宾服务环节,采用任务驱动和小组模拟等形式,树立正确的贵宾服务意识,根据以人为本的思想,以满足客户需求为出发点,为客户提供个性化、定制化服务,注重人的生命与价值。这样不仅有助于提升金融企业的客户服务质量,更有助于提升品牌价值及社会影响力。通过在服务中体现中国文化的优良传统,提高服务过程中的民族自信,真正体现中国传统文化的两个基本精神,"以人为本"和"以和为贵"。

四是打开学校大门,用好社会"大课堂"。坚持开门办思政课,增强思政课的现实关怀和社会实践性。"纸上得来终觉浅,绝知此事要躬行",在"引进来"的同时,紧密联结教室"小课堂"与社会"大课堂",带领学生走出教室、走出校门,积极投身到真实的社会场景中去。通过开展志愿服务、劳动教育、实践调研等"大思政课"教学环节[1],将社会场景转化为思政课堂,增强学生的体验感、获得感,通过"格物"而"致知",更好地适应社会、融入社会。积极开展技术赋能,通过信息技术、人工智能等方法和技术的学习应用,加快信息化水平提升,破解传统课堂教学方式单一、单向的弊端。

（四）贯通师资队伍,形成育人"共同体"

"大思政课"建设的关键在于大师资[2]。师资建设一体化首先要打破各自为政的师资队伍格局,实现两校师资的共享和融通。

两校"大思政课"建设领导工作小组从工作之初,就系统构建大中小学思政课教师一体化专业成长发展体系,加大开展"大思政课"教师的培养工作。组建了一支由两校思政教师参与的思政课教研联合团队,整合课程资源,促进思政课程的横向贯通和纵向衔接。定期组织思政教师进行理论学习。通过联合教研活动,开展专家讲座、集体备课、观摩听课等活动,提升教师的政治素养和教学能力,为有效开展"大思政课"建设提供人员保障,实现全员育人目标。

在一体化师资队伍打造过程中,充分发挥高校思政教师的专业优势,在高校马克思主义学院的组织下,上海市浦东外事服务学校思政专业教研组组长、金融系主任、市场营销中本贯通专业思政课教师、专业课教师代表,每学期到上海立信会计金融学院参加培训,不断提升教师的专业素养。

另外,我们还积极选聘校外的行业人士担任兼职思政课教师,特别是在各行各业平凡的岗位上坚持几十年如一日,永葆初心使命的"老工匠""老法师"来到学校不定期授课、讲座,让学生感同身受,引起心理共鸣,接受精神洗礼,收到了较好的效果。

（五）整合多维教学资源,形成育人"新合力"

教学资源一体化的关键是按照人才培养目标的要求,从人、财、物各方面保障教学过程的实施。两校不断丰富实践教学研修活动,引导和帮助广大青年学生上好与现实相结合的"大思政课",把课堂上学习的理论知识和社会实际相结

---

[1]　路丙辉.中国式现代化进程中的"大思政课"建设[J].教育研究,2022(12):27-31.
[2]　崔家新.大师资:"大思政课"建设的关键环节[J].青年学报,2023(03):82-88.

合,让学生在理论与实践的良性互动中深刻感悟习近平新时代中国特色社会主义思想的真理伟力和实践伟力。

一是积极挖掘"可传承"红色元素。上海立信会计金融学院本身就具有丰富的"红色传统",具有"红色基因"。在上海立信会计金融学院马克思主义学院的引领下,上海市浦东外事服务学校在建党一百周年之际,围绕伟大的建党精神,传承中国共产党人精神谱系,开展"讲好党史故事,传承红色基因"建党一百周年主题教育活动。活动过程中,市场营销中本贯通专业的学生收集整理了《曙光——中国共产党成立》《一飞冲天》等大量蕴含丰富红色素材的经典美术作品,通过给全校师生生动地讲解,再现党史上的重大事件、杰出人物和优秀党员,融党史题材和艺术之美于一体。在他们的深情讲述中,在场的师生心潮澎湃,共同沉浸在波澜壮阔的革命岁月中,沿着党的百年足迹,沿着中华人民共和国70多年的发展足迹,沿着改革开放40多年的实践足迹,感受新时代的巨大变化,体验红色革命和社会主义建设的历史与文化,加深对思政课堂上和教材上的理论知识的理解与领悟。

二是搭建"校内外"实践平台。两校善用社会"大课堂",不断创新社会实践育人体系,建立团委牵头、专业系部深度参与、相关部门支持配合的学生社会实践运行机制,将理论学习贯穿于社会实践全过程的各个环节,推动学生志愿服务与思政课教学有机结合。同时,两校还与华爱基金、同心圆发展服务中心、展翼儿童培智活动中心、新益公益发展服务中心、中华艺术宫和世纪公园地铁站等社会机构签订了长期合作协议,学生每周都有志愿活动的参与机会,并与合作方共同对学生的志愿活动进行监管、及时反馈,拓宽学生视野,理论与实际相结合,拓展课堂教学内容,开展多样化的思政实践教学,提升学生审美艺术修养,建立一个"校内+校外""线上+线下"的校内外育人共同体。

思政教育是一项入脑入心的重要工作,要充分考虑青少年学生不同阶段的成长特点、成长需要,进行个性化的系统设计。近年来,学校在贯通式人才培养上进行了持续的探索,目前已经形成了中本贯通"课程思政"建设的阶段性成果。思政的一体化设计是近年来思政教育变革的重要方向。一体化是指将两个或两个以上相对独立的主体通过某种方式逐步结合成单一实体的过程。一体化强调整体性,整体性消解主体的多元,把"多"合并为"一"。但是,对大中小学思政课一体化来说,我们既要强调其整体性,又不能消解大中小学各自的特殊性①;既要注重中小学与大学的有机贯通,也要注重中小学不同学段的内部关联。因此,在做好中本贯通专业"课程思政"建设与探索的基础上,学校也开始注重在中高职贯通专业中的课程思政改革探索,目前已经形成了项目化的整体设计(如下)。我们试图通过这两个主体性的研究,建构一种中职、高职、普通本科相贯通的思政教育体系。

"中高职贯通背景下公共基础课程思政一体化实践研究"设计

一、研究背景

(一) 公共基础课程思政是开展高质量人才培养的重要途径

公共基础课程是中等职业学校课程体系的重要组成部分,是培养学生思想政治素质、科学文化素养等的基本途径,对于促进学生可持续发展具有重要意义。课程思政建设是落实"立德树人"根本任务的重要战略举措。习近平总书记强调:"其他各门课都要守好一段渠、种好责任田,使各类课程与思想政治理论课同向同行,形成协同效应。"教育部印发的《高等学校课程思政建设指导纲要(2020)》提出:"全面推进课程思政建设,就是要寓价值观引导于知识传授和能力培养之中,帮助学生塑造正确的世界观、人生观、价值观,这是人才培养的应有之义。"《中华人民共和国职业教育法(2022)》明确指出:"坚持立德树人、德技并修……实施职业教育应当弘扬社会主义核心价值观,对受教育者进行思想政治教育和职业道德教育,培育劳模精神、劳动精神、工匠精神。"因此,全面、深入开展公共基础课程思政是高质量人才培养的重要途径。

(二) 贯通培养对中职公共基础课程思政提出新的要求

中高职贯通人才培养作为职业教育体系的有机组成部分,对于推进现代职业教育体系的建立完善具有重要作用。2021年,中共中央办公厅、国务院办公厅印发的《关于推动现代职业教育高质量发展的意见》中明确指出:"推动各层次职业教育专业设置、培养目标、课程体系、培养方案衔接,支持在培养周期长、技能

---

① 冯建军.大中小学思政课一体化的内容要求与推进措施[J].课程·教材·教法,2023,43(02):59-66.

要求高的专业领域实施长学制培养。"2022年新修订的《中华人民共和国职业教育法》指出:"中等职业学校可以与高等职业学校教育贯通招生和培养。"当前,我国中、高职之间在课程设置和课程内容安排上尚缺乏有效的衔接,在很大程度上影响了中高职贯通培养的质量。公共基础课作为人才培养的有机组成部分,应在贯通培养中发挥重要的纽带作用,从长周期人才培养的高度系统设计公共基础课程思政方案,将中高职贯通的有效衔接落到实处。

(三) 系列课标为中职公共基础课程思政整体推进提供可能

公共基础课程是职业院校学校课程体系的重要组成部分,是培养学生思想政治素质、科学文化素养等的基本途径,对于促进学生可持续发展具有重要意义。2020年,教育部印发了中等职业学校思想政治、语文、历史等10门公共基础课程标准,聚焦核心素养培育,关注学生的全面可持续发展。2022年10月20日,为进一步完善上海现代职业教育体系建设,上海市教育委员会发布《上海市中高职贯通教育数学等3门公共基础课程标准(试行稿)》的文件(沪教委职〔2022〕41号)。之前,2019年,上海市教委还发布了《上海市中等职业学校课程德育指导意见》。在上述背景下,从一体化整体角度考虑中职公共基础课程思政的设计与实施,已十分必要且切实可行。

二、研究意义

(一) 理论价值

深入解析中高职贯通背景下公共基础课程思政的内涵,研究公共基础课程思政一体化的思路,探索公共基础课程思政与专业课程思政的横向融通、中高职公共基础课程思政纵向贯通的路径,不断丰富、完善课程思政理论内涵和体系建构。

(二) 实践意义

1. 为中高职贯通公共基础课程思政实施提供重要指导

通过本课题的研究,系统探究中高职贯通背景下公共基础课程思政建设一体化设计的策略,强化各基础课程之间协同育人,并通过行动研究检验和优化实施方案。

2. 有效提升中高职贯通公共基础课程思政实施成效

通过强化课程思政的价值引领,更新人才培养的理念,优化公共基础课的教学效果,增强职业技术人才培养的效果。

3. 为中高职贯通长学制人才培养质量提供可靠保障

以课程思政为纽带,强化中职和高职两个阶段的有序衔接,形成贯通培养的系统合力,由此增强长学制下职业技术人才培养的效果,促进现代职业教育体系内涵式建设和发展。

三、研究目标

公共基础课程思政既有价值引领的共性,也有各自的侧重和特色,因此,探究语、数、外等公共基础课程思政的一体化,形成公共基础课程思政的合力既必要也可行。

(一)形成中高职贯通公共基础课程思政实施策略方案及典型案例

本课题系统挖掘、梳理中高职贯通背景下公共基础课程蕴含的思政元素,探索公共基础课程思政的一体化建设框架和多元化实施路径,通过行动研究的检验,总结形成中高职贯通背景下公共基础课程思政的策略方案,开发公共基础课程思政的若干典型案例。

(二)建构纵横相融的中高职贯通公共基础课程思政体系

进一步探索公共基础课程思政与专业课程思政横向融通、中高职贯通的公共基础课程思政纵向贯通的体系构建,主要涉及目标设定、教学资源、教师能力建设、评价指标与相关实施建议。

(三)建立一体化视角下公共基础课程思政有效实施的机制

在实施过程中,注重中高职贯通公共基础课程思政实施效果分析、诊断、评价、反馈的质量促进机制,不断加强过程监督与质量改进,以持续保障课程思政实施成效的有效提升。

四、研究内容

本课题从贯通背景下公共基础课程思政一体化建设框架设计入手,从教学设计、教学实施、教学评价三个维度制定公共基础课程思政一体化的策略,并通过行动研究检验、优化策略方案。在此基础上,构建"横向融通、纵向贯通"的公共课程思政体系,并进行公共基础课程思政一体化实施的能力建设。

(一)贯通背景下公共课程思政一体化建设框架构建

整体设计贯通背景下公共基础课程思政方案是有效开展公共基础课程思

政的逻辑起点。本部分基于中职公共基础课程标准的系统梳理,结合对中职和高职公共基础课教师的调研访谈,聚焦于公共基础课程思政的共性特征,研制贯通背景下中高职公共基础课程思政整体育人目标、协同育人设计思路和实施框架。

(二)贯通背景下公共课程思政一体化设计的策略分析

本部分立足于"立德树人"根本任务,聚焦于学科核心素养,分学科挖掘公共基础课程思政元素,并从思想性、职业性、文化性等维度进行归类,明确各学科教学内容与思政教育的融合点。

在对校内外已有的典型做法与成功经验分析与借鉴的基础上,设计公共基础课程思政的教学设计、教学实施和教学评价等教学策略。

1. 教学设计上,从各学科特点出发,遵循以核心素养为目标、课程思政引领学科教学、学科教学提供课程思政载体的教学设计基本思路,根据教学主题和思政元素选取适合的课程思政素材,对教材内容进行二次开发,将思政元素有机融入各学科教学中。

2. 教学实施上,需注重将思政元素与学科教学有机融合,采取"学生主体、教师主导"的教学策略,采用任务引领、案例分析等多种教学方法,调动学生参与公共基础课程思政的积极性,使课程思政落到实处。

3. 教学评价上,要重点纳入职业道德、文化自信等体现核心素养和职业教育特色的思政元素,发挥评价对教学的导向功能、诊断功能、激励功能和教育功能。

(三)贯通背景下公共课程思政一体化教学实施的行动研究

本部分将公共基础课程思政的实施方案付诸实践,通过行动研究检验课程思政的成效。选定3—4个思政主题,各个学科都围绕进行同课异构的教学设计实施,形成典型的教学案例。采取灵活多样的方式,开展公共基础课程思政教学。课堂教学与社会活动相结合,采用教材、读本、主题活动等不同载体和形式,拓宽公共基础课程思政的应用渠道。通过课堂观察、教师说课反思、学生调研访谈等形式,评价公共基础课程思政的效果,发现其中存在的不足,探讨相应的改进措施。

(四)构建"横向融通、纵向贯通"的公共课程思政体系

1. 公共基础课程思政与专业课程思政的横向融通

从公共基础课程思政的价值引领和职业性要求出发,探寻与专业课程思政的衔接,实现公共基础课程思政与专业课程思政的联动,形成课程思政的全链条和全覆盖。

2. 中高职贯通的公共基础课程思政的纵向贯通

从职业技术人才成长的规律和长周期培养的需求出发,制定全周期公共基础课程思政的总体目标和中、高职的阶段性目标,形成中职和高职公共基础课程思政的有序衔接。

(五) 贯通背景下公共基础课程思政一体化实施的能力建设

1. 提升中高职公共基础课程教师思政教育能力

通过培训、教研活动、工作坊、教学技能竞赛、社会服务等形式,帮助公共基础课程教师树立正确的思政教育理念,提高职业道德素养、文化修养及科研精神。

2. 加强中高职公共基础课程思政资源建设

整合校内外优质资源,融入课程思政元素,开发符合新课标要求的课程思政资源库,如外语课的《西游记英语读本》等,为教师提供丰富多样的课程思政教学资源。

3. 建立贯通背景下中高职公共基础课程思政一体化育人机制

从学生的可持续发展和长周期培养出发,构建前后承接、有序推进的中高职贯通公共基础课程思政教育的推进路径,推动两个阶段的培养有序衔接。

4. 建立常态化的联合教研制度

共同探讨中高职公共基础课程思政的建设方案和实施策略,交流课程思政教学经验,整体提升中高职公共基础课程思政能力。

五、研究方法

(一) 文献研究法

通过国内外相关文献的研究,系统解析贯通背景下公共基础课程思政的内涵,为公共基础课程思政一体化框架设计和实施方案制定提供参考。

(二) 调查访谈法

围绕贯通培养背景下公共基础课程思政一体化设计框架和实施方案,分学科对中高职公共基础课进行集体专题调研与访谈。重点围绕公共基础课程思政的现状和问题、目标与方向、方案与实施、机制与能力等方面进行调研和探讨,为公共基础课程思政一体化设计框架和实施方案提供充分依据。

（三）行动研究法

在调查访谈结果分析的基础上,制定公共基础课程思政的实施方案,并通过行动研究,在教学实践中检验方案的有效性,从教学设计、教学实施与教学评价等方面对教学策略进行改进,并采用"实施—监测—改进—再设计—再实施"的螺旋式流程,不断优化公共基础课程思政一体化方案的实施效果,归纳凝练可以复制推广的经验策略和典型案例。

六、研究过程

基于文献研究,归纳贯通背景下中职公共基础课程思政的思路和方案,根据公共基础课程标准,通过头脑风暴讨论、挖掘公共基础课程思政元素,遴选与课程思政对应的学科教学素材。分别对中职和高职公共基础课教师进行调研访谈,掌握目前学科课程思政的现状、问题和难点,立足于中高职贯通长周期人才培养规划公共基础课程思政,从高职对公共基础课程思政的要求逆向设计中职阶段公共基础课程思政的目标和要求,整体设计贯通背景下公共基础课程思政建设框架和教学策略。通过实践检验,完善中高职贯通公共基础课程思政方案,总结形成公共基础课程思政的实施方案。进一步探讨贯通背景下,公共基础课程思政的实施能力建设策略。

第二节　完善促进全面发展的多维度体系

人的全面发展既是一个重要的政治学和哲学命题,也是一个重要的教育学命题。从政治学和哲学的角度看,人的全面发展是马克思主义的最高价值追求和崇高理想目标,是科学社会主义的重要价值理念和价值追求。政治学和哲学角度的人的全面发展,当前的实践中心在于把握人的全面发展在新时代呈现的独特内涵与特征,把握社会领域促进人的全面发展的核心价值与实践路径,包括:以"人民为中心",更好地满足人民群众美好生活需要;以中国式现代化,全面推进中华民族伟大复兴;以共同富裕,解决发展不平衡、不充分问题;以人类命运共同体意识,推进各国人民共同发展①。从教育学的角度看,人的全面发展是教育的核心价值与归宿,教育高质量发展是推动人的全面发展的根本途径和重要力量。人的全面发展的教育学理解,主要指向的是"学生"为主的特定人群,期待通过高质量教育体系的打造,建构学生"德智体美劳"全面发展的成长支持体系。

学校是落实"立德树人"教育根本任务,促进学生全面发展的最重要实践场域。学校促进学生全面发展的意义深远而重要。全面发展不仅仅是知识的积累,更是学生身心健康、道德品质、社会责任感等多方面的综合提升。通过全面发展,学生能够更好地适应未来社会的多元需求,具备更强的创新能力和解决问题的能力。同时,全面发展也有助于培养学生的独立人格和批判性思维,使他们成为有责任感、有担当的社会公民。然而,在教育改革发展的实践中,学校促进学生全面发展也面临一些问题和挑战,比如:应试教育导向过重,许多学校仍然以考试成绩为主要评价标准,导致学生过度关注学科成绩,忽视了其他方面的发展,如艺术、体育、社会实践等。这种"唯分数论"的教育模式容易让学生陷入单一的学习目标,限制了他们的兴趣和潜能。又如,资源分配不均,不同学校之间的教育资源存在较大差异,一些学校缺乏足够的师资力量、设施和资金来支持学生的全面发展。例如,艺术、体育等课程可能因为资源不足而被边缘化,学生的兴趣和特长难以得到充分培养。再如,评价体系单一,目前许多学校的评价体系仍然以学科成绩为核心,缺乏对学生综合素质的全面评估。这种单一的评价方式无法真实反映学生的全面发展情况,也容易让学生和家长忽视其他方面的重要性。另如,家校合作不足,学生的全面发展需要家庭和学校的共同努力,但在实践中,家校之间的沟通和合作往往不够深入。一些家长过于关注孩子的学业成绩,忽视了他们的心理健康、兴趣爱好和社会实践,导致学校的全面发展教育难以得到家庭的有效支持。除此之外,与学生全面发展相对应的,实践中学生的个性化成长需要往往得不到应有的理解和重视。每个学生都有独特的兴趣、天赋和发展需求,但在大班额教学的情况下,教师难以兼顾每个学生的个性化发展。一些学生的特长和兴趣可能因为缺乏关注而被埋没,无法得到充分的发展

---

① 尹庆双,等.人的全面发展:时代特质、内涵延展与理论意义[J].政治经济学评论,2023,14(06):102－126.

机会。

促进学生的全面发展是学校践行"立德树人"教育根本任务的实践要求,为了应对上述问题,学校需要从多个方面进行改进。着眼人的全面发展的教育目标实现,学校要致力于通过教育高质量体系的打造,让学生全面发展具备坚实的课程、教学、资源的支持。浦东外事服务学校认为,学校改革发展和人才培养,必须以人的全面发展为实践诉求和价值目标,着力于教育理念创新及教育内容、教育方法、教育管理体制机制改革,赋能人实现更加满意、更臻多元、更有个性、更为平等的全面发展①,特别是要着眼学生"德智体美劳"全面发展,构筑完善的学生成长服务体系,充分体现学校办学"以学生为本""为学生全面发展服务"的基本立场与价值。

一、课程教学,夯实发展基础

课程教学是学校整体发展的核心领域,也是支持学生全面发展的关键领域。着眼学生全面发展,学校应认真落实中职教育公共基础课程标准,落实基于标准的教学,着力提升公共基础课程实施质量。学校科学谋划专业布局,做精做强专业课程,让高质量专业课程赋能学生专业素养的持续提升,帮助学生建构适应未来学业与职业的全方位素养体系。具体而言,近两年,我校在课程建设方面坚持采用"能力本位"课程观,构建以"任务教学"为主体、以"工作过程"为导向、适合职业技术教育规律、适合中职生学习特点的课程建设思路,重组教学资源,实施课程建设,在校级课程资源开发的基础上逐步提升课程质量和内涵,将其打造成具有一定影响力的上海市级在线开放课程。目前已完成六门上海市级在线开放课程建设,均已上线,包括:"互联网金融基础""酒店(饭店)营销""汽车电工电子技术应用""金融客服与技巧""创新与创业""市场营销"等课程。我校坚持积极参与上海市在线开放课程建设,严格按照要求稳步推进,保质保量地按时完成,与此同时,专业师资团队的专业发展综合素养也得以提升。

学校积极开发各类校本教材,包括《互联网金融基础》《金融营销基础》《金

---

① 张继平.教育高质量发展赋能人的全面发展的逻辑与向度[J].教育研究与实验,2024(04):22-31.

融客户服务与技巧》《旅游电子商务概论》《旅游电子商务运营》《旅游电子商务客户服务》《模拟导游》《旅游网站设计》《景区接待服务》《景区解说服务》《景区环境管理》《景区设施维护》《景区商品销售》《货运代理——海上运输》《货运代理——航空运输》《交际德语》《交际英语》《跨文化交际》《商务实务》《商务文化认知》等。其中,《互联网金融基础》和《创新与创业》获得上海市中等职业学校校本教材展示交流评比活动"优秀校本教材奖"。

学校积极推进数字教学改革,根据各专业建设计划,图文信息中心协助各专业引入或开发新的通用基础资源,同时,专业系部主任积极同企业开展校企合作,开发符合专业人才培养标准、对标"1+X"考证和企业员工培训等职业技能标准的虚拟仿真资源。其中两个方面的工作近两年取得了显著成效。

其一,微课建设——在示范性品牌专业、品牌专业中选取公共基础课程、专业基础课程和专业核心课程,试点开展微课制作,"十四五"期间完成制作微课84门,其中包括金融营销(5门)、金融客户服务与技巧(5门)、互联网金融基础(5门)、市场营销(5门)、拉丁舞(9门)、商务日语(5门)、汽车结构与拆装(10门)、汽车保养(10门)、咖啡制作(5门)、贯通英语(25门)。

其二,教学资源库建设——利用网络资源和数字技术,组建专业教师团队,"十四五"期间重点在民航运输、市场营销、金融事务、汽车维修、国际商务等5个专业,完成资源库建设,加强教师的数字化教学能力培训。

二、生涯指导,指点发展方向

从中职教育的改革发展历程看,长期以来,"就业导向"一直是引领中职教育改革发展的重要价值导向。但是,走进新时代的中职教育,不论是生源结构,还是教育定位,都在发生重要的转型,从"就业导向"转型发展为"生涯导向",关注学生整体性的生命成长,成为当下中职教育在人才培养上的重要转型理念。在这样的整体思路下,中职学校在人才培养的过程中就要跳出单纯的"就业技能"培养,注重建构完善的生涯教育体系,为学生生涯发展提供支持和引领。生涯教育并不是一个新事物,早在20世纪初,随着工业社会的发展,欧美国家因职业分工、技术发展等因素导致的社会就业问题日益明显,职业生涯发展规划的理念随之产生并且不断发展,生涯教育理念和课程也逐渐走进高校,成为高校课程教学和人才培养体系的重要组成部分①。近年来,随着我国高考改革和人们对学生生涯成长全周期性的愈加重视,中小学的生涯教育逐渐兴起,成为全面提升学生综合素质、进行教育多样化发展、深化教育改革②、打造"以人为本"的教育体系的重要内容。

从概念溯源的角度出发,生涯教育尽管不等同于就业教育,但是它从根基和本质上说与学生的就业指导、就业规划等有密切的关联,这意味着中职教育应该比其他教育有着更加迫切的生涯教育诉求。中职学校开展生涯教育,对于学生的成长和未来发展具有深远意义。生涯教育不仅仅是帮助学生规划职业道路,更是引导他们认识自我、探索世界、培养终身学习能力的重要途径,具有多维度的价值意义。

首先,中职学校的生涯教育能够帮助学生明确职业方向,增强目标感。中职学生正处于职业探索的关键阶段,生涯教育能够帮助他们更好地了解自己的兴趣、能力与价值观,从而明确未来的职业方向。通过系统的生涯规划课程和实践活动,学生可以更清晰地认识到自己适合从事哪些行业,避免盲目选择或随波逐流。这种目标感的建立,能够激发学生的学习动力,让他们在专业学习中更加主动和投入。

其次,中职学校的生涯教育能够帮助学生提升职业素养,增强就业竞争力。生涯教育不仅仅是理论上的指导,更注重实践能力的培养。通过生涯教育,学生可以提前了解职场的基本规则、职业道德以及行业发展趋势,从而在专业技能之外,培养出良好的职业素养。比如,如何与人沟通、如何解决问题、如何适应职场环境等,这些都是未来就业中不可或缺的软实力。

再次,中职学校的生涯教育能够帮助学生促进自我认知,增强自信心。生涯教育的一个重要目标是帮助学生认识自我,包括自己的兴趣、特长、性格和价值观。通过科学的测评和引导,学生能够更清晰地看到自己的优势和不足,从而在学习和生活中扬长避短。这种自我认知的过程,能够帮助学生建立自信心,让他们在面对未来的挑战时更加从容。

---

① 刘县兰.生涯教育:终极目标与实施策略[J].中小学心理健康教育,2019(12):29-31.
② 朱益明.论我国高中生涯教育与指导的原则立场[J].基础教育,2015,12(05):17-21+68.

最后,中职学校的生涯教育能够帮助学生培养终身学习能力,适应社会变化。现代社会变化迅速,职业需求也在不断更新。生涯教育不仅仅是帮助学生找到一份工作,更是培养他们适应未来社会的能力。通过生涯教育,学生可以学会如何持续学习、如何调整自己的职业规划,从而在未来的职业生涯中保持竞争力。这种终身学习的能力是应对未来不确定性的关键。

此外,这种独特的教育样态还能够帮助学生缓解就业焦虑,增强心理韧性。中职学生在面对就业时,往往会感到迷茫和焦虑。生涯教育可以通过科学的规划和心理辅导,帮助学生缓解这些负面情绪。通过了解职业世界的多样性,学生能够更理性地看待就业问题,增强心理韧性,从而以更积极的心态面对未来的挑战。

整体而言,生涯教育的开展能够帮助学校更好地与社会需求接轨。通过与企业、行业的合作,学校可以及时调整课程设置,培养出更符合市场需求的人才。这种衔接不仅提升了学校的教育质量,也为学生的就业提供了更多机会。正是基于这样的认识,浦东外事服务学校在服务学生成长成才的过程中,注重建构涵盖就业指导课程、择业创业咨询、企业实践、个性化帮扶等在内的多样化的生涯教育体系,为学生提供个性化的职业规划咨询,帮助学生了解自己的兴趣、能力和市场需求,制定合理的职业发展路径。学校实时发布最新实习就业信息,组织校园招聘会,促进学生与企业的直接对接。以 2023—2024 年度的工作为例,学校 2024 届毕业生中参与私企和中小微企业实习并就业的人数有 73 人,学生实习单位的行业类型继续有所增加。这些学生利用各自的专业知识和特长,在企业生产、经营环节提质增效上发挥了一定的作用,用人单位满意率高达 95%。学校还及时发布高考报名、志愿填报、高校线上咨询等相关信息,为学生做好升学指导工作。

三、丰富活动,优化发展体验

学生的身心健康成长和素养能力的全面发展,是学校教育在人才培养上的重要价值导向。对于学生而言,其健康与全面发展最为重要和核心的表征是对学校生活的幸福感体验。换言之,要促进学生全面发展和健康成长,更需要关注的是学生整体的成长感知与体验。教育与幸福之间有着深刻的关联,从最美好和最深刻的意义上说,所有的教育都应当是幸福教育①,追求幸福应该是教育本质和目标的重要表达方式。幸福作为一种主观体验,具有一定的虚幻性,幸福与否有时无法通过具体的指标进行界定。按照马克斯·范梅南的理解,"教育是一种迷恋他人成长的学问"②,这意味着教育幸福的特殊性在于对学校中师生的成长与发展的强烈关注③,意味着教育与幸福的关联也需要通过教育促进学生成长的实践来达成。基于这样的认知,浦东外事服务学校深刻认识到学生成长需求的多样性,注重整合资源,为学生创设丰富的活动体验机会,让学生在身心愉悦的成长中感知教育的幸福,获得全面成长。

(一) 开展志愿服务活动

学校依托地区资源,与世纪公园、展翼儿童培智服务中心、石门二路街道等签订志愿服务协议,建立志愿服务基地。志愿服务内容丰富多样,如学生志愿者在世纪公园地铁站进行检票口礼仪服务及园内保洁巡查;"红马甲"志愿队给自闭症儿童关爱、陪伴,教会他们生活技能。以 2023 年为例,全年完成世纪公园志愿服务 125 次,暑期展翼打浦桥志愿服务 2 次,普陀展翼陪护中心志愿服务 4 次。依托我校任玉芬德育名师工作室优势资源,组织开展志愿者服务活动。我校走进中华艺术宫志愿者社团参与组织策划了一系列有特色的艺术宫讲解活动,例如指导我校民族班藏族学生进行"西行漫游"主题展览的解说,"我自豪,我表达"中华艺术宫志愿者社团联合讲解社走进艺术宫活动,等等。

(二) 丰富社团组织活动

我校的社团活动以"促进学生全面发展,培养个性特长,提高学生综合能力素质"为主要目标,遵循中职学生身心发展特点和规律,策划组织各类社团活动,打造具有我校特色的社团品牌。以 2023 年为例,学校共有 24 个社团,这些社团围绕校园文化活动,积极探索"五育"并举的育人途径,以德育塑造成长基石,以智育点亮求知之光,以体育铸就坚韧之体魄,以美育陶冶审美情操,以劳育锻造实干之才,让我校真正成为每个学生成长、成功的摇篮。

---

① 孟建伟.教育与幸福——关于幸福教育的哲学思考[J].教育研究,2010(02):28-33.

② 马克斯·范梅南.教学机智——教育智慧的意蕴[M].李树英,译.北京:教育科学出版社,2001.

③ 伍红林.论"教育幸福"[J].基础教育,2013,10(04):17-20.

1. 以艺启智,向美生长

我校动漫、书法、合唱、管乐、舞蹈、礼仪队等艺术类社团通过丰富精彩的艺术活动,对学生进行审美教育、情操教育、心灵教育,培养学生的想象力和创新思维。舞蹈团获 2024 年上海市中等职业学校"璀璨星光"校园文化节舞蹈比赛一等奖;合唱团获 2024 年浦东新区第二十届学生艺术节展演活动声乐组一等奖;管乐队作品《五十六个民族》获 2024 年职业院校"技能成才、强国有我"展演类二等奖,作品《庄严进行曲》获 2024 年浦东新区第二十届学生艺术节展演活动合奏类三等奖;礼仪社团在 2024 年星级社团评选中获"四星社团"称号。

2. 以体育人,健康成长

学校坚持健康第一的理念,推动学生文化学习和体育锻炼协调发展,帮助学生在体育锻炼中享受乐趣、增强体质、健全人格、锤炼意志。篮球社团在市级比赛中获得一等奖 2 个、三等奖 2 个,并在浦东新区阳光体育大联赛中获得一等奖;羽毛球社团成员在市级比赛中获得二等奖 2 个,在 2024 年浦东新区阳光体育大联赛羽毛球单打中获得一等奖,指导老师刘毅泓获 2024 年上海市学生阳光体育大联赛(中职组)最佳教练员奖;男子足球队、女子足球队皆获得 2024 年上海市学生运动会亚军。

3. 以赛促学,匠心逐梦

依托各个专业特色,从技能培养出发,咖啡社、茶艺社、汽车技能社、模特社、记者团、创新创业社等技能类社团注重专业技能的训练和匠心精神的培养,为社团成员提供自我提升和展示的平台。模特社获国家级模特技能大赛三等奖 2 个、优秀奖 1 个;"星光之约"记者团 4 名社团成员获 2023 年度优秀学生记者称号;咖啡社两名成员分别获 2023 年旅游职教集团咖啡调制比赛一等奖和二等奖;创新创业社获 2024 年中国国际大学生创新大赛上海赛区铜奖。

4. 以文养心,品味经典

为凸显我校外语办学特色,拓宽学生国际视野,我校开设英语、日语、法语、德语等特色社团课程,在无界学社的统领下,以语言为钥匙,为同学们叩开看世界的大门。日语社在第五届洗足学园音乐大学杯中学生歌曲大赛决赛中荣获特等奖,并在第四届中学生日语商业设计大赛等各类市级比赛中获得奖项。与此同时,"争鸣"演讲社、"走进中华艺术宫"志愿讲解社在最近举办的"爱我的国,爱我的城"为主题的演讲活动中,两组社团成员携手走进中华艺术宫,通过自己充满激情的演讲,带领现场师生和听众共同领略美术作品中的上海风貌,以传统文化涵养学生德行,引领学生做文化的传播者、思想的宣传者。

(三)拓展对外交流活动

在全球化时代,培养学生的跨文化能力、全球视野和国际意识已成为世界各教育系统制定教育政策的重点。全球胜任力是身处全球化背景之中的公民在应对全球化带来的机遇和挑战时,处理具体情境所必须具备的知识、技能、态度和价值观,以及将这些知识、技能、态度和价值观付诸改善现实的实际行动①。作为一所外事服务学校,我校把培养学生全球胜任力作为人才培养的重要目标向度,在扎实做好外语类课程的基础上,还特别注重通过丰富的对外交流活动,为学生体验不同文化,拓宽国际视野,积淀家国情怀,塑造全球胜任力提供支撑。以2024年为例,学校和上海德国学校、上海商业会计学校之间继续开展了形式多样的项目研究互动交流活动。2024年11月15日,上海市浦东外事服务学校迎来了上海德国学校、上海商业会计学校的35名师生,此次活动是上海德国学校、上海商业会计学校与我校"两国三校"友好往来的最后一站,也是自2022年起连续三年开展交流活动的继续。三校学生就"创造性思维"进行培训,其目的是帮助学生对未来的职业规划建立基本的认识与理解,引导学生树立正确的职业观念和职业理想,学会根据社会需要和自身特点提升各项职业综合能力,从而进行职业生涯规划,为顺利就业、创业创造条件。2024年11月,美国俄亥俄州立大学教育与人类生态学院 Christopher Zirkle 教授以及同济大学职业技术教育学院专家、上海市教师教育学院高教职教部领导到访上海市浦东外事服务学校。专家们参观了专业教学设施和学生实训场所,深入了解学校的教学环境、校园文化、专业设置以及实践教学等情况。此外,专家们还观摩了外事学校教师的实训课程,对学校职业教育教学新模式的探索及实践给予了充分肯定。在外事学校民族文化厅,专业老师分别为专家们展示了书法和茶艺两门技能课,Zirkle教授表示中华优秀传统文化的魅力令人印象深刻。

学校积极开展国际文化交流项目。商务外语系的周铭豪同学参加了为期一

---

① 李新.学生的全球胜任力:内涵、结构及其培养[J].教育导刊,2019(04):5-10.

年的 AFS 国际文化交流项目赴瑞士交流；2024 年 7 月至 2025 年 6 月，学校有 3
位学生参加 YFU 为期一年的国际交流生项目。通过交流合作，师生获奖颇丰：许
妍老师指导的杨奕雯、朱诗雨、韩斐、杨梦、冯紫馨、宋妍、范诗怡同学的作品《破
冰——跨文化国际理解教育学生实践案例》入选浦东新区"跨文化—国际理解教
育"视频案例库；张爽老师撰写的《借助绚丽色彩，解读多元文化——以"Different
Colors，Different Cultures"拓展阅读课为例》论文在 2024 年浦东新区中小学"跨文
化—国际理解教育"征文评选活动中荣获二等奖；孙婕老师的作品《基于中高职
贯通英语课标的跨文化交际能力培养探索——写作课》入选浦东新区"跨文化—
国际理解教育"视频案例库。

为更好地培养学生的职业观、择业观、创业观以及成才观所需的各项职业能
力和深化产教融合理念，学校自 2024 年 5 月至 2025 年 6 月开展学生全球化职业
能力提升课程，将在课改理念、能力标准、课程内容、教学模式、评价模式、职业证
书等方面主动与国际先进水平接轨，促进学生掌握国际通用的技术规范和商务
软实力，更有针对性地培养实战的应用型人才。

第三节　实现产教融合育人的深层次耦合

党的二十届三中全会指出，"加快构建职普融通、产教融合的职业教育体
系"，可以认为，走产教融合的协同育人之路是新时代我国职业教育改革发展必
须坚持的基本策略，具有根本性的价值意义。从职业教育改革发展的角度看，产
教融合是深化人才培养供给侧改革的重要举措，是实现教育链、人才链与产业
链、创新链有效衔接的战略安排及逻辑主线[①]。特别是在大力倡导新质生产力建
设的时代背景下，职业学校产教融合育人被赋予了更丰富、更深刻的内涵与价
值。新质生产力以产业深度转型升级为驱动力，以科技创新和成果转化为新引
擎，以新型技能型劳动者为压舱石，离不开职业教育产教融合的有力支撑，客观

---

① 马丹，等.产教融合新教育社会契约：价值意蕴、建构逻辑和实践路径[J].职业技术教
育，2025，46（01）：42－48.

上要求加快破除产教融合"两张皮"痼疾,促进人才培养、技术创新、产业孵化的有机衔接①。因此,新时代的职业教育倡导产教融合育人,不仅是提升职业教育自身育人品质的内在要求,也是职业教育适应时代发展、社会变革的必然选择。

从我国职业教育改革发展的历程看,产教融合是新世纪以来我国职业教育变革的重要政策话语方式。研究发现,2000 年以来的 20 多年间,我国职业教育产教融合政策主要聚焦培养模式创新、办学体制改革、办学条件建设、教育教学改革、相关制度建设等五大核心议题,形成了比较丰富健全的理论、政策和制度体系②,但是在实践领域,如何建构有效的产教融合育人机制,一直困扰着职业学校的发展。对于中职学校而言,尽管产教融合育人的理念已经深入人心,但是在实践中仍面临一些挑战和问题,诸如:

校企合作深度不足——许多中职学校与企业的合作停留在表面层次,缺乏深度的融合。企业参与育人的积极性不高,往往只是提供实习岗位或简单的技术支持,未能真正参与到课程设计、教学实施和评价反馈等核心环节。这种浅层次的合作难以满足现代职业教育对技能型人才培养的需求。

课程内容与行业需求脱节——部分中职学校的课程设置未能及时跟上行业发展的步伐,教学内容与企业实际需求存在较大差距。学生在校学习的知识和技能与岗位要求不匹配,导致毕业生进入企业后需要较长时间的适应和再培训,影响了就业竞争力。

师资力量薄弱——中职学校的教师队伍中,具备丰富行业经验的"双师型"教师比例较低。许多教师缺乏企业实践经验,难以将最新的行业技术和管理理念融入教学。同时,企业技术骨干参与教学的机制不完善,导致教学与实际生产脱节。

实践教学资源不足——产教融合需要大量的实践教学资源,包括实训设备、场地和技术支持等。然而,部分中职学校由于资金不足或资源分配不均,实训条件有限,难以满足学生的实践需求。企业提供的实训机会也相对有限,学生难以

---

① 李洪昌.职业教育产教融合驱动新质生产力发展的时代必然、实然困境及应然路向[J].中国职业技术教育,2024(25):3-10.

② 宋亚峰,汪萌.我国职业教育产教融合政策话语聚焦与变迁研究[J].黑龙江高教研究,2025(01):155-160.

获得高质量的实践锻炼。

评价体系不完善——目前,中职学校的评价体系仍以传统的考试成绩为主,未能充分体现产教融合的成果。企业对学生的评价反馈机制不健全,学生的实践能力和职业素养难以得到科学、全面的评估。这种单一的评价方式不利于激发学生的学习积极性和创新能力。

政策支持与保障机制不健全——尽管国家出台了一系列政策支持产教融合,但在具体实施过程中,政策的落地效果并不理想。例如,企业在参与职业教育中的税收优惠、资金补贴等激励措施不够明确,导致企业参与的积极性不高。同时,学校与企业之间的合作缺乏长效机制的保障,合作关系的稳定性较差。

针对上述问题,学校主动对接区域经济社会发展,优化专业布局结构。围绕产业结构调整,瞄准区域产业转型方向,学校财经商贸类、旅游艺术类、交通运输类和信息技术类专业要对接上海"国际经济、金融、贸易、航运、科技创新"五个中心和"上海服务、上海制造、上海购物、上海文化"四大品牌建设,优化专业布局,提质培优,错位发展,特色发展。在此基础上,着重从三个维度进行产教融合育人的深度探索与实践,力图建构学校产教融合育人的长效机制。

一、深化校企合作,共育工匠英才

学校地处社会主义现代化建设引领区的浦东新区,浦东新区着力强化"四大功能"、发展"五型经济"、打造"三大世界级产业集群"、推动"六大硬核产业",而"新能源汽车"位列核心产业之中。我校与高职院校在上海市第一批开设中高职贯通培养新能源汽车技术专业(2018年招生)。自2007年始,积极探索与企业的合作模式、育人方式,实现"五个对接"的目标:对接职业标准,开发科学的课程标准;对接岗位典型工作任务,设计课程内容与教学情境;对接企业文化,培养学生职业素养;对接企业专家,建设"双师型"师资队伍;对接职场环境,创设仿真实训基地。

学校与上海永达汽车集团的校企合作开始于2007年,至今已十余年。为深化产教融合,2012年开始举办校企合作"冠名班",已经连续十三期。迄今为止,学校已经为永达集团培养输送毕业生600余人,"永达班"对口就业率实现100%。在十多年的合作中,得到校企双方领导高度重视,双方在多方面的合作由浅入深,在不断探索中前进,为培养出更多优秀人才而不懈努力,也为良好的校企合作形式探索新路。在合作中,永达集团选派优秀的企业专家到学校教学讲座,为专业建设出谋划策,也安排了丰富多彩的企业参观、实践活动,并且为外事学子创造了丰富的实习就业机会,还一起合作完成在校学生的"工学交替""工学结合"的企业见习活动。在永达运动会、购车节等大型企业活动中,企业为外事学子们提供了良好的实践和展示的平台,为培养理论与实践相结合的技能型人才做出积极贡献。

二、共建实习基地,提高就业质量

实习基地不仅为学生提供了展示自己才华的舞台,还为他们积累了宝贵的工作经验,增强了就业竞争力。通过加强实习基地培训,学生可以在真实的工作环境中锻炼自己的专业技能,提高解决实际问题的能力。

学校积极拓展实习基地资源,与不同类型、不同规模的企业建立合作关系,形成多元化的实习基地网络。其中有中国 500 强企业中国金茂集团、上海永达汽车集团等。

在实习基地建设中,学校与企业共同制定实习计划、课程目标等,确保实习内容与行业需求紧密衔接。同时,邀请企业专家参与教学,将行业前沿知识和技术引入课堂,提高学生的专业素养和实践能力。

学校建立完善的实习管理制度,对实习过程进行全程跟踪和评估。通过定期检查、学生反馈等方式,及时了解实习情况,发现问题及时采取措施加以解决。学校还探索"互联网+实习"模式,利用网络平台进行远程实习指导和管理。

同时,学生的升学意愿持续增强,学历成长的"上升通道"不断畅通,"中高职贯通""中本贯通"培养方式的不断完善及扩大规模,为本市经济转型、产业升级提供了更多的高素质技能技术人才,适应上海经济结构调整、产业转型升级对高素质技能技术人才的需求。

三、校企协同联动,共育优质师资

学校充分重视现代职业教育发展对于高素质"双师型"教师的渴求,调动学校和企业两个主体的积极性,通过校企协同联动,积极引导教师参与企业实践,让教师的专业素养和实践素养有机结合、协同提升，共同培育适应现代职业教育的优质师资。以 2024 年为例，依据《深化新时代职业教育"双师型"教师队伍建设改革实施方案》，我校针对"双师型"数量不足、校企双向流动不畅、结构性矛盾突出等问题，依托专业发展项目，推进"双师型"教师培养培训的团队建设、科研教研和资源开发，努力健全完善职业教育师资培养培训体系。2024 年暑假，汽修专业教师叶黎杰在永达集团安排的下属企业上海宝诚汽车销售服务有限公司进行岗位实践活动；舞蹈专业教师王辰辰到上海紫苏文化传媒有限公司安排的紫苏总部、紫苏新生活健康管理中心进行实践；金融专业教师徐洁上海市东方惠金融资担保有限公司进行企业实践。此外，我校专业教师积极探索与培训相结合的企业实践，例如轨道专业教师连晨艳和张文杰暑假赴上海轨道交通培训中心，努力将在企业培训和实践中收获的成果积极转化于教育教学中，促进教育链、人才链与产业链、创新链的有效衔接。

第五章　创特：

以有效的贯通打造中职人才培养的品牌

推进教育高质量发展和教育强国建设,打造"公平而有质量"的"立德树人"体系是新时代中国教育改革的最强音。特别是党的二十大提出"中国式现代化"的概念之后,如何通过教育现代化打造教育强国,推动中国式现代化建设,成为一个重要命题。中国式教育现代化,不仅要提升中国教育的质量,还要围绕教育改革发展的共性问题凝练中国经验,讲好中国故事,传播中国智慧。这显然需要各地区、各学校因地制宜地探索和总结。教育的核心任务是人才培养,教育经验的凝练也需要围绕人才培养开展。近年来,在人才培养改革的探索中,一体化贯通式的人才培养思考与设计成为一个颇受关注的课题。

对职业教育的改革发展而言,通过贯通式的人才培养机制建构,打通中高、中本等不同教育阶段在人才培养中的脉络和关系,形成有助于人才培养的特色和完善通道,也是职业教育在新时代背景下发挥其应有的育人价值,提升其育人效能的必然选择。2021年10月,中共中央办公厅、国务院办公厅印发《关于推动现代职业教育高质量发展的意见》指出,职业教育是国民教育体系和人力资源开发的重要组成部分,肩负着培养多样化人才、传承技术技能、促进就业创业的重要职责。《国家中长期教育改革和发展规划纲要(2010—2020年)》也早就明确提出"统筹中等职业教育和高等职业教育发展"的战略任务。正是基于此,为全面准确贯彻落实国家对职业教育的要求和具体工作,加快培养适应上海经济社会发展需要的高素质技能型人才,上海市教委颁布了一系列推进中本(高)贯通专业人才培养的文件,积极推动中本(高)一体化人才培养。上海市浦东外事服务学校作为首批国家级重点中职校和国家中职教育改革发展示范校,与时俱进,顺应上海全球卓越的城市定位,积极参与职业教育体系构建,主动优化专业布局,调整专业结构。目前,学校开办了 10 个贯通专业,在打造以优势专业培养为龙头方面取得了显著成效。但是,在如何实现"中"与"本(高)"的内涵贯通,真正实现一体化人才培养方面,依然有诸多的理论与实践问题亟待破解。学校在原有实践探索的基础上,进一步融入理性研究的思维方式,对新时代中职教育"中本""中高"贯通式人才培养的理论与实践问题进行系统思考,形成了兼具学校特色和传播辐射价值的中本、中高贯通式一体化人才培养体系。

第一节　中本(高)贯通式人才培养的价值厘定

教育活动不可能回避价值的问题。从概念上说,价值首先是对一个有某种需要(兴趣、欲望等)的主体而言,即表现为客体满足主体需要的程度。对于价值的追问,关系到教育的本质论与目的论问题。按照彼得斯的理解,教育作为衡量训练等活动的价值标准,至少应该含有三个层面的要求:其一,教育必须传递有价值的事物;其二,教育必须引起受教育者对有价值事物的关注,且他们有起码的自知和自愿;其三,教育要使得受教育者获得知识与理解力,并与认知洞见关联①。正是基于对教育价值的认知,才构成了教育变革与实践的基本逻辑起点。

贯通式的人才培养探索是近年来课程教学和人才培养改革中的一种重要尝试,其多维度的价值已经得到普遍认可。从现有的思考和实践看,通过不同学段的有机衔接,打造人才培养的贯通体系,能够在人才培养上体现出更长期、更高质量的特点②,也能够在创新人才培养等国家战略领域体现出独特的意义③。对中职教育而言,我国中高职、中本贯通一体化人才培养具有深厚的政策发展基础

①　张建国.教育概念新探——论作为价值的教育[J].中国教育科学,2022,5(03):41 - 54.

②　马缨,赵延东.贯通式培养长期质量更高吗?——对不同培养方式的博士科研表现的比较分析[J].研究生教育研究,2023(04):38 - 45.

③　张旻蕊,杨帆.拔尖创新人才贯通式培养的实践经验、现实问题与路径选择[J].人民教育,2024(06):38 - 41.

和价值意蕴,在改革实践过程中,呈现出诸多具有区域特点的贯通培养模式①,体现了丰富的实践价值。而从一名中职教育工作者的角度出发,笔者认为,实现中本、中高职贯通培养,不仅是一种有效的人才培养模式变革,能够有效提升中职教育自身的社会适应力与教育竞争力,而且其本身对于学生成长、教育变革等也具有丰富的价值。

一、贯通式人才培养彰显教育的"全人"立场

实现人的自由全面发展,是马克思主义的基本思想,体现了个体本身发展和社会系统进步的双重意义。人的问题是教育的基本问题,人的生命成长是教育的原点和归宿。教育领域实现对人的本质尊重,就要跳出"抽象的人"的思维方式,把生命个体视作"具体的人"。"具体的人"的思维方式,把人看作是一种独具个性的存在、社会交往的存在及感情充沛的存在②。这种存在"是由许多因素组成的复合体决定的,这个复合体是由生物的、生理的、地理的、社会的、经济的、文化的和职业的因素所组成,而这些方面对每一个人来说,都是各不相同的"③,这意味着在设计和实施教育教学改革策略的过程中,要充分考虑"具体的人"的成长发展方式与诉求。从"具体的人"的角度出发,人的成长即体现为横向的德智体美劳全面发展,也体现为纵向的学段衔接与递进。20世纪下半叶以来,为适应未来人才培养的需要,一种新型教育即全人教育逐步形成和推广开来。全人教育因主张关注人的生命、尊重人的潜能、促进人的整体发展而呈现出鲜明的以人为本的理念④,它是教育面向"具体的人"的重要理论与实践支持,也是人才培养目标设计与实施的重要价值引领。

贯通式的人才培养是一种全面、系统的教育理念,旨在通过整合不同学科、

---

① 屈璐.区域职业教育中高职贯通一体化人才培养的实践探索[J].中高职业技术教育,2024(25):32-40+72.

② 杜楠,周福盛.论教育评价中人的理性回归:从"抽象的人"到"具体的人"[J].中国考试,2021(09):13-22.

③ 联合国教科文组织.学会生存:教育世界的今天和明天[M].华东师范大学比较教育研究所,译.北京:教育科学出版社,1996.

④ 刘云,谢少华.全人教育以人为本的理念及其对中国教育思想的启示[J].贵州社会科学,2017(03):93-98.

阶段和领域的教育资源,培养具有综合素质和创新能力的人才。这种培养方式不仅关注学生的知识积累,更注重其能力、品格和社会责任感的全面发展,从而真正体现教育的"全人"价值。

首先,贯通式人才培养打破了传统教育中学科之间的壁垒。它强调跨学科的学习与实践,鼓励学生在不同领域中找到联系与创新的可能性。例如,将科学与人文、技术与艺术相结合,帮助学生形成更广阔的视野和更灵活的思维方式。这种教育模式不仅能够激发学生的创造力,还能让他们在面对复杂问题时具备更强的解决能力。

其次,贯通式人才培养注重教育的连续性。它强调从基础教育到高等教育,再到职业发展的无缝衔接,确保学生在每一个阶段都能获得适合其成长需求的指导与支持。这种连贯性不仅能够帮助学生更好地规划未来,还能让他们在成长过程中不断积累经验,形成稳定的价值观和人生目标。

此外,贯通式人才培养还特别关注学生的个性化发展。它尊重每个学生的兴趣、特长和潜力,提供多样化的学习路径和发展机会。无论是学术研究、艺术创作,还是社会实践,学生都能找到适合自己的方向,并在其中实现自我价值。这种个性化的培养方式,不仅能够激发学生的内在动力,还能让他们在未来的职业生涯中更具竞争力。

最重要的是,贯通式人才培养始终以"全人"为目标。它不仅仅是为了培养某一领域的专家,更是为了培养具有社会责任感、人文关怀和全球视野的公民。通过这种教育模式,学生不仅能够掌握专业知识和技能,还能形成健全的人格、积极的态度和对社会的深刻理解。

总而言之,贯通式人才培养是一种能够真正体现教育"全人"价值的模式。它通过跨学科、连续性和个性化的方式,帮助学生实现全面发展,成为既有专业能力又有社会责任感的优秀人才。对中职教育而言,随着数字经济及产业转型升级,产业链对人才的要求不断提高,职校生升学需求被强化。通过一体化贯通式人才培养的设计,能够打造契合学生横向发展、纵向递进的课程教学体系,从"全人"的视角打破课程、学段之间的壁垒,形成一种整体性的人才培养课程教学体系,更好地助力学生成长发展,更好地匹配中职学生的学业进步诉求。从这个角度出发可以认为,中高、中本贯通式培养为打通职业教育人才培养纵向通道、促进职业教育持续发展做出了有益探索，也是中职教育培养"全人"的有益探索。

二、贯通式人才培养契合教育的"融合"导向

贯通式人才培养与教育的"融合"导向高度契合。这种培养模式强调从基础教育到高等教育的无缝衔接，注重知识、能力和素养的全面发展，体现了教育体系的整体性和连贯性。首先，贯通式人才培养打破了传统教育中学科之间的壁垒，注重知识的系统性和整体性。通过跨学科、跨领域的课程设计，学生能够在不同阶段的学习中建立完整的知识体系，避免知识的碎片化。这种模式与教育的"融合"导向一致，强调知识的整合与应用。其次，贯通式人才培养注重学生能力的持续提升，从基础教育阶段开始，逐步培养学生的批判性思维、创新能力、实践能力等核心素养。这种连续性培养方式与教育的"融合"导向相呼应，强调能力培养的长期性和系统性。再次，贯通式人才培养尊重学生的个性化发展需求，通过灵活的教育路径和多元化的课程选择，为学生提供更多的发展空间。这种模式与教育的"融合"导向一致，强调因材施教，关注每个学生的独特性和潜力。最后，贯通式人才培养注重与社会需求的对接，通过校企合作、实践教学等方式，培养学生的职业素养和社会适应能力。这种模式与教育的"融合"导向相契合，强调教育与社会发展的深度融合。总之，贯通式人才培养通过知识、能力、个性化和社会化的多维度融合，充分体现了教育的"融合"导向，为学生的全面发展和社会的持续进步提供了有力支持。

从实践的角度看，近年来的义务教育课程教学改革，已经普遍关注到了课程割裂、学段割裂等给课程教学和人才培养带来的弊端，倡导打通不同课程的间隔，贯通不同学段的壁垒，形成一种整体、系统的融合育人格局。起始于2017年的高中"双新"改革和起始于2022年的义务教育"双新"改革，都在课程方案的编制中明确提出了"强化学段衔接"的命题，这实际上为打破学段壁垒的一体化人才培养设计与实践提供了政策上的依据和支持。在这样一种前提下，中职学校有必要也有可能基于自身实际，探索一体化贯通式培养的学校实践。

三、贯通式人才培养承担教育的"社会"使命

教育既具有重要的个体价值，也具有重要的经济与社会价值。从经济价值的角度看,教育是人力资本积累的主要途径。通过教育,个体能够获得知识、技能和创新能力,从而提高劳动生产率。研究表明,从整体上看,受教育程度越高的人群,其收入水平和就业稳定性也越高。这不仅改善了个体的生活质量,也为经济发展提供了高质量的人才储备。教育是科技创新的源泉,高等教育和科研机构培养了大批科学家、工程师和技术人才,他们在各个领域推动技术进步和产业升级。教育对经济增长的贡献是长期的、可持续的。受过良好教育的劳动力能够更好地适应经济结构的变化,推动产业转型升级。同时,教育还能促进消费和投资,形成良性循环。世界银行的研究表明,教育投资对 GDP 增长的贡献率显著高于其他领域。从社会价值的角度看,教育能够培养公民的社会责任感和道德意识,增强社会凝聚力。通过教育,人们学会尊重他人、遵守规则、参与公共事务,从而减少社会矛盾和冲突,构建和谐稳定的社会环境。教育是文化传承与创新的重要载体,通过教育,人们能够了解历史、艺术、哲学等领域的知识,提升文化素养和审美能力,这不仅丰富了个体的精神世界,也为社会文化的繁荣奠定了基础。教育是实现社会流动的重要途径,通过教育,个体能够突破家庭背景的限制,获得更多的发展机会。这种流动性不仅促进了个人的成长,也为社会注入了活力。

从教育的经济与社会价值出发,贯通式的人才培养能够为教育经济与社会价值的更好发挥提供可能。以中职教育的中本、中高贯通式人才培养为例,推进中本、中高贯通式培养,是职业教育高技能人才嵌入新质生产力发展的重要结合点。在以往的实践中,职业教育中、高、本三个培养层次的对口专业课程体系与人才培养方案,未能实现基于共同的理念与标准的一体化建设。然而,当前职业教育发展进入新时代,必须适应国家现代化产业体系,需要大量高技能人才、大国工匠支撑发展。因此,急需搭建职业教育"立交桥",打通中、高、本学历层次衔接[①],为适应经济发展特别是"新质生产力"发展需求,提供大量高素质的"能工巧匠""大国工匠"。此外,时代发展给人才培养带来了更加多样化的需求,国家发展战略中"卡脖子"问题的破解等,迫切需要大量高素质特色化人才,而这种人才的培养必然需要打破常规的培养方式,进行一种特色化、整体性的建构。职业

① 黄德桥,杜文静.指向贯通式培养的中高本一体化专业课程体系建设研究[J].教育科学论坛,2024(15):54-59.

教育是高技能人才培养的主阵地,是整合科教创新资源、培育战略性新兴产业和未来产业、加快形成新质生产力的重要人才培养主体。对中职教育而言,一体化贯通式的人才培养能够打破传统教育中的分段设计、互不融通的局面,围绕创新人才、科技教育、艺术教育、传统文化等相关领域进行一体化的建构,持续对学生某些领域的特长、品性等进行培养。这有助于打造人才培养特色,提升人才培养质量,使得现代中职教育更好地匹配经济社会发展,在解决"卡脖子"问题中承担应有的功能与价值。

第二节　中本(高)贯通式人才培养的问题分析

基于上述分析可以认为,打破学段壁垒的一体化贯通式人才培养,有助于从"全人"的视角建构课程教学体系,有助于满足人才培养的整体性和阶段性特征,有助于提升创新人才等特殊人才的培养成效。但是整体上看,一方面,目前对于一体化贯通式人才培养的思考和探索主要集中于高等教育阶段,特别是本硕博一体化培养的研究实践较多;另一方面,中小学的一体化贯通式人才培养,主要局限于思政教育、红色教育、传统文化教育等独特领域的设计,缺少一种指向于学生全面发展的整体设计。这一方面与中小学的学校性质特别是学制体系设计有关,另一方面也与我们旧有的课程教学和人才培养观念有关。对中职学校而言,目前中高职"3+2",中职与本科"3+4",高职与本科"3+2""4+0"分段或联合培养模式已经在很多学校得到了实践,但是这些实践更多的是作为一种人才培养的路径改革尝试,缺少从研究的角度进行系统性设计和思考。从笔者自身的认知看,中本、中高贯通人才培养无论从实践层面还是理论研究层面来讲,至今已不属新鲜事物了,贯通人才培养模式在人才培养质量和人才培养层次方面都实现了创新。但是,从人才培养全过程角度来看,贯通人才培养质量与推进中本(高)贯通的初衷还是存在偏差的,与现实的问题和学生的需求存在不一致之处。由此,从调查学校已有的中本(高)贯通培养专业的教育实践现状入手,进一步从顶层设计、过程管理、教学实施方面加强中本(高)贯通一体化人才培养机制研究,探索中本(高)贯通教育实践改进策略,是学校面临的现实问题。

一、本市中本(高)贯通式人才培养的现实样态调查

教育调查研究是研究者在科学方法论和教育理论指导下,围绕一定的教育问题,通过运用观察、列表、问卷、访谈、个案研究以及测验等科学方式,有目的、有计划、系统地搜集有关教育问题或教育现状的资料,从而获取关于教育现象的客观事实,对教育现象做出科学的认识分析并提出具体工作建议的一种研究方法①,也是中小学教师教育科研的常用方法。为了更好地了解学校中本(高)贯通式人才培养的现实问题,了解教师、学生的现实困惑与需求,为后续更好地开展贯通式人才培养探索,笔者借助本书撰写的契机,通过专项课题研究的方式,对学校中本(高)贯通式人才培养的现实样态进行了调查。此次中本(高)贯通视域下教育实践现状调研的方法主要为问卷调查法,采用信息化手段,通过问卷星平台生成二维码,将二维码发给各贯通专业教师。这种方法不仅具有问卷发放的便捷性,也避免了网上发布问卷的盲目性,提高了问卷发放和回收的精准度。

(一) 调查对象情况分析

本次调研对象面向贯通专业的中职和高校教师,其中中职教师 237 名,占比 50.53%,高校教师 232 名,占比 49.47%。在教师的学历问题上,调查发现专科学历仅占比 1.49%,大学本科学历占比 41.36%,硕士研究生学历占比 51.39%,博士研究生学历占比 5.76%。由此可以看出,近年来中职校的师资队伍建设改善较大,教师的整体学历有所提升。在教师职称方面,23.88% 的教师为初级及以下职称,52.67% 为中级职称,19.40% 为副高级职称,4.05% 为正高级职称。由此分布来看,教授贯通班的教师群体职称分布相对合理,但初级及以下职称的比重略高。随着职业教育改革的深入发展,近年来职业院校对教师的要求越来越高,尤其对专业课教师,需要朝着"双师型"教师迈进。在调查中发现,教师获得职业资格证书的比例为 71.43%,未获得职业资格证书的比例为 28.57%。在取得职业资格证书的教师群体中,占比最高的是中级(四级),为 23.03%;其次是高级(三

---

① 岳亮萍.中小学教师怎样进行课题研究(三)——教育科研方法之教育调查研究法[J].教育理论与实践,2008(03):46-48.

级），为 22.17%；再者是技师（一级），为 11.09%；然后是初级（五级），为 7.89%；当然还存在一定数量的高级技师（二级），为 7.25%。

（二）调查对象对贯通式人才培养"学生状态"的感知

本次调查，关注到中职学生（贯通班和普通班）对待文化基础课和专业技能课的态度。数据显示，在调查对象（教师，下同）的眼中，13.22% 的学生更重视文化基础课，44.14% 的学生更重视专业技能课，而两者兼顾的比重达 42.64%。在教师眼中，贯通班学生对于专业课的学习态度，重视的占比 61.83%，一般的占比 36.03%，不重视的占比 2.14%。贯通班学生对文化基础课与专业课的重视还体现在日常的课堂教学环节。相较于普通中职班，27.08% 的教师认为贯通班的学生课堂氛围活跃，44.78% 的教师认为较活跃，20.26% 的教师认为差不多，7.88%的教师认为有点沉闷。从总体来看，贯通班的课堂氛围还是比较活跃的。但认为两者差不多或有点沉闷的加起来比例将近三分之一，需要引起重视。导致该现象产生的原因可能在于中本贯通班的生源大部分在初中处于班级中等水平，属于默默学习者，不愿意多发声是他们的普遍特点。关于学习动力方面，认为贯通班的学生学习动力十足的占 13.23%，较足的占 53.30%，一般的占 28.57%，不足的占 4.90%。由此可见，六成以上的贯通班学生学习动力比较足，这也是区分贯通班与其他中职平行班的重要参考因素。

（三）调查对象对贯通式人才培养"制度设计"的感知

该维度的调查关注点和分析采用的数据主要来自贯通专业的专业主任、管理人员等行政岗位的教师，分析的维度主要从人才培养方案修订、联合教研制度、联合教研小组、督导小组展开。

在专业人才培养方案修订频率方面，39.45% 的教师表示每年修订一次，18.12% 的教师表示 3—5 年修订一次，40.09% 的教师表示不必固定，根据需要修订。由此可以发现，大部分教师具备人才培养方案需要定期修订的意识，但是仍有一部分教师缺乏相应的修订意识。因此，人才培养方案修订的科学化、规范化还值得探究。

在专业人才培养方案修订的提出方上，65.03% 的教师表示由高等院校提出，18.55% 的教师表示由中职校提出，2.77% 的教师表示由有关企业提出，13.65% 的教师表示由其他因素促成。这一方面说明了高校和中职校都有方案的修订意识,另一方面也说明了企业在方案修订中已经在发挥作用,但仍需提高。另外,其他因素也会影响到方案的修订,比如说检查评估、产业结构的调整等。

在人才培养方案修订中,中职与高校教师参与度方面,32.84%的教师认为双方院校的参与度均等,49.04%的教师表示高校教师参与度更高一些,18.12%的教师表示中职学校的教师参与度更高一些,甚至还有少数教师认为高校教师参与度仅需二成。

在联合教研小组方面,受调研教师所在学校成立专门的贯通联合教研小组的有75.91%,没有成立专门教研小组的有24.09%。而在成立专门教研小组的教师群体中,参加过的贯通联合教研活动形式是非常多样的,参与人数最多的是互相听评课(55.01%),其次是协调教学进度(50.32%),然后是制定和完成人才培养方案(47.76%)。由此也可以看出,贯通的联合教研活动内容具备丰富性与多样化,助推了人才培养。但同时可以看出,对贯通培养模式来说,至关重要的编制课程资源、考核评价研究、共同开展课题研究等方面的比例均不超过50%,需要引起学校的重视。应深化联合教研活动内容的深度,使其真正为人才培养服务。

就联合教研小组对工作影响而言,61.41%的教师表示通过该形式协调了教学进度,60.55%的教师表示提升了自身教学能力,44.99%的教师表示解决了教学困难,6.82%的教师表示没有任何作用,4.05%的教师表示占用太多时间、影响正常教学工作,还有13.65%的教师属于受到其他方面的影响。由此可知,贯通教研小组在一些方面对教师的工作起到了积极作用,但也有绝少部分教师认为没有作用,甚至影响正常教学工作。这说明教研小组的活动还应科学、合理地规划,在不影响教师正常工作的前提下有效推进。同时,学校应告知教师联合教研小组的重要性和必要性,并且在开展教研活动时注重方向和质量,提升教研活动在教师群体中的积极印象,发挥更大的效用。

在督导小组方面,调查显示75.48%的教师所在学校成立了专门的贯通教学督导小组,但还有24.52%的学校没有成立该小组。这说明贯通尚处于探索阶段,各个学校在实际操作中呈现出差异性。同时,部分学校邀请了校外督导专家和企业专家积极参与学校人才培养,基本上形成了校内+校外专家联合的模式。

（四）调查对象对贯通式人才培养"教学保障"的感知

本维度的调查，主要关注调查对象对于学校中本（高）贯通式人才培养的核心环节——教学的认识与理解，特别是关注学校层面教学质量保障体系建设的成效、问题和诉求。

在调查对象看来，课程内容的设置、教材的选用、师资队伍和资源设备等均是有效开展教学的保障。关于课程设置方面，89.13%的教师认为学校贯通班课程设置合理，10.87%的教师认为不够合理。总体而言，贯通班的课程设置相对合理。在此前提下，13.68%的教师表示学校贯通班课程设置偏向于文化基础课学习，40.51%的教师表示偏向于专业技能训练，45.81%的教师表示偏向于专业理论课程学习。

在教材选用方面，24.95%的教师认为当前的教材完全可以满足贯通班学生培养，71.43%的教师表示基本可以，3.62%的教师表示不可以。由此可见，如果在自我要求不是很高的情况下，当前的教材基本可以满足贯通班学生培养。

由于贯通班涉及中职学校和高校两大主体，因此，在中职阶段往往会有高校教师进入中职课堂授课。通过调查发现，高校教师任教中职课程3门及以上的有25.59%，任教2门的有25.16%，任教1门的有18.55%，无任教的为30.70%。高校教师进入中职课堂授课是贯通班区别于其他中职班的优势所在，可以优化现有的贯通班师资队伍，但是走进课堂的广度和深度还有待提高。

关于资源开放方面，选择合作学校之间教学资源有共享开放的教师占56.29%，没有的占12.37%，不知道的占31.34%。这也显示了超过一半的教师表示合作学校之间教学资源是共享开放的，但有三成的教师表示不知道是否共享开放。这说明关于贯通培养的一些政策性的信息需要向任课教师公开，从而有助于其对政策的了解，更好地开展教学。

（五）调查对象对贯通式人才培养"总体评价"的感知

中本（高）贯通教育是中职校应对现代职业教育发展趋势所采取的重要举措，受到学校的高度重视，现如今正处于上升发展阶段。在过去的几年中，中职校为高校输送了一批合格的中职毕业生。该模式也受到了家长、高校和社会的认可。在问卷的最后，关于对学校中本（高）贯通培养模式试点的总体评价，有33.91%的教师认为非常好，47.33%的教师认为很好，17.48%的教师认为一般，

1.28%的教师认为不好。这一调查结果是教师通过实践总结出来的对该模式的肯定,也为后续如何更好地完善该模式提供了来自基层教师的精神支撑。

二、基于调查的中本(高)贯通式人才培养的问题梳理

在中本(高)贯通人才培养近十年的教学改革实践过程中,上海市浦东外事服务学校在贯通人才培养过程中已经取得了丰富的前期探索的成果,但是从上述调查分析的整体情况看,学校在中本(高)贯通式人才培养的实践中依然存在诸多需要破解的问题。这些问题从中职教育人才培养的整体境遇看,不仅表现为浦东外事服务学校单一层面的校本性,也具有中职学校整体性的特点。准确把握和分析这些问题的诱因及表现因素,有助于我们厘清中本(高)贯通式人才培养改革创新的现实基础与整体逻辑。

(一) 运行层面:管理体制存在割裂

在贯通人才培养方面,中职和高校培养双方并未完全建立起高效联动的激励中本(高)贯通的保障制度,同时尚未形成有效保障校际间的运行机制,携手育人的合力效能尚有较大发挥空间,共同参与推进"3+2""3+4"一体化的人才培养目标、课程衔接建设、课程内涵重构、教学质量过程等多方面紧密合作需进一步加强。当前中职和高校存在"各自为政"的情况,中职和高校在人才培养过程中集中发力的功能和作用相对欠缺,这有悖于中本(高)贯通人才培养的初衷。

(二) 内涵层面:内容衔接需要加强

课程设计一体化在中本(高)贯通中起着决定性作用,因为课程体系决定了学生的学习过程和学习效果。但是当前学生的学习水平和能力与转段后高校的学业要求存在一定差距,尤其是在通识基础课程方面,贯通专业的学生学习基础相对存在"短板",导致难以在本科、高职阶段全身心投入高阶课程的学习。高校没有参与中职阶段的课程、教学设计,没有进行相应的内容和质量的把控。同时,中职与高校在行政上独立运行,各校教学质量保障体系存在差异性,教学质量标准不统一。要有效把控贯通人才培养的教学质量,贯通培养双方有必要组建教学评价督导机构,定期对贯通衔接教学质量实施评价与监控,以保持正确的贯通人才培养发展方向,不偏离既定轨道。

（三）师资层面：沟通交流有待深入

对贯通专业来说，"双师双能型"的教师队伍是保障人才培养质量的一个重要因素。而当前学校在人才培养层面存在的突出问题是，中职和高校处于"各自为政"的状态，双方沟通相对较少，中职教师仅负责中职阶段的教学内容，高校教师仅负责高校阶段的教学内容，双方开展的"一体化"研讨相对较少。同时，在贯通专业"一体化"人才培养过程中，应把引进行业企业兼职教师作为师资建设一体化的重要组成部分。行业企业的深度参与少，学校缺乏应用型人才培养所需要的真实环境、真实项目，专业教师自身实践能力相对较弱，难以真正保证人才培养质量。

第三节　中本（高）贯通式人才培养的学校实践

中职学校贯通式人才培养是一种旨在提升职业教育质量、促进学生全面发展的教育模式。这种模式通过将中等职业教育与高等教育、企业实践等环节有机结合，形成一条从基础技能到高级技能的完整培养链条，帮助学生实现从学校到职场的无缝衔接。对中职学校而言，实现人才培养的贯通式设计与实践，包含多维度的实践要求，也能够孕育生成不同类型的贯通式培养模式，如：

课程体系贯通——中职学校与高职院校或本科院校合作，设计一体化的课程体系。学生在完成中职阶段的学习后，可以通过升学考试或推荐机制进入高职或本科继续深造，避免课程内容的重复，实现知识的递进式提升。

技能培养贯通——贯通式人才培养注重理论与实践的结合。中职阶段以基础技能训练为主，高职或本科阶段则侧重于高级技能和创新能力的培养。通过校企合作，学生可以在真实的工作环境中锻炼技能，提升职业素养。

职业发展贯通——这种模式不仅关注学生的学业发展，还注重其职业生涯规划。通过职业指导、实习实训、企业导师制等方式，帮助学生明确职业目标，积累工作经验，为未来的职业发展奠定坚实基础。

资源整合贯通——中职学校与企业、高校等多方合作，共享教育资源。企业提供实践平台和技术支持，高校提供学术指导和科研资源，形成多方协同育人的良好生态。

评价体系贯通——贯通式人才培养采用多元化的评价方式,不仅关注学生的学业成绩,还重视其职业技能、创新能力、职业素养等方面的表现。通过综合评价,全面反映学生的成长与发展。

基于上述对中职学校贯通式人才培养的系统性理解,上海市浦东外事服务学校深刻把握中本、中高职贯通培养高质量人才的现实必要性和紧迫性。学校积极响应上海市教委的号召与要求,自 2015 年起,经市教委批准,先后与上海立信会计金融学院、上海工程技术大学、上海师范大学天华学院等 8 所高校合作,分别在金融营销、服装表演与策划、旅游电商、应用德语、应用日语等 10 个专业开展中本贯通和中高职贯通人才培养,形成了以贯通专业为引领、以核心专业为龙头、以延伸专业为支撑的多元并举的技术技能人才培养模式。经过十年的探索,已经形成了兼具学校特质和传播辐射价值的中本(高)贯通式人才培养实践体系。

一、对中本(高)贯通式人才培养举措的系统建构

从本质上说,各学段实现科学衔接和贯通,是为了真正落实"以学生发展为本"的教育理念,体现"立德树人"的生命观、过程观和整体观①。贯通式人才培养彰显了一种整体育人的先进理念,而要将这种理念真正转化为现实的人才培养成效,则需要学校层面扎实的行动研究和探索。对上海市浦东外事服务学校而言,学校开展中高职、中本贯通培养试点工作近十年,积累了丰富的实践经验,与合作院校联合开展了一系列丰富多彩的教研活动,创新开展了一系列教学改革举措,促进人才培养质量不断提高,整体形成了中本(高)贯通式人才培养举措的系统建构。

(一)联合出台中高职、中本贯通人才培养校际管理办法

学校为切实提高贯通培养管理工作水平,联合上海工程技术大学及其他相关中职校,出台了贯通培养联合教研活动制度及联合督导制度;与上海师范大学天华学院共同制定了联合工作制度、教学管理制度、质量监控制度、师资培养制度、学生管理制度和校园管理制度等,并汇编成册;与上海电子信息技术学院联

---

① 方铭琳.基础教育加强学段贯通衔接研究[J].亚太教育,2022(11):39-42.

合制定了《中高职贯通培养教学管理制度》，五大类 32 个文本，涵盖了专业建设、教学运行管理、学生管理等方面。

（二）建立贯通专业校际轮值联席会制度及联合教学检查制度

学校为增强中职、高职、本科院校间的沟通协作，建立了贯通人才培养校际联席会制度，由贯通相关中职校轮流主办，每学期举办 1 次，目前与上海工程技术大学贯通人才培养成功举办 7 次校际轮值联席会。此外，贯通人才培养联合教学检查制度也日趋完善，与上海电子信息职业技术学院合作开设计算机网络技术（云计算方向）中高职贯通专业，每学期由各贯通兄弟学校组成检查小组轮流到校就教学常规、教师发展工作、学生发展工作以及专业建设等方面进行检查，通过相互借鉴学习，持续提高贯通专业教学质量。

（三）组织参与并成立中高职、中本校际课程建设联合教研组

学校参与组织并成立校际课程建设联合教研组，各教研组组长由贯通高校各类课程负责人牵头担当，成员为贯通试点项目的中职、高职及本科阶段课程的任课教师。联合教研组每学期活动不少于 3 次，各项活动均有过程记录，有组织活动总结，学期末梳理形成教学分析报告。

（四）组织参与并成立贯通校际联合教学督导组

学校组织参与并成立贯通校际联合教学督导组。联合教学督导组分二级管理：第一层级，校际联合教学督导组；第二层级，校际联合基础课程联合教学督导组、校际联合专业课程联合教学督导组。每学期开展教学观摩活动，注重听课、评课和自查自评教学质量，定期教学检查内容包括教学计划执行情况、教学过程实施情况、教科研活动记录、学生评教情况等。

（五）建立中本贯通培养工作简报制度

学校联合其他贯通中职校与上海工程技术大学共同建立中本贯通培养工作简报制度，简报内容包括：教育部、上海市教委最新职业教育的相关文件制度、人才培养工作内容、贯通各校的特色教学管理、优秀学生风采、日常教育教学工作等。简报制度可以加强创新和经验宣传推广，促进校际交流沟通。

（六）与本科合作院校联合制定"3+4"人才培养方案

学校着力探索现代职业教育体系的构建与改革，以聚焦培养目标为基本点，以强化贯通融合为着力点，以服务学生成才为目标点，联合本科院校共同制定

"3+4"人才培养方案。在中本贯通人才培养目标、课程设置、课程标准、基础课程要求、专业理论课程要求、实践课程掌握难度、特色课程设置和个性化人才培养方案等方面,开展多次研讨交流,实现中职教育与本科教育的有机结合,注重专业理论与实践技能并重,面向学生的终身发展。

(七) 贯通培养经验丰富,评估检查成效显著

学校贯通专业培养工作的实施方案和举措得到上级部门及专家的一致认可。在市教委组织的"上海市中本贯通培养模式试点情况跟踪检查"中,2017年与上海师范大学天华学院合作的"旅游管理(旅游电子商务)"中本贯通项目检查结果为"优秀";2019年与上海工程技术大学合作的"表演(服装表演与策划)"中本贯通项目检查结果为"优秀"。在"上海市中高职贯通培养模式试点情况跟踪检查"中,2018年与上海民航职业技术学院合作的"民航运输(空港服务)"专业检查结果为"优秀";2019年与上海电子信息职业技术学院合作的"计算机网络技术(云计算方向)"专业检查结果为"优秀"。近年来,相关领域的专业检查又多次获得优秀。

(八) 教学形式丰富多样,确保人才培养质量

学校高度重视贯通培育工作,贯通专业师资配备强大,通过教学巡视、教学督导、校际听课、教考分离、新区统测、英语统考等,形成教学质量监控常态化。学校与贯通高校教学资源共享,教研活动频繁,为学生提供了优质教学条件,指导学生在国家级、市区级多项大赛中获奖。学校注重学生综合职业能力的培养,通过优秀班主任队伍的管理和培养,组织开展各类社团活动、技能训练、国际交流、志愿服务和党校学习等多元化活动,助力贯通专业学生能力全面提升。

(九) 注重夯实基础课程,提质优化英语教学

学校贯通专业课程设置注重夯实学生的基础学科,为学生升入高职和本科院校后知识体系的顺利衔接做好充足准备。同时,基于学校在英语竞赛项目辅导的优势和专业特性与特点,强化贯通专业学生的英语教学,为中本贯通学生顺利通过大学英语四级考试打好坚实的基础,助力部分学生获得大学英语六级证书,同时确保中高职贯通学生在同类学校英语统测中名列前茅。

二、对中本(高)贯通式人才培养问题的整体思考

中本(高)贯通式人才培养是一个动态变革的命题,总是要不断面临新的问

题,需要不断进行改革的重新设计与思考。正如前文所言,当前中本(高)贯通式人才培养中普遍存在"运行层面管理体制存在割裂,内涵层面内容衔接需要加强,师资层面沟通交流有待深入"等问题,需要进行着眼未来的变革设计与思考。为进一步从顶层设计、过程管理、教学实施方面加强中本(高)贯通一体化人才培养机制研究,学校结合新时代中职教育改革发展和中本(高)贯通式人才培养的现实需要,对上述三个层面的核心问题进行了变革创新的整体思考,提出如下四个维度的改进思路。

(一) 突破制度藩篱,创建贯通一体化人才培养新机制

中职学校与高职院校、应用型本科院校行政工作相对独立运行,各校工作步调上存在差异,虽然职业教育人才贯通培养试点建设开展实践多年,但仍存在人才培养模式及人才培养目标和方向不统一、权责归属不清、定位失准等问题。因此,进一步理顺中职校与贯通高校的合作关系、明确分工、体制创新与协同、科学定位、精准发力和同频共振,将成为职业教育人才贯通培养下一阶段教学实践改革的必由之路。同时,制定中职、高校协同的育人管理机制,加强校际日常工作的协作与联络,有效协调中职和高校两种教育体系、多个不同办学主体间的教学管理工作,实现思想上、实践中的共识与共建,达成共同的人才培养目标,提升育人实效。

(二) 面向产业需求,构建贯通特色融合人才培养方案

中本(高)贯通人才培养的前后阶段需一体化设计,人才培养方案应具有科学性、连贯性,课程设置的铺垫性、前后衔接性有待增强。连贯、科学、系统的课程设置能够有效帮助学生掌握应用"碎片化"的知识,提高实践技能水平。围绕"立德树人"这一根本任务,加强中职与高职、本科课程有机衔接、深度融合重组,突出课程结构的整体性。在强化基础课和专业课建设的基础上,强化课程体系的连贯性、上升性和人才培养的可持续性,探索并构建一体化人才培养方案,帮助学生掌握、迁移、应用知识,提高专业知识的实践能力水平。

(三) 践行质量革命,构建贯通培养教学质量监控体系

中本(高)贯通人才培养,因其培养模式是分阶段开展教学工作的,这种模式在实际教学和教学管理过程中容易产生前后"两张皮"现象,两类学校的教学目标、评价标准、课程体系等方面都不完全一致,甚至个别要求存在相互冲突。因

此,要构建专业人才培养贯通全过程、课堂与课外全方位、教师与教学管理者全员参与的质量监控体系,完成贯通培养校际协调、管理机制的设计与构建,重塑教学管理者的角色定位,形成相关规章制度,并高效地联合开展一体化监控体制建设。学校将着眼于贯通教育质量提升,通过联合教研、联合督导、统一基础课程考试等形式,逐步建立贯通教育质量保障体系,以此为抓手,促进教师不断提高教学质量,让学生尽早适应转段后的学习节奏和学习要求,形成管理闭环,促进管理机制体制的不断优化。

（四）夯实基础学科,营造优质贯通专业建设品牌效应

学生在中职阶段,通识基础课程的学习时长与课程难度等与普通高中学生相比有较大差距,同时基础课程对贯通专业学生最终技术技能目标要求不同,导致知识与能力不能很好衔接。因此,为了进一步提高学生通识基础课程学习水平和能力,建立联合教研、联合督导机制,统一基础课程教学标准,不断强化重基础、强技能、创特色的"3+2""3+4"的长学制一体化专业建设和人才培养理念是解决途径之一。

除此之外,为了充分调动、激发教师和学生的教学热情,推进体制机制建设,实现培养方案和内容的高效贯通,学校将努力营造跨校区与跨学段贯通教学高质量文化氛围,开展丰富多彩的活动,形成师资和教学资源协同共建,探索中职与高校间的文化贯通、学习氛围贯通形式,提高学生的融入感,逐步营造学校贯通教育的品牌效应,提升中本(高)贯通式人才培养的实践效能。

三、对中本(高)贯通式人才培养标准的优化设计

人才培养需要有相应的评估和质量标准体系。有研究者指出,人才培养、内涵发展和分类评估是我国高等教育改革发展研究与实践的热词[①],通过评估标准和评估实践体系的完善更新,为人才培养变革和改进提供支撑,是当下任何领域教育改革发展的重点。整体而言,对人才培养进行绩效评估的关键是人才培养质量观念的转变,核心是对人才培养质量过程进行科学研判,要实现的自身功能

---

① 袁益民.对人才培养、内涵发展和分类评估三个热词的冷思考[J].高教发展与评估,2023,39(05):22-31.

是服务于教育改革与发展,建立长效管理激励策略是实现绩效评估效果的深化保障①。对职业学校而言,国家层面已经通过系统性的评估制度设计并进行了职业教育质量的保障体系建构②,但是对于如何针对中本(高)贯通式人才培养开展较高匹配度的个性化评估、评价,目前依然缺乏有效的实践策略,其重要原因就是缺少对中本(高)贯通式人才培养标准的优化设计。鉴于此,在开展中本(高)贯通式人才培养的改革实践中,除了校本化的策略建构,上海市浦东外事服务学校还着重通过政策梳理、文献阅读、逻辑思辨等方式,对中本贯通培养项目的评估标准进行了建构,试图形成针对贯通式人才培养项目实施的有效评估标准体系。

(一) 中本贯通培养项目评估标准的问题分析

根据笔者对相关人员的座谈、访谈,结合本人中职教育中本贯通培养项目的实践经验,发现目前中本贯通培养项目评估标准中存在的主要问题包括以下三方面。

1. 没有独立的评估体系

上海市在开展中本贯通培养模式试点工作后,并未为其建立独立的评估体系,而是沿用了中高职贯通培养项目的评估模式和评估标准,二者的评估内容和评估方法均相同。一方面,由于中本贯通和中高职贯通均为中等职业教育与高等教育的贯通项目,二者之间具有一定相似性,评估标准中也存在部分相同的问题,如缺少课程教学评价、缺少纵向和横向对比评价等;另一方面,由于中本贯通和中高职贯通的培养路径的终点不同,二者的培养方案、培养模式、学生素质等方面也均有所不同,使得现有的评价标准显现出诸多问题,不能全面有效地反映中本贯通培养项目的开展情况。

2. 对中本衔接通畅性的评估不够

中等职业学校属于职业教育体系,根据教育部有关文件,其教育目标为把学生培养成为敬业爱岗、诚信友善,具有社会责任感、创新精神和实践能力的高素质劳动者和技术技能人才。而本科教育属于普通高等教育体系,培养的是具有

---

① 张建祥.高等学校人才培养绩效评估的内涵与本质特征[J].教育研究,2018(03):55-61.

② 杨青.论新一轮高职人才培养工作评估应把握的三个维度[J].中国职业技术教育,2014(03):37-41.

创新精神和实践能力的高素质专门人才,其教育目标则更为综合和全面。二者培养目标的侧重点不同,并且既往也没有中等职业学校毕业生直接进入普通本科的升学路径,两个培养层次之间,在培养目标、培养内容、培养方式等方面均没有连贯性的衔接。因此,在中本贯通项目中,两个培养层次之间的衔接问题是否能得到合理的处理和安排应当是评估标准中的重要内容,但在现行的评估标准中所占权重较少。目前中本贯通项目中存在的衔接不通畅问题主要体现在以下几个方面。

其一,缺少统筹安排的一体化设计,两个阶段的培养目标和定位不清晰。市教委要求中本贯通培养试点方案要一体化设计,但在实际操作中存在困难。若中职阶段重文化、轻技能,则丧失了中本贯通专业学生技能上的优势;若中职阶段重技能、轻文化,则可能无法衔接本科阶段的学习。本科阶段亦是如此。因此,如果没有通过良好的顶层设计,对两个培养阶段的培养目标和侧重点没有做出合理、清晰的规范和要求,就无法平衡理论知识和专业技术的教学,最终导致学生既不能很好地掌握文化课程和专业知识,也不能在职业技能上得到充分的锻炼,丧失中本贯通培养的优势,影响学生的综合素质发展和职业竞争力。

其二,教学内容设置衔接不通畅。由于缺乏对两个阶段教育的整体规划,教学内容在中职与本科阶段之间往往出现断裂。中等职业学校有独立于普通高级中学的课程标准和教科书,教学标准和教学内容与普通高中不同。虽然部分中职院校为使中本贯通专业学生能更好地适应本科学习,会采用普通高中的教材,但实际的学习质量仍和普通高中之间存在差距。在某些公共基础学科上,中职阶段的知识点和本科阶段的专业课程之间存在内容脱节,使得学生在升入本科阶段后需要花费大量的时间和精力弥补知识上的空白。而在某些专业课程上,则存在教学内容的重复,造成教学资源的浪费,并影响学生的学习兴趣、学习动力和学习热情。

其三,教学与考核脱节。在中职阶段,中本贯通培养项目的学生和其他学生的升学路径不同,培养的目标和要求也更高。在教学内容上,中本贯通的更高要求已有所体现,而在考核方面却并没有跟上。目前的转段考试和三校生高考内容较为简单,与实际教学内容脱节。对学业水平和技能水平考核的不足也导致了学校对教学不重视,学生对学习缺乏动力,最终降低教学效果,影响培养质量。

3. 对综合能力的培养缺少评估

上海市的中本贯通培养需要满足新时代对新一代技术技能人才的需求,服务上海国际经济、金融、贸易、航运和科技创新"五个中心"建设。显然,只掌握技术的人才并不能很好地适应复杂的时代需求,也不符合人才市场对高素质技术型人才的期待。目前沿用的中高职贯通项目的评估标准中,对于培养成果的评价标准主要关注职业技能证书合格率、参赛成绩、就业率等容易直接量化的"硬指标",而对学生的语言表达能力、人际交往能力、问题解决能力等"软实力"方面的培养却并不包含在评价体系内。其实,硬指标和软实力相结合的学生综合素质应在评价体系中有所体现,如此才能对项目的培养质量有更为全面的把握。

(二) 中本贯通培养项目评估标准的优化思考

针对中本贯通培养项目评估标准中存在的问题,笔者认为,可以从以下四个方面进行该评估标准的优化设计。

其一,可建立区别于中高职贯通培养项目的独立的中本贯通培养项目评估标准。中本贯通作为高素质技术技能型人才和优秀一线技术人才的培养项目,相比起中高职贯通学制更长、培养目标更高,组织架构和培养模式也有所不同。因此,其评估标准也不应直接照搬中高职贯通的评估标准,应以中高职贯通的评估标准为参照,建立独立的、能全面反映中本贯通培养项目开展情况的评估体系。

其二,可完善反映中本衔接通畅性的评价内容。在项目一体化建设时,应关注其是否切实做好"高校强牵引,中职强基础",中本贯通衔接是否通畅。中本贯通培养项目如何处理学科知识、职业技能等方面的有效衔接是贯通项目亟须解决的问题,因此也应当在评估体系中有所体现。比如,对贯通项目的一体化设计进行评估,明确各阶段的培养目标和培养的侧重点。两个培养层次是否建立了合理有效的联合指导小组,是否做了有效的顶层设计;本科院校是否对中职阶段的教育教学进行定期指导,是否参与中职阶段的教学,是否对中职阶段人才培养方案实施进行了有效监督;中职学校是否能高质量完成本科学习所需的知识和技能的教学,为本科学习打好基础。这些问题均应在评估标准中有所体现。再如,对课程内容的衔接通畅性进行评估。两个阶段的学习内容是否连贯,基础学科课程是否有脱节,专业课课程是否有重复,是否做到中本课程一体化设计,是否有各级联合的教研活动,各级教研部门的参与度等,均可纳入评估标准中。另如,对学业成绩考核的合理性进行评估。中本贯通专业培养项目学制为七年,培养时间较长,对学生的学科知识和职业技能的学习情况做到分段的全过程考核,并合理安排考核难度,促使中本两阶段在教学内容上做到环环相扣,循序渐进,由浅入深。此外,针对较长的学制,对项目是否做好了分流、淘汰等保障工作也应做出评估。

其三,可新增对学生综合职业素养方面的评价。通过丰富评价内容和评价方法,评价不仅反映容易量化的"硬指标",也兼顾"软实力"。从多方面考察培养项目的通识教育、生涯教育、德育等的教育成果,将学生的综合素质培养成果纳入评估体系。

其四,评估标准应兼具准确性和灵活性。一方面,评估标准应能准确、全面地了解和反映培养项目各个方面的开展情况;另一方面,由于中本贯通培养项目间的差异性较大,各项目对学生的培养目标不同,对学生各学科、各方面技能要求也相去甚远,评估标准应兼具准确性和灵活性,既能准确全面地反映培养项目情况,又能适应不同学科专业的评估需求。

四、对中本(高)贯通式人才思政育人的特色打造

通过推进高等教育分类发展,不断优化高等教育布局和学科特色,更好地服务于中华民族伟大复兴的新征程,是当下教育改革发展的重要命题。在深化高等教育结构改革过程中,打通职业教育人才培养通道,通过"中本贯通"培养模式创新,让职业学校学生进入应用型高等学校学习,不断提升职业学校学生专业技术技能,更好地服务中国式现代化和中华民族伟大复兴,已经成为扎实推进高质量发展、强化大国工匠人才队伍建设的关键抓手。传统的中本(高)贯通式人才培养,主要的精力放在了一体化的课程教学建设、资源开发运用、师资队伍建设、人才培养方案设计等方面,对于贯通式人才培养过程中学生的理想信念和价值观教育培养相对缺失,思政教育的一体化思考与设计相对不足。思政教育一体化建设的逻辑理路是在内容上循序渐进、在课程目标上螺旋上升①。学生的认知

---

① 陈吉鄂.大中小学思政课一体化建设的现实困境与优化对策[J].学校党建与思想教育,2024(03):82-84.

方式、思想动态、价值取向和行为特征等构成了学段特征的基本要素,这些学段特征则是推进大思政教育深度一体化的教育基点①。基于这样的基本认识,上海市浦东外事服务学校在推进中本(高)贯通式人才培养改革的过程中,除了课程教学领域的整体思考之外,还特别注重从思政教育的维度进行了个性化探索,形成了中本(高)贯通式人才思政育人的特色打造。

(一)"中本贯通"专业人才培养独特属性

在深化教育综合改革、加快建设现代职业教育体系的过程中,"中本贯通"一体化培养模式创新是职业教育领域最重要的改革举措。作为一种培养模式创新,"中本贯通"将传统教育体制中相互隔阂的中等职业教育与普通高等教育有机衔接,以技术技能型人才贯通培养构建了职业教育人才成长的"立交桥"②。"中本贯通"培养模式解决了中等职业教育人才培养体系长期存在的"断头"问题,满足了高质量发展对高层次技术技能型人才需求。"中本贯通"人才培养模式与传统中职教育、高职教育、"中高贯通"等人才培养模式有显著的不同,"一体化"人才培养更加符合技术技能型人才的成长规律。

1. "中本贯通"具备长周期持续性学习特征

习近平总书记多次对职业教育工作做出重要指示,强调职业教育要培养更多高素质技术技能人才、能工巧匠、大国工匠。传统中等职业教育更加注重"术"的训练,以基础性的知识学习和实操性的工作技能为中心设计人才培养体系和课程内容,人才培养的深度、厚度、广度都不足。很多中等职业技术学校的毕业生在进入工作岗位后,对专业领域知识"一知半解",技术技能训练的理论深度和熟练度不足的问题比较突出③。"中本贯通"7年制技术技能型人才培养创新打通了中等职业教育与普通高等教育之间的"断层",实现了高素质技术技能型人才成长过程中思想品德修养、理论知识学习、技术技能训练以及个人职业发展的有机融合,为技术技能型人才培养提供了系统、持续、融合的学习和成长通道,通

① 王淑荣,王青佩.基于学段特征推进大中小学思政课深度一体化[J].思想理论教育导刊,2024(02):106-116.

② 林克松,王亚南."中本贯通"政策的逻辑、隐忧及理性实践[J].河北师范大学学报(教育科学版),2016(03):54-59.

③ 陈嵩,王宇红,刘慧娟,刘伟.上海市中本贯通模式下学生培养质量的实证研究[J].上海教育评估研究,2021(06):65-70.

过一体化的过程管理保障了技术技能型人才培养质量。

2."中本贯通"需要更加注重职业认同和职业素养培养

中等职业教育的核心内容是技能，对学生从事某一领域或者行业的专业技能要求较高，需要学生较早开始明确自己的职业发展方向和扎牢职业技能基础。例如，幼儿教育专业的教师需要从中等职业教育阶段就开始培养弹、唱、跳、绘画、游戏等基本技能，机电类、航空服务类、医药卫生类从业者也需要从中等职业教育阶段就开始培养专业技能，才能为未来成为能工巧匠和大国工匠奠定基础。但是，传统中等职业教育没有为学生提供后续技术技能提升空间，无法满足学生学历提升和技术技能提升的需求。中等职业技术教育学生对所选专业职业认同不足，学习热情不够，影响到高素质技术技能型人才职业素养培养效果。受人才培养预期目标和就业选择空间的影响，学校对学生职业道德、职业作风、职业意识特别是"工匠精神"的教育，往往流于形式，难以满足高质量发展对高素质技术技能型人才的需求。"中本贯通"畅通了中职学生职业发展路径，以培养高素质技术技能型人才为目标的一体化培养模式，更加容易形成职业认同和职业素养，真正培养具备"匠人精神"的能工巧匠、大国工匠队伍[①]。

3."中本贯通"学生的低龄化需要一体化思政教育引领

根据"中本贯通"培养方案要求，进入试点专业的学生从中职教育学习开始就需要为从事相关专业领域的技术技能型工作做好充足的心理准备。进入"中本贯通"专业的学生不同于一般的中职教育学生，专业技能训练要求更高。但是，刚刚从初中毕业的中职学生如何适应高强度的学校要求，消除低龄学生面对高强度学习的恐惧感、相对于其他中职学生的优越感，以及对长周期专业学习认同不足带来的迷茫感，是"中本贯通"人才培养必须面对的难题[②]。与此同时，低龄化的"中本贯通"学生对技术技能型人才认识不到位，对长周期持续性技术技能学习和实操训练缺乏热情和恒心，难以成长为具备高素质技术技能的"匠人"。"中本贯通"试点专业学生的年龄特点和成长规律，决定了一体化人才培养过程

---

① 赵蒙蒙.中本贯通学生职业素养培育的几点思考[J].教育教学论坛,2020(17):368-369.

② 张运英,张群,马其华.汽车服务工程专业中本贯通培养模式的思想政治教育实践[J].职业教育,2019(5):38-40.

中需要更加注重思想品德、职业素养和心理健康教育。在基础课程、专业课程、实践训练过程中嵌入思政育人工作,通过思政教育"一体化",将"立德树人"与专业技能培养有机融合,才能打造"技"与"道"兼备的高素质应用型人才。

(二)"中本贯通"需要构建一体化思政教育体系

习近平总书记提出,教育的根本问题是"培养什么人、怎样培养人、为谁培养人"。"立德树人"是人才培养的根本任务,也是"中本贯通"思政育人工作的根本遵循之道。"中本贯通"人才培养的长周期、职业化、低龄化特征对思政育人工作提出了新挑战、新需求。"中本贯通"涉及中等职业技术教育课程体系与应用型本科教育体系的有机衔接问题,需要将理论学习、政治教育、职业素养与职业认同纳入一体化思政教育体系,做到思政工作全过程嵌入、全周期渗透、全链条赋能,切实为"中本贯通"学生成长引领方向。

1."中本贯通"要求思政教育全程有序衔接

"中本贯通"思政教育内容要做到一体化设计、有序衔接,避免重复性、断裂性。"中本贯通"思政教育需要整体设计马克思主义原理、中国特色社会主义、形势与政策等课程,做到先塑造学生的世界观、人生观、价值观,再引导学生树立正确的政治观念和国情认知。这就要求开展试点工作的中等职业院校与应用型本科院校开设思政教育一体化的"新通道",做到思政育人内容层次分明、循序渐进、有机衔接,避免中职教育与高等教育思政课程内容重复或者断档,削弱思政育人整合效果。

2."中本贯通"要用"工匠精神"实现铸魂育人

"中本贯通"思政教育要紧扣技术技能型人才培养"职业化"成长需求,将以"工匠精神"为代表的职业素养教育、职业认同教育纳入思政教育体系。"中本贯通"人才培养的目标是能工巧匠、大国工匠,学生必须对选择的专业以及未来职业有清晰的认知和认同。在人才培养过程中,"中本贯通"试点学校应该构建阶梯式职业素养培育体系,将职业素养、工匠精神等内容分阶段渗透到育人过程中,通过"工匠精神"培育项目的形式开展职业启蒙,培养职业意识,强化职业能力,锻造职业素养,规划职业生涯,将"职业化"纳入全过程思政育人体系。

3."中本贯通"要始终服务于低龄学生长周期健康成长

"中本贯通"人才培养还需满足低龄化学生的心理健康成长需求,引导学生适应长周期学习过程中从未成年人到成年人的转变。进入"中本贯通"试点专业的中职学生将会经历从未成年人到成年人、从中学生到大学生的成长过程，在学习模式转变、自我身份认同、心理认知成熟等方面，需要给予持续性教育引导。面对"中本贯通"学生的低龄化特征，试点院校需要围绕学生成长过程中的心理调适，构建思政育人教育体系，解决中职生与大学生之间的心理间隔，引导学生对不同学习阶段有正确认知，实现知识学习、技能训练、思政铸魂和健康成长的有机统一，培养满足中国式现代化和大国复兴需要的高素质技术技能型人才和社会主义事业的建设者、接班人。

（三）"中本贯通""四个联动"的思政育人探索

结合"中本贯通"人才培养的特点和需求，上海市浦东外事服务学校通过"四个联动"实现思政育人工作一体化，为专业技术技能型人才培养夯实思政教育基础。这"四个联动"充分考虑了思政教育的内在规律与实践要求，充分考虑了不同教育阶段、教育主体的系统联动，也充分考虑了不同专业的特色，将专业领域的要求与思政教育的要求进行了有机整合。以市场营销专业为例，"四个联动"的思政育人格局在实践中的建构与运行如下。

1. 组织联动：构筑思政育人工作贯通体系

"中本贯通"培养周期长，需要整体性设计思政育人体系，实现思政工作有序贯通、高效衔接。"中本贯通"思政育人一体化需要中职院校与合作高校跨层级、跨时段协同，优化思政工作体系，调配思政育人资源，最大化彰显一体化成效。例如，在推进"中本贯通"市场营销（金融营销）专业思政育人工作过程中，上海市浦东外事服务学校与上海立信会计金融学院成立"中本贯通"试点领导小组和工作小组，运用联席会议制度共同制定7年制一体化人才培养方案，通过顶层设计引领思政育人体系有序衔接、跨校联动。在领导小组统筹下，两校"中本贯通"市场营销（金融营销）专业思政课程设置、专项经费保障、创新激励机制实现纵向贯通、跨校融合，推动思政育人有序嵌入人才培养的全周期、全过程，形成结构合理、层次分明、优势互补、循序渐进的思政育人工作格局。

2. 课程联动：实现思政育人内容螺旋进阶

教育的根本任务是"立德树人"。通过构建全员、全方位、全过程的思政育人工作格局，做到专业教育与思政教育同向同行、协同发力。课程是思政工作的重要场域和载体。"中本贯通"一体化课程体系在思政育人工作中起着决定性的作用,对思政课程和课程思政有机融合提出了更高的要求。如在推进"中本贯通"市场营销(金融营销)专业试点工作的过程中,上海市浦东外事服务学校与上海立信会计金融学院贯通课程体系,实现课程思政有机联动,确保"三全育人"有序落地。在"中本贯通"市场营销(金融营销)培养方案中,两校构建了立体式思政课程体系,通过"必修+选修"相结合的方式,为学生提供了涵盖思想政治、文化传统、心理情感、体质形体等内容丰富的中本衔接思政课程体系。在具体的培养过程中,学校通过建构必修、选修专业思政课程,试点开展专业思政建设,针对不同学段的学生设置相应的思政课、文化课、哲学课等,整体推进立体化、进阶化和融合化的中本一体化思政育人体系建设。"中本贯通"的"大思政"工作格局将职业化的专业教育、宽口径的通识教育与政治性的思政教育融于一体①。

3. 师资联动:贯通思政育人队伍体系

传统中等职业教育学校与高等教育学校存在间隔,"中本贯通"培养模式直接跨越了高等职业技术教育阶段。如何在思政育人工作中真正实现全程贯通和有序衔接,除了构建立体化、进阶化和融合化的思政课程体系外,思政教师队伍能否实现共享融通也是影响思政育人成效的关键因素。在试点工作之初,领导小组组建了两校思政课教师共同参与的思政课教研联合团队,整合两校课程资源,定期开展理论学习、集体备课、观摩听课等教学研讨活动,持续提升思政课教师政治素养和教学能力,为开展纵向贯通和横向衔接的"大思政课"提供师资队伍保障。在构建共享融通的"大思政课"师资队伍过程中,上海市浦东外事服务学校充分挖掘和运用高校马克思主义学院师资资源,融合高校专业教师共同打造专业思政课程体系,研讨课程思政内容,持续优化思政育人成效。此外,开展"中本贯通"专业试点以来,上海市浦东外事服务学校积极选聘各行业的"老工匠""老师傅"参与思政育人工作,通过不定期讲座、授课以及校外参访,让学生领会专业志趣和工匠精神,引导学生产生职业认同和心理共振,将大国工匠、能工

---

① 熊平安,崔艳艳,马豫婷,万静.上海市中本贯通培养模式的实施现状、现实困境与路径突破[J].职业技术教育,2022(06):64-68.

巧匠的职业精神融入个人成长过程，收到了较好的效果。

4. 资源联动：思政元素集约整合提升育人效果

"中本贯通"思政育人工作需要注入生动活泼、形式多样的思政元素。在试点工作中，上海市浦东外事服务学校与上海立信会计金融学院积极挖掘各自的优势资源和红色元素，推动两校思政育人元素集约整合，发挥更大效用。立信会计金融学院拥有近百年的办学史，学校积极挖掘"可传承"的红色资源元素，引导学生继承红色传统。"中本贯通"市场营销专业的学生专门收集整理《曙光——中国共产党的成立》《一飞冲天》等大量蕴含红色元素的美术作品，通过展览、组会和情景短剧等形式，再现了党史上的重大历史事件、杰出人物和优秀党员，融党史学习教育与艺术教育为一体，通过沉浸式体验加深了对中国共产党优良革命传统的领悟。在社会实践方面，两校统筹运用社会资源，共同与华爱基金、同心圆发展服务中心、展翼儿童培智活动中心、新益公益发展服务中心、中华艺术宫等机构签订合作协议，通过有组织的志愿服务活动，引导学生参与公共服务，践行公共精神，形成校内校外、中职本科联动的思政育人共同体。

（四）"中本贯通"专业思政育人提质增效的后续思考

"中本贯通"培养对象的长周期学习、职业化发展、低龄化成长的特殊性，决定了思政育人工作需要纵向贯通、有序衔接、高效融合。上海市浦东外事服务学校通过构建"四个联动"思政育人一体化格局，实现"中本贯通"学生知识学习与技能提升、职业能力与职业素养、技术技能与身心健康协调发展，为培养德智体美劳全面发展的社会主义建设者和接班人夯实基础。"中本贯通"专业思政育人工作还需高效构筑思政课程一体化共同体，增强思政育人成效。

1. 以思政元素高质量渗透提升课程思政育人效果

专业教育与思政教育有机融合是构建一体化思政育人工作格局的关键抓手。以"中本贯通"市场营销（金融营销）专业为例，思政元素在金融营销专业课程中多维度、全方位渗透是全过程育人的基本要求。在推动思政育人一体化提质增效过程中，教师可以将思政教育与专业知识相结合，如在金融市场营销策略讲授中，引入社会责任和伦理道德的讨论，学生在学习专业技能的同时，可以增强对金融行为背后伦理和社会责任的认识；在分析金融危机中的道德风险、企业社会责任时,学生可以在现实案例中理解和掌握国家监管政策的具体应用,进而提高分析问题和政策认知能力;在实习实践环节,鼓励学生参与金融服务公益项目,亲身体验和实践社会责任,增强服务意识和社会责任感。思政元素高质量渗透专业课程学习和实习实践过程,不仅可以提升学生的专业素养,更重要的是培养学生的社会主义核心价值观,实现思政教育"立德树人"的目标。

2. 以思政课程师资队伍双向赋能提升育人效果

"3+4"贯通培养要将中职学段与应用性本科学段教育教学资源高效整合、有机融合,形成阶梯递进、相互赋能的优势①。"中本贯通"专业培养打通了中职教育与高等本科教育的"阻隔",实现技术技能型人才培养无缝衔接,更需要思政育人为人才培养高效赋能。在共享共建师资队伍的基础上,通过教师互派、联合研修、共同开发课程、联合组织思政实践活动、共享优质思政课程及思政教育资源等多元形式,更加高效地整合中职学校与高等教育院校的教师资源,在思政育人上形成协同合力,以思政课师资队伍共同体建设为进入"中本贯通"试点专业的学生提供连续性、高质量的思政教育,实现"立德树人"教育根本任务。

3. 以学生思政教育评价机制改革引领思政育人工作持续改进

思政育人能否发挥实效,学生思政教育评价机制的改革是关键,也是衡量思政育人工作成效和推进思政育人改革的重要引擎。在推进"中本贯通"专业思政育人一体化建设的过程中,应该进一步健全多元化、多维度的评价体系,超越传统学生知识和专业技能掌握程度的评价维度,更加注重能力培养、价值观养成以及行为习惯养成等多维指标,强化技术技能型人才对创新能力、应用能力、社会责任感、团队合作精神等内容的培养和训练。在"中本贯通"专业思政育人工作中,要进一步加强过程性评价,将技术技能型人才培养过程中的知识掌握程度、学习参与度、技能提升程度、职业素养养成度等指标纳入过程性评价体系,通过动态跟踪和回应性评价将学生的学习过程、学习表现以及学习成效纳入整体性

---

① 欧亚丽,李磊,马英华."3+4"中本贯通职业教育人才培养体系的一体化建设[J].邢台职业技术学院学报,2023(02):40-45.

评价框架,为学生提供全程性、个性化的教育引导。进一步健全和完善学生参与成长评价的制度支持和有效性,鼓励学生通过自我评价、自我反思形成正确的价值观,养成自主学习和自我管理的意识,增强成长的内在驱动力。通过多维评价、动态评价、自我评价,引导学生主动参与思政教育过程,促进学生全面发展。与此同时,多维评价、动态评价和自我评价也可以为思政教育教师提供反馈,持续优化思政教育教学内容和方法,形成双向赋能效应,不断提升思政育人工作质量。

第六章　聚焦：
以优质的师资引领中职人才培养的路径

教师是教育的第一资源,加快建设教育强国,推进教育现代化建设,关键在于高素质、专业化的教师队伍建设。新的历史发展时期,党中央将教师工作摆在前所未有的重要地位。教师队伍建设迎来新的历史机遇和发展契机的同时,必须抓住机遇,直面挑战,在新的历史起点上取得更大突破,特别是要围绕"拓展师德师风建设内容、深化教师教育改革、破解教师管理体制机制障碍、大力提升教师的社会地位和工资待遇、增加教师队伍建设投入、形成教师队伍建设的工作合力"①等领域进行攻关。习近平总书记在中央政治局第五次集体学习中指出,"要把加强教师队伍建设作为建设教育强国最重要的基础工作来抓,健全中国特色教师教育体系,大力培养造就一支师德高尚、业务精湛、结构合理、充满活力的高素质专业化教师队伍"②,对教育强国建设中的教师队伍建设价值给予了充分肯定。新时代以来关于教师队伍建设的各种政策、文件,为教师队伍建设的实践变革提供了整体引领,"强国必先强教,强教必先强师"的逻辑正在从理念变为现实。

对职业教育的改革发展而言,办好新时代职业教育,关键在于建设一支适应需要的高素质教师队伍。中共中央办公厅、国务院办公厅印发的《关于推动现代职业教育高质量发展的意见》明确指出,要"强化'双师型'教师队伍建设",具体包括:加强师德师风建设,全面提升教师素养;完善职业教育教师资格认定制度,

---

① 王定华.新时代我国教师队伍建设的形势与任务[J].教育研究,2018(03):4-11.

② 中华人民共和国中央人民政府.习近平主持中央政治局第五次集体学习并发表重要讲话[EB/OL].(2023-05-29)[2024-12-01].https://www.gov.cn/yaowen/liebiao/202305/content_6883632.htm

在国家教师资格考试中,强化专业教学和实践要求;制定"双师型"教师标准,完善教师招聘、专业技术职务评聘和绩效考核标准;按照职业学校生师比例和结构要求配齐专业教师;加强职业技术师范学校建设;支持高水平学校和大中型企业共建"双师型"教师培养培训基地,落实教师定期到企业实践的规定,支持企业技术骨干到学校从教,推进固定岗与流动岗相结合、校企互聘兼职的教师队伍建设改革;继续实施职业院校教师素质提高计划①;等等。

应该指出的是,进入新世纪以来,特别是党的十八大以来,我国职业教育教师队伍建设取得了丰富的成效,主要包括:①教师队伍规模稳步扩大。职业教育教师队伍数量持续增长,师资力量不断增强。通过优化招聘机制和加大培养力度,职业院校教师数量逐步满足教育需求,特别是在中西部地区和农村地区,师资短缺问题得到有效缓解。②教师素质显著提升。通过实施"双师型"教师培养计划,职业院校教师的专业能力和实践能力得到全面提升。许多教师不仅具备扎实的理论知识,还拥有丰富的行业实践经验,能够更好地指导学生将理论与实践相结合。③培训体系不断完善。国家加大了对职业教育教师的培训力度,建立了多层次、多形式的培训体系。通过国家级、省级和校级培训项目,教师的教学能力、科研能力和创新能力得到显著提升。④激励机制逐步健全。为吸引和留住优秀人才,国家和地方出台了一系列激励政策,包括提高职业教育教师待遇、完善职称评审制度、设立专项奖励等。这些措施有效激发了教师的工作积极性和职业荣誉感。⑤校企合作深入推进。职业院校与企业之间的合作更加紧密,企业技术骨干和行业专家被引入课堂,参与教学和实训指导。这种"双元制"教学模式不仅丰富了教学内容,也为教师提供了更多实践机会。⑥国际交流不断拓展。职业教育教师队伍的国际视野逐步拓宽,通过参与国际交流项目、引进国外先进教育理念和技术,教师的综合素质和国际化水平得到提升。⑦信息化水平显著提高。随着教育信息化的推进,职业院校教师的信息技术应用能力大幅提升,许多教师能够熟练运用现代教育技术手段,开展线上线下混合式教学,提高了教学效率。

---

① 中华人民共和国中央人民政府.中共中央办公厅、国务院办公厅印发《关于推动现代职业教育高质量发展的意见》[EB/OL].[2021-10-12](2024-12-01).https://www.gov.cn/gongbao/content/2021/content_5647348.htm

但是整体而言,新时代职业教育教师队伍建设无论是在理论建构层面,还是在实践操作层面依然面临很多困境,导致职业教育教师整体专业发展水平及其对学校管理、自我发展、社会地位感知等领域的满意度不高①。由此,要真正从根本上推动我国职业教育的改革发展,提升职业教育人才培养质量,关键要以一种系统性的思维方式破解职业教育教师队伍建设的顽疾,打造适应新时代职业教育高质量发展的高素质"双师型"教师队伍。

当前职业教育教师队伍建设面临的问题是多样化的,需要攻坚改革的领域也是多维度的,包括注重建立职业教育教师标准体系,创新职业教育教师培养模式,推进职业教育教师职前职后一体化改革,支持职业教育教师、教材、教法"三教"改革,建立校企人才双向交流机制,等②。要实现上述问题的针对性破解,建构完善、科学的职业教育教师队伍专业发展支持体系,既需要党和国家层面的整体性政策制度设计,也需要区域层面的整合、协调、统筹,更需要每一所学校的个性化设计和探索。本章中,笔者着重呈现上海市浦东外事服务学校对高素质专业化"双师型"中职教育师资队伍建设的校本化思考与实践。

第一节　整体设计教师队伍建设的"路线图"

教师队伍是学校发展的第一资源。为了尊重教师个体的专业能力,发挥教师群体的工作能力,进一步优化学校干群关系,需要在传统的行政管理和市场交易模式之外,增加学校教师队伍"治理"的工作方式③。从优化教师队伍治理的逻辑结构出发,结合学校改革发展和教师队伍建设实际,对教师队伍建设进行清晰合理的规划,形成明确的教师队伍建设的"路线图",对学校教师队伍建设的实践体系建构至关重要。在学校的教师队伍建设实践中,我们注重通过教师队伍

① 尹玉辉.中职教师队伍:从业现状、建设成效与政策建议——基于全国中等职业教育教师满意度调查[J].河北师范大学学报(教育科学版),2021,23(04):88-93.

② 教育部教师工作司.新时代职业教育教师队伍建设论纲[J].教育研究,2022(08):20-30.

③ 周彬.学校教师队伍治理:理论建构与运作策略[J].教师教育研究,2020,32(2):13-19.

建设的专项规划,明确学校教师队伍建设的整体目标、建设路径和保障体系。

一、学校教师队伍建设的问题分析

我校现有教师 211 人,从年龄上来看,35 岁以下 49 人、35—45 岁 46 人、45—55 岁 88 人、55 岁以上 28 人;从学历上来看,拥有硕士研究生学历 56 人、本科学历 155 人;从职称上来看,正高级讲师 1 人、副高级讲师 40 人、讲师 95 人、助理讲师 70 人;从企业经历和职业资格证书获取来看,有一年以上行业经历的教师 24 人、持有中级及以上职业资格证书的教师 115 人。教师中,共有 14 名教师有海外留学经历。学校有特级教师 1 人,浦东新区学科带头人 4 人,区骨干教师 42 人,上海市名师工作室主持人 1 人,区学科中心组成员 12 人,市名师基地学员 2 人,市名师工作室成员 7 人,区德育基地成员 4 人,市学科中心组成员 7 人。在学校整体改革发展的历程中,学校对教师队伍建设始终给予高度重视,也采取了多维度的举措提升教师专业发展的水平,努力打造适应学校发展的高素质专业化"双师型"教师队伍。学校教师队伍建设的整体情况能够符合职业教育改革发展的导向,符合学校高质量人才培养的诉求。但是,着眼更高质量人才培养体系的建构,学校教师队伍建设还存在一些亟须破解的问题。

(一) 名师发展后劲不足,出现断层

2021 年召开全国职业教育大会,标志着职业教育进入提质培优、增值赋能的快车道。应对新一轮的职业教育大调整,随着部分中职学校转向五年一贯制的新型高职,中职校必须加强自身内涵发展,尤其是为人才培养提供基础的师资队伍建设。在竞争如此激烈的形势下,学校学科领军、骨干人才和创新团队数量偏少的问题凸显,拔尖人才的引进或培养需要加强。

(二) 师资队伍发展受限,存在短板

师资队伍发展水平高低直接决定人才培养和学校办学质量的好坏。职校教师一方面需要驻扎在教学一线,深耕细作,提高自身业务水平;另一方面更需要将直接经验,转化提炼成自己的研究成果。对一线教师而言,学术研究是短板,这是普遍现象。学校现有师资队伍的学术水平和社会影响力非常有限,教师队伍总体教学和科研能力有待进一步提升,学术层次和水平有待进一步提高。

（三）专业发展动力不足，催生惰性

在教师的专业化发展过程中，由于受现有绩效考核评价机制与分配体系的影响，广大教师对专业发展的主动性和积极性不强，甚至存在"躺平"的惰性心理。无论是对学校发展还是教师自身发展而言，克服懈怠心理，激发其主动性和积极性是摆在眼前的巨大挑战。

二、学校教师队伍建设的目标理念

（一）指导思想

着眼未来的学校教师队伍建设，要有鲜明的、科学的指导思想。我校教师队伍建设，以习近平新时代中国特色社会主义思想为指导，深入贯彻党的二十大、二十届三中全会精神，以及全国教育大会、全国职业教育大会精神，落实"立德树人"根本任务，按照国家深化职称制度改革要求，遵循中等职业学校专业特征和教师成长规律，构建高水平人才培养体系，全面提高人才培养能力。结合我校"十四五"发展规划，坚持"党管人才"的原则，通过解放思想、改革创新，进一步优化年龄与职称结构，全面提升师资队伍水平，为学校创品牌、育人才提供强有力的师资队伍保障。

（二）建设目标

1. 总体目标

按照建立师德高尚、规模适当、结构合理、业务精湛、充满活力和创新精神的高素质教师队伍的总体思路，以服务国家战略、区域经济和学科专业建设为导向，以满足人才培养需求为目标，以全面提升教师队伍素质与能力为核心，以引进和培养高层次人才和优秀中青年、骨干教师为重点，以人才梯队建设和团队建设为抓手，以深化改革为动力，以制度和机制建设为保障。人才引进和培养并举，更加注重团队建设，进一步优化人才队伍结构及学科平衡，提高师资队伍业务素质和教育教学的实践能力、创新能力、科研能力。

2. 具体目标

培养一批师德高尚、专业过硬、教学优秀、管理能力和科研能力突出的教研团队和个人，培育在行业领域和学科内具备一流竞争力的专家级名师和学科带头人、骨干教师，形成一支业务精湛、结构合理、勇于创新的高素质教师人才队伍。

扩充队伍规模,平衡专业需求。专任教师总数达到 150 人左右,各专业专任教师的数量适度,结构合理,能满足班级管理、教学和教科研发展的需要。

优化队伍结构,夯实梯队建设。在职称结构上,力争培养正高级职称达到 2—3 人,副高级职称达到 50 人,"十四五"末我校高级教师总量要高于"十三五"末。在学历结构上,具有硕士学位的教师达到 60 人,占专任教师总数的 40%。

提升队伍层次,创建师资"高地"。培养或引进具有企业工作背景和经历的专业教师 2—3 人;培养 4—5 名学科带头人,建成市级创新团队 1—2 个,校级创新团队 5 个;围绕专业建设和学科建设人才培养需要,建设市级名师工作室 2 个、校级名师工作室 5 个;扩大教师的培训、进修、访学或参与市、区级学术交流名额。

提高队伍素质,彰显专业本色。教师师德师风良好,职业责任感和守纪意识强,职业精神和道德水准高;具有正确的世界观、人生观和价值观,以及高度的事业心、强烈的责任感,爱岗敬业,关爱学生,教书育人,为人师表;专业能力强,教科研水平高,具有培养高水平创新型人才和服务区域经济社会发展需要的创新实践能力。

聚焦队伍水平,优化培养模式。进一步凸显"双师素养""国际水平""工匠名师"三个关键词,力争提升专业教师"双师型"比例,增加专任教师国际培训比例,壮大高职称、高学历的骨干核心教师队伍,同时探索青年教师到能手名师的成长路径与培养模式。

三、学校教师队伍建设的主要举措

(一) 建立健全制度保障,强化师德师风建设

1. 建立师德师风长效机制,加强宣传制度化建设

全面贯彻落实教育部《关于加强和改进新时代师德师风建设的意见》,把师德师风建设作为教师队伍建设的首要任务。全面提高教师队伍的思想道德素质,发挥教师在"立德树人"中的主导作用,把教师职业理想、职业道德以及学术规范教育贯穿学校人才管理与服务的全过程,努力建立教育、宣传、考核、监督、激励与惩处相结合的师德师风建设工作长效机制。坚持以社会主义核心价值观

为统领,以理想信念引导优良师德师风,探索建立党领导下的师德师风建设的协同工作机制,充分发挥各支部作用,共同推动师德师风建设;把握正确舆论导向,坚持师德宣传制度化、常态化,将师德宣传作为宣传思想工作的重要组成部分;大力宣传师德先进人物和典型事迹,努力营造崇尚师德、争创师德典型的良好舆论环境和校园氛围,切实增强师德教育效果。

2. 加强师德师风考核与监督机制建设

加强教育宣传《新时代中小学教师职业行为十项准则》,贯彻落实《关于加强和改进新时代师德师风建设的意见》,建立科学规范的师德考核评价机制,重点考察教书育人的实绩与教师的职业道德状况、教学态度、育人效果等内容。积极构建学校、教师、学生、家长和社会"五位一体"的师德监督体系。不断完善师德监督机制,建立健全师德建设年度评议、师德状况调研、师德重大问题报告,对师德问题做到有诉必查、有查必结,做到公平、公正和公开。

3. 注重落实师德激励与惩处机制

完善师德表彰激励机制,同等条件下,师德表现优秀者,在各项评选推荐中予以优先考虑;将师德表现和教书育人实绩作为年度考核和聘期考核的主要内容,师德考核结果作为岗位聘用、职务晋升、派出进修和评优奖励的重要指标和依据。建立健全教师违反师德行为惩处机制与问责机制,发挥制度规范约束作用,对违反教师道德要求、有失教师形象的言行及时劝诫、警示或按相关管理条例给予处理;对师德考核不合格的教师,严格落实师德"一票否决制",努力营造公平正义、风清气正的环境条件。

4. 完善师资队伍建设体制机制

教师专业技术职称以考察教师品德、能力和业绩三个方面为重点,按照不同层次教师、不同学科领域、不同研究类型建立分类评价标准,积极探索建立以贡献和质量评价为导向的成果评价机制,坚持德才兼备,注重能力、实绩和贡献,制定符合学校实际的职称评审条件和评审方案,切实发挥好职称评审在师资队伍建设中"指挥棒"的作用,严格规范评审程序,严把质量关,真正选拔出师德高尚、业绩一流、同行公认的高水平优秀教师。

(二) 完善丰富培养路径,提升教育教学能力

1. 加强师资引进力度

加大高层次师资引进力度,完善师资引进机制,重点加强各专业急需方向的

师资引进力度。结合教学和教科研需要,依托专业建设,特别是学校重点发展方向,不断适应新趋势,拓宽引进渠道和形式,巩固与发展学科建设。引进相关企业人才、学科带头人及骨干教师,加大高学历人才的招录力度。

2. 完善稳定师资队伍政策

调整优秀教师的待遇,提高学科专业发展的关键人才和急需人才的待遇,绩效分配向人才队伍倾斜,服务保障落实人才优先;优化人才发展环境,充分利用各种资源和条件搭建人才施展才华的平台和舞台,形成服务人才的联动机制,做到优秀教师能引得进、留得住、用得上,营造尊重人才的良好环境和氛围。

3. 健全骨干选拔体系,完善梯队建设

以专业和学科建设为牵引,以梯队建设为核心,建立健全强化考核、重在激励、公平竞争、择优汰劣的学科梯队建设与管理机制,完善以健康向上、奋发有为为导向的人才队伍培养体系。重点培养、选拔学科带头人及其后备人选,建构以优秀的学科骨干为主体的学科人才梯队。

4. 实施专任教师引进计划

根据学科专业建设发展规划和需要,结合各专业师资队伍现状,每年年初制定学校人才引进计划。引进教师充分考虑专业、学历、背景等因素,注重引进高学历、高职称人才,注重从一流大学引进有发展潜力的优秀毕业生,在满足数量要求的基础上不断优化队伍结构,实现专任教师规模合理增长。

5. 支持中青年骨干教师进修与培训

结合学科专业发展需要和教师发展需求,选派专业教师参加企业实践和职业能力等专项培训。重点支持专业负责人、骨干教师和教学科研团队成员参加培训,增强培训的针对性和实效性。扩大对外交流,邀请市、区专家学者来校交流讲学,支持教师参加国际性和市、区级学术会议,拓宽教师视野,提升教学科研水平和对外交流能力。

6. 实施青年教师教育教学能力提升计划

坚持见习教师规范化培训,不断调整和优化培训内容,增强培训的针对性和实效性。坚持实施"青蓝工程——青年教师能力提升"项目,做好对青年教师的传帮带工作。同时,各部门规划好青年教师专业教学课程及方向,坚持实施青年教师教学基本功竞赛制度,以赛促练,以赛促升,鼓励和支持青年教师参加不同类型和形式的专业学习和培训,全面提升青年教师的教学水平。

7. 实施中青年教师科研创新能力提升计划

实施中青年教师科研导师制,由教研组长和科研团队成员担任科研导师,规划中青年教师科研方向。搭建多种活动平台,举办各类讲座与培训,通过教学沙龙、公开示范课等多种形式,同时结合学校专业发展需要,建立健全中青年教师下企业实践制度,促进中青年教师专业发展和成长。加强中青年教师创新创业教育的意识和能力培养,建立青年教师科研创新能力考核与评价机制,将考核评价结果纳入专业技术职务评聘条件和绩效考核指标体系,促进中青年教师不断提升教科研能力。

8. 鼓励教师"双师型"发展

加强与企业尤其是外事服务领域企业的联系与合作,在未来五年内力争平均每年开发1—2个教师下企业实践基地(校本),为各专业群的专业教师下企业提供条件;严格执行教师每五年一次下企业实践的规定,对教师的实践能力进行定期考核,提升"双师型"教师素质。

9. 推进"十四五"高级教师增长计划

学校积极创设高级讲师培养对象成长的良好环境,采用"一人一案"形式,充分发挥名师、学科带头人、骨干教师和学校教研组、备课组、课题组等的作用,为培养对象"一对一"确定带教导师,分析培养对象的优劣势,帮助其准确定位,制定个人发展规划与年度改进计划,完善其成长路径,激励其专业发展,提供系统性、经常性、全程性的指导和培养。构建立体培训体系,加强教学科研指导,搭建多元展示平台。

10. 结合校本研修进行教学诊断与改进

校本研修聚焦课堂,结合信息技术2.0工程,实施校级公开课制度,每位教师每学期开设一次校级公开教学课。教研组集体听评课,通过对课堂的研究,揭示课堂教学的设计理念、教学思想、教学方法,解决课堂教学实践中的疑难问题,分享和推广成功的教学经验,从而丰富教师专业发展中必备的实践性知识,增长教师的教学实践智慧。实现"实践—反思—发现、分析问题—针对问题学习理论、寻求理论支持再实践—改进方案再反思—总结与评估"的实践闭环,达到提升教学能力的效果。

（三）教学科研双线作战，加强人才团队建设

1. 加强高水平教学团队建设

根据学科专业建设规划和师资现状，加强人才团队建设。学校鼓励优秀团队吸引并招收人才，以高级教师和骨干教师为导师，以高质量专业建设为纽带，以课程建设为抓手，完善专业教学团队建设与管理办法，遴选一批水平高、能力强的教学团队带头人，组建专业教学团队，培养人才。引导教师围绕专业规划、教学研究、课程建设需求开展团队研讨和交流，不断提升教学水平。激励教师参与校级、区级、市级及国家级精品课程建设，鼓励教师参加专业建设、教学研究，把团队建设能力和水平融入教师教学评价与考核指标体系，提高教师团队建设积极性和协作能力，促进教师自身专业发展与学科团队建设发展相结合，努力打造5个富有鲜明专业特色的教育教学团队。

2. 加强高水平科研创新团队建设

结合师资队伍的"短板"，学校营造浓厚的教育科研氛围，开展课题研究，形成以科研价值取向为特征的教师文化，使专业教师和青年教师都参与课题研究。以品牌专业和特色科研团队为依托，以重大项目为纽带，制定教研和科研创新团队建设、管理与激励政策，力争建设1—2个市级创新团队。

四、学校教师队伍建设的保障体系

（一）组织保障

为保障师资队伍建设规划的科学制定及贯彻落实，成立以校长、书记为组长的师资队伍建设领导小组，将党管人才落实到具体工作中。强化组织领导，加大保障力度。通过定期召开师资队伍建设工作会议，分析现状，查找问题，总结经验，研究情况，解决问题，健全常态化的师资队伍建设工作机制。与此同时，表彰和奖励师资队伍建设工作成绩突出的个人，完善相应的激励机制。

（二）制度与机制保障

依托常设机构，完善制度保障。学校通过教师专业发展领导和工作小组两大常设机构，有针对性、有步骤、抓重点、分层次推进教师进修和培训工作。学校不断完善《教师入职标准》《教师职业标准》《教师培训的若干规定》《校级专业带头人、骨干教师评选方案及管理方法》《青年教师队伍培养方案》《教师下企业实

践的实施方案》《"双师型"教师培养管理办法》《教科研奖励方案》等一系列服务于教师专业发展的制度,保障师资队伍建设有章可循、有条不紊。

（三）经费保障

健全经费预决算和审核制度,加强师资队伍建设经费支持和资源配套力度,经费分配做好统筹安排和合理倾斜。加大师资队伍建设经费的投入力度,落实"青蓝工程"——青年教师能力提升与培养项目、推进"十四五"高级教师增长计划项目。在各内涵建设项目中,统筹安排各类教师培训活动,保障师资培训经费,确保各级平台项目支持和配套资金有效应用于师资队伍建设。

（四）措施保障

学校牢固树立"师德为先"理念,强化"尊重人才、服务人才、人才优先"意识,营造促进人才成长的和谐氛围。做好师资稳定和发展工作,处理好培养和引进、管理和使用之间的关系。落实好教师的福利待遇,构筑良好的工作环境,解决教师的后顾之忧,保障教师全身心投入师德建设和教育教学科研工作。拓宽教师建言献策渠道,切实了解教师之所需,解决教师之所急。支持团队合作,在科学研究上鼓励创新、开拓进取。全校一盘棋,努力营造以人为本和尊重人才的环境。

第二节　系统建构教师专业发展的"标准系"

自 20 世纪 80 年代末期开始,在促进教师专业发展和提升教育整体质量两大诉求的推动下,研制并实施国家（政府）层面的教师专业标准成为国际教师教育改革的重要潮流。从国际上看,美国是较早开展教师专业标准研究的国家,美国国家专业教学标准委员会（National Board for Professional Teaching Standards, NBPTS）在 1989 年制定并颁布了《教师应当及能够做什么》的政策文件,建构了全国通用的教师入职标准和在职教师标准,由此逐渐形成了贯穿职前、入职和职后的完整的教师三级能力标准体系,被视作美国教师专业标准建构过程中的"里程碑"事件。在国际社会制定并实施教师专业标准的整体趋势影响下,聚焦本国教师队伍建设的实际需要,世纪之交以来,为了促进教师专业化和构建教师教育质量保障体系,我国也尝试开展本土化的教师能力和教师专业标准建设工作。2012—2015 年,国家相继颁发了这一领域最核心的成果——涵盖幼儿园、小学、中学、中等职业学校、特殊教育等不同学段、领域的教师专业标准,后续又颁布了《职业教育"双师型"教师基本标准》等与职业教育密切关联的标准体系,为职业教育教师队伍建设提供了重要行动准则。

在广大教育工作者和相关学者对教师专业标准的理解和期待中,教师专业标准被视作"提高教师队伍整体素质的重要保障,教师教育教学活动科学有效的重要指导,教师专业发展的重要依据,教师教育的重要指南"①。这与国际社会对教师专业标准价值功能的界定是基本一致的。如澳大利亚学者萨克斯关于教师专业标准的三种目的主张:一是改进教师的表现;二是提高教师的地位;三是促进教师持续的专业学习②;世界经合组织(OECD)归纳的教师专业标准的四个目的:支持教师改进表现;对新入职或在职教师进行资格认证;评价教师的表现;对教师教育机构进行评价和认证等③。总体而言,"导向—发展"与"评价—监管"是教师专业标准制定和实施的两个最重要的价值指向。这两个核心价值指向都能够直接作用于教师队伍建设,为教师专业发展提供引领、支持、监督和保障。但是整体而言,包括职业教育和普通教育在内的教师队伍建设过程中,教师专业标准并没有完全发挥出其应有的作用,其中一个重要原因就是教师专业标准缺少相应的配套落地体系,特别是学校层面在共性标准引领下的个性化、校本化标准体系建构缺乏,因而很难在实践中对学校层面教师队伍建设提供有效引领。在这样的整体背景下,上海市浦东外事服务学校在中职教师、职业教育教师国家标准的框架下,结合学校实际情况,对学校层面的教师专业发展标准进行了建构,形成了从国家到学校的标准落实体系,也为学校教师队伍建设的实践提供了引领。

围绕教师队伍建设的多样性特征,学校整体开发了《校长专业标准》《教师专业标准》《教师发展标准》《教师培训标准》《见习教师考核标准》《教师准入标准》

①　王嘉毅.教师专业标准的意义与作用[EB/OL].(2011 - 12 - 14)[2024 - 01 - 07].http://www.moe.gov.cn/jyb_xwfb/gzdt_gzdt/moe_1485/201112/t20111214_127997.html

②　SACHS, J.. Teacher Professional Standards: Controlling or Developing Teaching? [J]. Teachers and Teaching,2003,9(02):175 - 186.

③　张亚妮,田建荣.教师专业标准:解读与反思[J].当代教师教育,2013,6(03):30 - 33.

《"双师型"教师、骨干教师、学科/专业带头人、金牌教练等教师标准》等完善的标准体系,其中对学校教师队伍建设和教师专业发展起着整体性引领作用的主要是《教师专业标准》《教师发展标准》和《教师培训标准》。

一、学校教师专业标准

为促进中等职业学校教师专业发展,建设高素质"双师型"教师队伍,根据《中华人民共和国教师法》《中华人民共和国职业教育法》《中华人民共和国劳动法》,以及《中等职业学校教师专业标准(试行)》,特制定我校教师专业标准。

中等职业学校教师是履行中等职业学校教育教学工作职责的专业人员,要经过系统的培养与培训,具有良好的职业道德,掌握系统的专业知识和专业技能,专业课教师和实习指导教师要具有企事业单位工作经历或实践经验并达到一定的职业技能水平。《中等职业学校教师专业标准(试行)》(以下简称"专业标准")是国家对合格中等职业学校教师专业素质的基本要求,是中等职业学校教师开展教育教学活动的基本规范,是引领中等职业学校教师专业发展的基本准则,是中等职业学校教师培养、准入、培训、考核等工作的基本依据。

(一) 基本理念

1. 师德为先

热爱职业教育事业,具有职业理想、敬业精神和奉献精神,践行社会主义核心价值体系,履行教师职业道德规范,依法执教。立德树人,为人师表,教书育人,自尊自律,关爱学生,团结协作。以人格魅力、学识魅力、职业魅力教育和感染学生,做学生职业生涯发展的指导者和健康成长的引路人。

2. 学生为本

树立人人皆可成才的职业教育观。遵循学生身心发展规律,以学生发展为本,培养学生的职业兴趣、学习兴趣和自信心,激发学生的主动性和创造性,发挥学生特长,挖掘学生潜质,为每一个学生提供适合的教育,提高学生的就业能力、创业能力和终身学习能力,促进学生健康快乐地成长,学有所长,全面发展。

3. 能力为重

在教学和育人过程中,把专业理论与职业实践相结合,职业教育理论与教育实践相结合;遵循职业教育规律和技术技能人才成长规律,提升教育教学专业化水平;坚持实践、反思、再实践、再反思,不断提高专业能力。

4. 终身学习

学习专业知识、职业教育理论与职业技能,学习和吸收国内外先进职业教育理念与经验;参与职业实践活动,了解产业发展、行业需求和职业岗位变化,不断跟进技术进步和工艺更新;优化知识结构和能力结构,提高文化素养和职业素养;具有终身学习与持续发展的意识和能力,做终身学习的典范。

（二）主要内容

学校教师专业发展的主要内容参见表 6-1。

表 6-1　上海市浦东外事服务学校教师专业发展内容体系

维度	领域	基本要求
专业理念与师德	（一）职业理解与认识	1. 贯彻党和国家教育方针政策,遵守教育法律法规。 2. 理解职业教育工作的意义,把"立德树人"作为职业教育的根本任务。 3. 认同中等职业学校教师的专业性和独特性,注重自身专业发展。 4. 注重团队合作,积极开展协作与交流。
	（二）对学生的态度与行为	5. 关爱学生,重视学生身心健康发展,保护学生人身与生命安全。 6. 尊重学生,维护学生合法权益,平等对待每一个学生,采用正确的方式方法引导和教育学生。 7. 信任学生,积极创造条件,促进学生的自主发展。
	（三）教育教学态度与行为	8. 树立育人为本、德育为先、能力为重的理念,将学生的知识学习、技能训练与品德养成相结合,重视学生的全面发展。 9. 遵循职业教育规律、技术技能人才成长规律和学生身心发展规律,促进学生职业能力的形成。 10. 营造勇于探索、积极实践、敢于创新的氛围,培养学生的动手能力、人文素养、规范意识和创新意识。 11. 引导学生自主学习、自强自立,养成良好的学习习惯和职业习惯。

（续表）

维度	领域	基本要求
专业理念 与师德	（四）个人修养 与行为	12. 富有爱心、责任心,具有让每一个学生都能成为有用之才的坚定信念。 13. 坚持实践导向,身体力行,做中教,做中学。 14. 善于自我调节,保持平和心态。 15. 乐观向上,细心耐心,有亲和力。 16. 衣着整洁得体,语言规范健康,举止文明礼貌。
专业知识	（五）教育知识	17. 熟悉技术技能人才成长规律,掌握学生身心发展规律与特点。 18. 了解学生思想品德和职业道德形成的过程及其教育方法。 19. 了解学生不同教育阶段以及从学校到工作岗位过渡阶段的心理特点和学习特点,并掌握相关教育方法。 20. 了解学生集体活动特点和组织管理方式。
	（六）职业背景 知识	21. 了解所在区域经济发展情况、相关行业现状与发展趋势及人才需求、世界技术技能前沿水平等基本情况。 22. 了解所教专业与相关职业的关系。 23. 掌握所教专业涉及的职业资格及其标准。 24. 了解学校毕业生对口单位的用人标准、岗位职责等情况。 25. 掌握所教专业的知识体系和基本规律。
	（七）课程教学 知识	26. 熟悉所教课程在专业人才培养中的地位和作用。 27. 掌握所教课程的理论体系、实践体系及课程标准。 28. 掌握学生专业学习的认知特点和技术技能形成的过程及特点。 29. 掌握所教课程的教学方法与策略。
	（八）通识性 知识	30. 具有相应的自然科学和人文社会科学知识。 31. 了解中国经济、社会及教育发展的基本情况。 32. 具有一定的艺术欣赏与表现知识。 33. 具有适应教育现代化的信息技术知识。

（续表）

维度	领域	基本要求
专业能力	（九）教学设计	34. 根据培养目标设计教学目标和教学计划。 35. 基于职业岗位工作过程设计教学过程和教学情境。 36. 引导和帮助学生设计个性化的学习计划。 37. 参与校本课程开发。
	（十）教学实施	38. 营造良好的学习环境与氛围,培养学生的职业兴趣、学习兴趣和自信心。 39. 运用讲练结合、工学结合等多种理论与实践相结合的方式方法,有效实施教学。 40. 指导学生主动学习和进行技术技能训练,有效调控教学过程。 41. 应用现代教育技术手段实施教学。
	（十一）实训实习组织	42. 掌握组织学生进行校内外实训实习的方法,安排好实训实习计划,保证实训实习效果。 43. 具有与实训实习单位沟通合作的能力,全程参与实训实习。 44. 熟悉有关法律和规章制度,保护学生的人身安全,维护学生的合法权益。
	（十二）班级管理与教育活动	45. 结合课程教学并根据学生思想品德和职业道德形成的特点开展育人和德育活动。 46. 发挥共青团和各类学生组织自我教育、管理与服务的作用,开展有益于学生身心健康的教育活动。 47. 为学生提供必要的职业生涯规划、就业创业指导。 48. 为学生提供学习和生活方面的心理疏导。 49. 妥善应对突发事件。
	（十三）教育教学评价	50. 运用多元评价方法,结合技术技能人才培养规律,多视角、全过程评价学生发展。 51. 引导学生进行自我评价和相互评价。 52. 开展自我评价、相互评价与学生对教师评价,及时调整和改进教育教学工作。

（续表）

维度	领域	基本要求
专业能力	（十四）沟通与合作	53. 了解学生，平等地与学生进行沟通交流，建立良好的师生关系。 54. 与同事合作交流，分享经验和资源，共同发展。 55. 与家长进行沟通合作，共同促进学生发展。 56. 配合和推动学校与企业、社区建立合作互助的关系，促进校企合作，提供社会服务。
	（十五）教学研究与专业发展	57. 主动收集、分析毕业生就业信息和行业企业用人需求等相关信息，不断反思和改进教育教学工作。 58. 针对教育教学工作中的现实需要与问题，进行探索和研究。 59. 参加校本教学研究和教学改革。 60. 结合行业企业需求和专业发展需要，制定个人专业发展规划，通过参加专业培训和企业实践等多种途径，不断提高自身专业素养。

（三）实施要求

有关部门要将"专业标准"作为中等职业学校教师队伍建设的基本依据。根据中等职业学校教育改革发展的需要，充分发挥"专业标准"的引领和导向作用，深化教师教育改革，建立教师教育质量保障体系，不断提高教师培养培训质量。制定中等职业学校教师准入标准，严把教师入口关；制定中等职业学校教师聘任（聘用）、考核、退出等管理制度，保障教师合法权益，形成科学有效的中等职业学校教师队伍管理和督导机制。

学校要将"专业标准"作为教师管理的重要依据。制定中等职业学校教师专业发展规划，注重教师职业理想与职业道德教育，增强教师育人的责任感与使命感；开展校本研修，促进教师专业发展；完善教师岗位职责和考核评价制度，健全中等职业学校教师绩效管理机制。

教师要将"专业标准"作为自身专业发展的基本依据。制定个人专业发展规划，爱岗敬业，增强专业发展自觉性；大胆开展教育教学改革，不断创新；积极进行自我评价，主动参加教师培训和自主研修，逐步提升专业发展水平。

二、学校教师发展标准

为切实做好学校师资培养培训工作,帮助教师科学制定职业生涯规划,促进教师实现专业及职业的稳步发展,构建学校教师队伍建设标准体系,建设高素质"双师型"教师队伍,根据《中华人民共和国职业教育法》《国务院关于加强教师队伍建设的意见》、教育部《中等职业学校教师专业标准(试行)》、上海市教育委员会《关于印发〈上海市中等职业学校教学工作诊断与改进实施方案〉的通知》等文件要求,结合学校实际,特制定学校教师发展标准。

（一）教师成长期标准

1. 师德修养

贯彻党和国家教育方针政策,热爱职业教育事业,遵守教师职业道德,关爱学生,与学生建立平等与相互尊重的关系。

2. 专业素养

能根据教材和课程标准,选用合适的教学资源编写教案、组织课堂教学,胜任教学任务。新进教师在第一学期完成区级考核课 1 次,第二学期完成区级推优课或普查课 1 次。

熟练掌握任教课程的重、难点,能运用多种教学方法将学科知识融会贯通,做到理论联系实际,能调动课堂气氛,激发学生求知欲,培养学生自主学习能力。参加青年教师教学法比赛 1—2 次。

具备应用信息技术教学的能力。

能独立完成并发表校级或区级论文,每两年 1 篇,并作为课题成员参加他人的研究课题,完成部分研究,逐步形成自己的研究方向。

积极参加各级各类专业培训,完成规定的教师培训任务,专业课教师每 5 年完成 6 个月企业实践。

担任班主任工作,能胜任相关的管理工作。

做好申报中级职称评审的相关材料准备,争取工作 5—8 年内实现评定中级职称的目标。

了解职业教育的发展和方向,树立育人为本、德育为先、能力为重的理念,将学生的知识学习、技能训练与品德养成相结合,重视学生的全面发展。

主动思考,不断改进教学方法,参与职教改革,提升创造性思维能力。

(二) 教师发展期标准

1. 师德修养

(1) 热爱职业教育事业,具有职业理想、敬业精神和奉献精神,践行社会主义核心价值体系。

(2) 履行教师职业道德规范,依法执教,立德树人,为人师表,教书育人,自尊自律。

(3) 关爱学生,有清晰的教育理念和目标,能成为学生职业生涯发展的指导者和健康成长的引路人。

2. 专业素养

(1) 熟悉所教课程在专业人才培养中的地位和作用。了解所教专业的知识体系和基本规律。掌握所教专业涉及的职业资格及其标准。

(2) 能胜任同专业 2—3 门课程的教学任务。掌握课程标准,熟悉所教课程的教学方法与策略,合理选用教学资源,采用适合学情的教学方法和手段,有效完成教学任务,形成自身教学风格。专业课教师要主动承担理、实一体化课程教学任务。

(3) 积极参与教学改革。教师自身或作为指导教师要主动参与市、区级各类教学法或技能类大赛并争取获奖,促进教学能力及实践操作能力双提升。专业课教师 5—8 年内要获得本专业工种高级职业资格证书,努力成为"双师型"教师。

(4) 熟练应用现代教育技术手段实施教学。

(5) 针对教育教学工作中的现实需要与问题,主动进行反思、探索和研究,形成可推广的专业理论。每 1—2 年在校级及以上刊物发表论文至少 1 篇。作为课题负责人或课题主要成员(前三位),主动承担校级及以上课题研究,形成教学成果。作为主编或参编成员,参与校级及以上教材编写或专业课程标准的制定。

(6) 树立终身学习的理念。了解产业发展、行业需求和职业岗位变化,不断优化知识结构和能力结构,提高文化素养和职业素养。积极参加各级各类专业培训,完成规定的教师培训任务,专业课教师每 5 年完成 6 个月企业实践。

(7) 担任班主任工作,形成独特的班级管理经验。

(8) 树立人人皆可成才的职业教育观。遵循学生身心发展规律,以学生发展为本,培养学生的职业兴趣、学习兴趣,增强学生的自信心,激发学生的主动性和创造性。

(9) 结合行业企业需求和专业发展需要,制定个人专业发展规划。通过参加专业培训和企业实践等多种途径,不断提高自身专业素养。做好参评高一级职称或职务晋升的相关资料准备,积极参与校级及以上骨干教师、学科带头人等评选。

(10) 开展自我评价、相互评价与学生对教师评价,及时调整和改进教育教学工作。

(三) 教师成熟期标准

1. 师德修养

(1) 热爱职业教育事业,具有职业理想、敬业精神和奉献精神,践行社会主义核心价值体系。

(2) 立德树人,为人师表,教书育人,自尊自律。履行教师职业道德规范,依法执教,维护学生合法权益。

(3) 关爱学生,有清晰的教育理念和目标,以自身独特的人格魅力、学识魅力、职业魅力教育和感染学生,成为学生职业生涯发展的指导者和健康成长的引路人。

2. 专业素养

(1) 了解所在区域经济和社会发展情况、相关行业现状与趋势及人才需求、世界技术技能前沿水平等基本情况。了解所教专业与相关职业的关系。

(2) 熟悉所教课程在专业人才培养中的地位和作用。掌握所教专业的知识体系和基本规律。掌握所教专业涉及的职业资格及其标准。

(3) 根据培养目标制定教学目标和教学计划。基于职业岗位工作特点,开展教学情境和教学过程的设计。掌握课程标准,掌握所教课程的教学方法与策略,合理选用教学资源,运用讲练结合、工学结合等多种理论与实践相结合的方式方法,承担同专业 2—3 门课程的教学任务,形成自身的教学风格。专业课教师要主动承担理、实一体化课程教学任务。

(4) 积极参与教学改革,在教研团队中发挥领导力,教师自身或作为指导教师要主动参与市、区级各类教学法或技能类大赛并获奖,促进教学能力及实践操作能力双提升。专业课教师要获得本专业工种技师或高级技师职业资格证书,努力成为"双师型"教师。

（5）具有适应教育现代化的信息技术知识及应用能力。

（6）针对教育教学工作中的现实需要与问题，主动进行反思、探索和研究，形成可推广的专业理论。每1—2年在校级及以上刊物发表论文至少1篇。作为课题负责人或课题主要成员（前三位）主动承担区级及以上课题研究，形成教学成果。作为主编或参编成员参与区级及以上教材编写或专业课程标准的制定。

（7）树立终身学习的理念，了解产业发展、行业需求和职业岗位变化，不断优化知识结构和能力结构，提高文化素养和职业素养。积极参加各级各类专业培训，完成规定的教师培训任务，专业课教师每5年完成6个月企业实践。

（8）担任班主任工作，形成独特的班级管理经验。

（9）区级及以上骨干教师任期内，必须带教1—2名青年教师。

（10）结合行业企业需求和专业发展需要，制定个人专业发展规划。通过参加专业培训和企业实践等多种途径，不断提高自身专业素质。做好参评高一级职称或职务晋升的相关资料准备，积极参与区级及以上骨干教师、学科带头人等评选，跻身市、区级教学名师行列，在自身专业领域内有一定的影响力。

（11）开展自我评价、相互评价与学生对教师评价，及时调整和改进教育教学工作，引导学生进行自我评价和相互评价。

三、学校教师培训标准

职后培训是一种对在岗人员的职业知识、技能、态度等进行再培养的社会活动。教师的职后培训是对在职教师的知识水平、能力结构进行优化提升的活动。开展中等职业教育教师的职后培训是提高其职业能力的有效途径[①]。但是，大量实践研究表明，中职教师职后培训存在信息反馈不及时、教学针对性不强，以及培训内容不匹配等问题，在很大程度上影响了中职教师培训对教师专业发展应有的价值。目前针对教师培训的相关研究指出，基于"教师专业标准"构建的教师培训需求分析模式，对教师培训效率的提高具有显著的促进作用[②]。因此，对

---

① 杨锦钰.中职教师培训后的职业能力：是否提高，怎样判断[J].中国职业技术教育，2022（17）：43－48.

② 张海珠.教师培训需求分析模式研究——基于"教师专业标准"的探讨[J].课程·教材·教法，2017,37（12）：104－109.

于中职学校而言,有必要结合国家和学校的中职教师专业标准、中职教师发展标准等,建构与标准相匹配的教师培训标准体系,整体提升中职教师培训的实践效能。

（一）见习教师培训标准

1. 目标任务

以新入职中等职业学校且从事教育教学工作的见习教师为主要对象,培训旨在适应中等职业教育教学需要,以达到中职教师专业标准为基本要求,以培养热爱职业教育事业,遵守教师职业道德规范,掌握基本的职业教育教学理论、方法及专业技能,具有终身学习能力的教师为目标。引领新教师坚定职业信念,增进职业领悟,规范职业行为,修炼职业形象,为"立德树人"奠基。帮助新教师形成教学研究意识,熟悉观课议课、教学反思、案例研究等教研方法和途径,掌握信息技术基础应用能力,为专业发展助力。

2. 培训机制

根据区、校两级见习入职教师培训体系,形成整体设计、分级培训、协同管理的运行机制。

培训安排在入职第一年内,培训周期为一年。我校作为浦东新区教师专业发展学校暨见习教师规范化培训基地,与浦东新区教育发展研究院共同构成实施见习教师培训的主体。

3. 培训内容

见习教师入职培训由区、校二级培训项目构成。

（1）浦东新区教育发展研究院统一组织见习教师进行集中培训和分学科的专业培训。内容包括:教师职业道德规范、职业教育政策法规、现代职业教育教学理论、相关学科专业的教学实践与技能、教育科研基本方法等。

（2）根据《浦东新区见习教师规范化培训实施意见》,我校基地见习教师规范化培训内容主要包括:职业感悟与师德修养、课堂经历与教学实践、班级工作与育德体验、教学研究与专业发展等四大方面。培训课程包括:职业道德素养、专业知识素养、教学技能素养、班团队管理能力等。培训形式采用专家引领、名师示范、讲座、案例教学、项目化教学、互动式研讨及现场观摩等。

4. 培训管理

见习教师培训由师训处统筹安排,由师训处主任开展具体实施,并组织见习教师参加区级培训。加强过程管理,严格考核,切实增强培训的针对性和实效性。

参训教师在培训期间须遵守培训的规章制度,服从管理,积极参加培训活动,完成培训项目规定的学习任务。培训结束后,接受学校的转正考核。

5. 培训考核

实施二级考核,区级集中和分学科培训由浦东新区教育发展研究院考核,校级培训由学校考核。二级考核成绩合格后提交浦东新区教育发展研究院,颁发上海市师资培训中心的合格证书。见习教师入职培训成绩存入个人业务档案,作为转正、定级和职务(职称)聘任的必备条件。

6. 培训经费

进一步加大见习教师培训力度,将见习教师培训经费纳入项目预算。

(二) 全体教师培训标准

1. 目标任务

全体教师纳入市、区、校三级教师培训体系,根据《浦东新区"十四五"教师培训学分管理办法》,中级职称和初级职称教师五年内必须完成360学时的培训,高级职称教师必须完成540学时的培训(参见表6-2)。

表6-2 学校全体教师培训目标任务体系

教师类别	培训学时	能力提升	市级		区级		校级		个人学分	高级专项	学分总计
			师德素养	知识技能	师德素养	知识技能	师德素养	实践体验			
初级职称教师	360	完成	2	5	1	3	5	16	4	0	36
中级职称教师	360	完成	2	5	1	3	5	16	4	0	36
高级职称教师	540	完成	2	5	1	3	5	16	4	18	54

2. 培训内容

（1）市、区级培训。由市级、区级教育行政部门统一组织实施,培训内容包括:教师职业道德规范、职业教育政策法规、现代职业教育教学理论、相关学科专业的教学实践与技能、教育科研基本方法等。培训形式采用专家引领、名师示范、讲座、案例教学、项目化教学、互动式研讨及现场观摩等。

（2）校级培训。培训内容须涵盖师德素养、教学基本技能、班主任工作、专业技能等。培训形式紧密结合教师日常教学工作实际,以校本研修制度为依托。

3. 培训管理

教师培训由师训处统筹安排,教研组长协助负责校本培训实施及管理。加强过程管理,严格考核,切实增强培训的针对性和实效性。

4. 培训考核

实施分级考核,按照谁组织谁考核的方式进行,成绩合格后由师训处统一申报校本研修和区级选修学分,每五年学分修满后,由上海市颁发教师继续教育合格证书。培训成绩存入个人业务档案,作为职务（职称）聘任、晋升和考核评优的必备条件。

5. 培训经费

根据政策要求安排专项经费,用于学校教师培训。

第三节　着力提升青年教师成长的"内驱力"

教师是自身专业发展的主体,教师专业发展的关键在于教师主体性的发挥,但是很长一段时期内,教师的专业发展主要是通过外部社会组织的推动和制度的规约,促进教师知识和能力的训练和补充完善。这是一种对教师的外部塑造模式,这种模式对于教师的专业发展而言主要停留在专业化层面,而对于教师的思维、情感和体验等内在层面缺乏关注①。由此,在当下的教师专业发展理论与

---

① 徐帅,赵斌.从外塑到内修:教师专业发展的内驱力生成[J].教育理论与实践,2018,38(25):39-42.

实践体系中,倡导教师专业成长"内驱力"的激发与培养,引导教师专业发展从"外塑"模式到"内修"模式的转型,越来越受到重视。通过学校管理机制的创新,激活教师成长内驱力①,也越来越成为学校管理过程中管理者的共性选择。

从理论的角度看,在专业发展历程中,教师总是会遭遇不同阶段的典型问题,如何引导教师合理应对这些问题是教育研究者关注已久的命题。早在 20 世纪 60 年代中后期,美国学者富勒(Fuller)运用"教师关注问卷"对教师不同成长阶段的关注重心进行了研究,分析了教师在生涯过程中所经历的从关注自我到关注教学任务,再到最终关注学生的转型②。这一研究引发了学界对于教师生涯周期、生涯阶段等问题的关注。后续关于教师专业发展成长阶段的研究共同表明,不同阶段的教师有不同的发展需要,面对影响其专业发展的不同的关键性事件和人物,进而也需要进行差异化、针对性的专业发展帮扶③。青年教师是教师队伍中的独特群体,他们整体上处于职业生涯的开端。对于青年教师而言,尽管在正式成为教师之前,他们普遍接受了正规的师范教育,但是这大都是在与中小学真实教育现场相隔离的环境中所经受的训练,他们对于"怎么教"的实践性知识和技能往往难以真正掌握④,因而迫切需要通过针对性的培养培训提高其教学和管理业务水平。也正是基于这样的理解,上海市浦东外事服务学校在教师队伍建设的实践中,对青年教师的专业发展和队伍建设进行了针对性的设计与思考,试图建构起支撑学校教师队伍可持续发展的良性循环机制。

一、对学校青年教师成长内驱力问题的认知

内驱力是在教师自身发展需要的基础上,产生的一种内部唤醒状态或紧张状态,表现为推动教师专业成长的内部动力。古人云:"求木之长者,必固其根本;欲流之远者,必浚其泉源。"若要从根源上促进教师的自我发展,则促进他们

① 陈燕.创新机制激活教师成长内驱力[J].中国教育学刊,2020(01):103.

② FULLER, F. Concerns of Teachers: A Developmental Conceptualization [J]. American Educational Research Journal,1969,6(02):207 – 226.

③ 钟祖荣,张莉娜.教师专业发展阶段的调查研究及其对职后教师教育的启示[J].教师教育研究,2012(06):20 – 25+40.

④ 王洁.从"师徒带教"到"团队成长"——基于上海市部分新教师专业成长调研的思考[J].教育发展研究,2009(24):67 – 71.

"自我提高内驱力"至关重要。上海市浦东外事服务学校在教育教学改革中发现，青年教师普遍存在心态浮躁，无法潜心教学；对自我缺乏要求，放弃自我学习与成长，得过且过；对工作缺乏责任心，投入度低，敷衍应付等问题。从教师个体角度讲，内驱力不足会直接导致青年教师难以快速进入教育角色，影响教学能力和教学效果；从长期来看，也不利于青年教师个人的职业发展。从学校层面讲，青年教师是教学的新生力量，是学校未来发展的主力军，倘若刚步入职场就持有这样的工作态度，后续将难以想象。

面对实际问题，最大限度地激发青年教师自我发展的内驱力，是促使教师自我发展的基础。学校通过探索有助于激发青年教师专业发展内驱力的校本研修模式，设计出以满足青年教师的内在需求为基础、能激发教师内在学习动力的研修模式，从而更好地促进青年教师主动地、持续地进行自我学习与专业成长。

基于上述分析，我校认为，如何激发青年教师成长的内驱力，要辩证、系统地看待这一问题，实现几个相关性问题的协同解决。

第一，溯源式挖掘。项目通过调研法，溯源青年教师专业发展障碍与核心诉求。这为后续针对性地设计校本研修框架下教师内驱力提升行动计划，提供了强有力的实践基础。

第二，沉浸式磨课。设计研磨一体课程精进计划，帮助青年教师沉浸式研究课程。在导师带领下，通过课程研磨行动，解决了青年教师在教学中的误区和盲区，在青年教师中产生了一批优质课程案例，以及课程研磨提升心得体会。

第三，互助式平台。该项目积极利用网络模式，丰富了青年教师的互助平台。为了顺应90后青年教师的特点，采取非正式形式，创建了基于中职青年教师胜任力模型的专业互助社群，以精准定位青年教师的需求。通过不同的主题分享和社交群里互动，高效并有针对性地为青年教师赋能。教师专业互助社群的运营，采用公众号和微信群两种方式。

第四，同伴式帮扶。一方面，青年教师适应并融入工作环境的过程是一个从"个体人"转变为"组织人"的社会化过程，需要有资深优秀教师作为学习榜样。另一方面，作为90后，青年教师抵触权威，更青睐于灵活、富于人文关怀的管理方式和同事关系。基于此，我校探索了一种结合正式与非正式形式的双导师牵引机制：成长顾问+成长伙伴计划。对青年教师专业发展及心理关怀等进行全方位辅导,加速专业能力塑造。其包括两大模块:成长伙伴计划和"匠心分享荟"主题项目。

第五,领导力课程。90后青年教师一般都比较排斥呆板、控制型管理风格,而青睐于及时反馈、授权、支持型管理风格。上海市浦东外事服务学校在学校管理者层面采取领导力发展行动,包括两个步骤:第一,学校管理者自我测评。基于对学校管理者的性格、领导风格等的测评,帮助学校各层级管理者对自己的管理行为有一定自我认知。第二,开发学校管理者领导力发展课程。通过开发系列相应培训课程,并基于测评结果,为学校各层级管理者开设培训,帮助学校管理者有针对性地根据教师的不同特点,改善沟通方式和管理行为。

二、对学校青年教师成长内驱力研究的回顾

联合国教科文组织于1966年首次在《关于教员地位的建议》中,将教师的教育工作视为一种专门职业。此后,教师专业发展逐步成为各国教育界瞩目的热点问题和教育改革的趋势之一。在中国知网平台上,以"青年教师专业"为关键词、以职业教育为学科进行搜索,相关文献有253条,其中学术期刊172条、学位论文36条、会议1条、特色期刊44条。通过对文献的解读和梳理,我们发现,现有研究存在以下三个可以进一步探索的空间。

第一,从内驱力角度探索教师专业发展问题是一个值得尝试的领域。研究者从哲学、社会学、心理学、教育学、文化学、生态学、复杂系统科学、管理学理论等基础学科,广泛探讨教师专业发展问题。例如,在哲学理论研究中,有学者提出教师主体性具有独立自主性、自觉能动性、创造超越性和独特性等四个层次,生命哲学研究者认为教师除了教书育人外,还要"育己";从社会学视角出发,符号互动理论强调教师专业发展持续性和终身性,而批判理论者注重教师在专业发展过程中的角色和自主意识;教育学研究的重点集中在讨论课程与教师的关系问题,并形成"适应式发展论"和"互动式发展论"两种思路。多元化的理论视角极大地丰富和拓展了教师专业发展理论研究。

心理学角度的研究是一种值得关注的范式,已有一些心理学者分析了新教师的专业发展阶段、教师学习的心理特征、教师压力和心理健康等问题,但从内驱力的视角分析教师专业发展相对欠缺。只有能有效调动教师的内在动力,教

师在专业发展过程中才能更好地发挥出主体性和自觉性。本项目基于内驱力研究视角，拓展教师专业发展理论及其应用。

第二，侧重高校青年教师，而有关中职青年教师的研究相对不够。众多学者从教师专业发展的内涵、阶段、现状、问题与对策等方面展开研究。北京师范大学叶澜教授、厦门大学潘懋元教授等深入阐述了高校教师发展研究的内涵；唐玉光、王旋等学者以不同标准将高校青年教师专业发展分成不同的阶段；芮燕、吴庆华、徐彦红、仲雯等学者关注高校青年教师专业发展的困境、模式与对策等。

以往研究更多关注了大学教师专业发展的问题，以知网上查阅的相关文献为例，针对高校教师专业发展问题的相关期刊论文（包括学位论文）超过千篇，但围绕中职教师的相关研究不过百篇。中等职业教育是我国高中阶段教育的重要组成部分，当前国家提出加快发展现代职业教育的发展战略，促进中等职业学校教师专业发展是中等职业教育的重要任务。因此，本研究以上海市浦东外事服务学校为例，研究中职学校的青年教师专业发展问题，弥补和丰富了理论界关于这一研究的不足和欠缺。

第三，已有的研究鲜少聚焦 90 后青年教师专业发展。学者对教师专业发展的理论基础、背景、现状、阶段、方式、困境、不足以及提升对策等方面，都进行了充分研究，也有一些学者特别关注青年教师这一群体。例如，王璇等认为青年教师发展经历适应生存期、能力建构期、稳定成长期；雷炜指出高校青年教师在专业发展中存在意识不强、教学能力不足、动力欠缺等问题；徐彦红构建了大学青年教师的影响因素测度指标体系。

上述研究大多以 70 后或 80 后的教师群体为调查或分析对象，而缺乏针对90 后新生代教师的培养和专业发展的探讨。当前中职学校青年教师主要由 90后构成，90 后新生代教师具有自我意识更强、思想更多元、价值观更现实、更看重自由以及不愿意面对压力等特征，这对现有的学校管理体系提出了巨大挑战。基于此，本项目通过分析 90 后青年教师的特点，探索了符合 90 后群体心理需求的教师专业发展驱动力提升策略。我校的探索则是立足以上文献梳理、分析、研究的基础上而展开的。

三、对学校青年教师成长内驱力提升的实践

美国教育心理学家奥苏贝尔将内驱力分为认知内驱力、自我提高内驱力和附属内驱力三种。认知内驱力与对解决问题所需知识的需求有关;自我提高内驱力与为胜任某项工作所需能力的需求有关;附属内驱力与为获得他人认可有关。基于此理论,我校通过项目实施,构建了青年教师专业发展内驱力提升的"自身需求—胜任力模型—榜样作用"三支柱模型(参见图6-1)。依据该模型开展青年教师专业发展内驱力提升研究与实践。

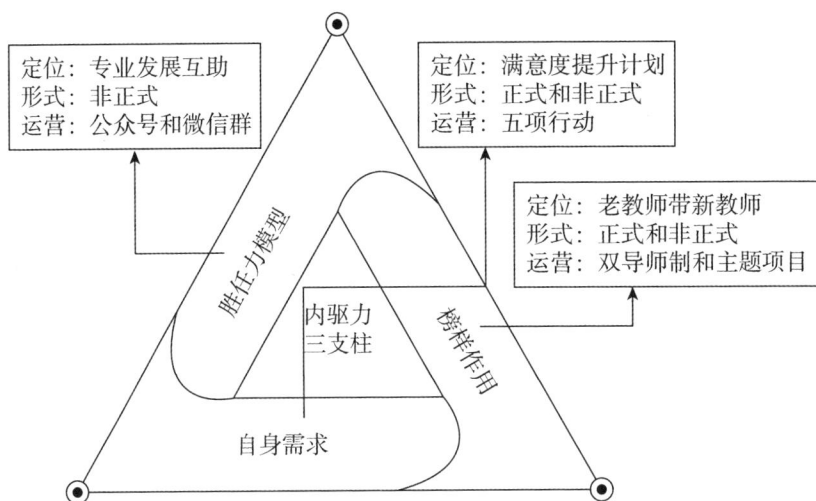

图6-1 上海市浦东外事服务学校青年教师内驱力培养三支柱模型

(一) 五维视域下青年教师工作满意度提升行动

人才内驱力很大程度上受到工作满意度的影响。根据工作满意度理论,主要包括发展、回报、团队、工作、管理等五个方面。其中,影响青年教师工作满意度的前三大因素分别是:发展、回报和团队。由此可见,中职青年教师专业发展内驱力提升需要学校领导层、青年教师自身、导师队伍等多方面的合力。管理人才必须先了解人才。人才测评是帮助了解青年教师内在需求及个性特点的有效工具。本项目在实施过程中从校本研修的视角出发,基于人才测评,实施中职学校青年教师工作满意度提升行动计划。

1. 基于发展视角的课程研磨行动

调查发现，青年教师对于与工作相关的技能培训，以及获得将有用技能和能力用于实践的机会非常看重。为了帮助青年教师进行课程优化，上海市浦东外事服务学校启动了面向青年教师的专业课程研磨活动。此项活动采取工作坊形式，帮助青年教师不断进行课程打磨与试讲，实现课程的迭代优化及自我的快速提升。主要分三步走，即匹配、模拟、分享。

第一，"1+3"个性匹配培养模式。首先对每期参加工作坊的青年教师的性格、沟通风格、职业兴趣、职业锚、冲突应对风格、能力倾向等方面进行人才测评，了解每个青年教师的个性特点，以及优势和短板，在此基础上进行分组和匹配带教老师。每组由1名资深教师带领3名青年教师学员，进行新课程开发及现有课程研讨工作。资深教师不仅要指导新课程探索、现有课程研讨，还要关注青年教师学员模拟演练的细节展示，比如授课技巧、现场氛围营造等。

第二，"模拟+点评"反复打磨。工作坊以专题课程模拟演练形式，让各组成员上台模拟授课，资深教师对模拟授课学员的课程内容、授课形式、课堂氛围等方面逐一点评，其他小组成员也可以自由点评，然后形成每门课程具体的优化建议，每组根据建议对课程进行优化。经过几个轮回后，最终形成优质课程。

第三，启动社群分享机制。上海市浦东外事服务学校在青年教师中倡导"分享就是最好的学习"的理念，鼓励他们在社群中分享与工作坊研磨行动有关的文章和收获。分享形式可以多样化，语音、文字、图片都可以很好地呈现信息。除了线上分享外，也会安排青年教师对学校新进教师授课或对外交流。

下面列举的青年教师参与项目的直观感受，印证了激活青年教师成长内驱力实践体系的价值。

"日语教研组举办了一场公开课教学研讨活动，并邀请了大工商张冬梅院长莅临指导。商外系主任周臻老师及全体日语教师也一同出席。我在本次活动中进行了说课，各位老师认真聆听，提出了非常好的教学设计建议，例如，在学习文化的同时也要强调文化的传承等。大家对本节课的整体教学设计给予了肯定，并给予我鼓励与支持。""我认为磨课就是要结合自身的特点、特长、性格、气质等方面因素，'磨'出属于自己的个性的课，'磨'出属于自己的风格的课，'磨'出一个真正能够体现自己特点的自我的课。磨课的过程就是一个学会取舍的过程，对待他人的见解或建议,一定要看是否适合自己,适合的可以借鉴,不适合的要坚决舍弃。要在不断地碰撞交流中'磨'出自己创新思维的火花,逐步形成自己的教学风格。"——刘老师

"本次公开课的准备过程,让我体会到了集体的力量。没有所有关心、帮助过我的老师及学校领导对公开课的重视,就没有这份顺利。今后,我会更加注意磨炼自己的教学技能,提高教学水平,争取能更上一层楼,同时也能成为支持其他老师的力量之一。""磨课的过程就是不断走进学生内心、贴近学生心坎的过程。在磨课时要真正以学生为本,心中装着学生,一切活动设计从学生实际出发,在动态的教学过程中关注学生、研究学生,依据课堂上的反馈,灵活机动地调整教学内容与教学策略。"——周老师

"我们在磨课的过程中要不断地翻看不同版本的教材、教案,以及与授课内容相关的文章,读同行们所写的与之相关的优秀教学论文。要在读的过程中读出厚度与广度,把前一次磨课对文本产生的见解作为下一次磨课的起点,如此循环反复,螺旋上升,教师研究文本的能力会在反复的磨课中不断提高,'磨'出教师把握教材的深度。"——许老师

2. 基于回报视角的社会责任担当

调查发现,青年教师对于工作的意义、工作的价值感等方面比较关注。在项目实施过程中,上海市浦东外事服务学校项目组设计了衔接学校与企业、社会的志愿服务活动,支持本校青年教师学以致用,在社区或更大范围开展专业知识讲座、兴趣才艺讲座、社区支教、公益咨询服务等慈善活动,引导青年教师关注社会,让青年教师利用自己所掌握的专业知识和技能服务社会。这些活动被允许在工作时间内完成,或由学校进行一些资金或资源支持。通过项目的实施,推动了青年教师自觉自愿地学习新技能,进行自我开发,增进了青年教师的职业使命感和工作价值感,促进了青年教师与共同从事志愿活动的同事间的友好关系。

项目组组织青年教师开展了"'云端'手拉手,才艺与文化拓展公益课活动方案——帮扶云南省兰坪县中等职业技术学校项目""'流浪'图书""璀璨的记忆""环保主题公益活动项目实施"等活动。青年教师面对接受过指导和培训的精神障碍学员开展了"Bridge 项目活动方案——'变形记'活动体验官"项目。通过该项目的实施,弱化了精神残障人士标签,实现了回归"人"与"人"的互动。同时,

受助学员转变为指导员,展现他们的自信、沉着、热情、专业。老师转变为体验官,在活动中学习与感悟。

3. 基于团队视角的助力凝聚行动

青年教师个性强,较自我,成长于网络化、信息化的时代环境,面对面的交流和沟通越来越少,但他们心里却渴望更多的人际互动与支持,因此需要将新生代教师"黏合"成一个个团体,将他们凝聚在一起,有助于培养共同的价值观、工作作风、行为方式,加强集体认同感,并形成一种互帮、互助、互促的共生机制和持续发展机制。在项目实施过程中,项目组助推和强化以下两类教师团队发展计划,构建教师学习发展共同体。

第一,组建了"新竹社"。该社团由青年教师组成,旨在打造一个青年教师学习共同体,发挥青年教师学科知识扎实、思维方式灵活、同龄人容易打成一片等特点,从课堂教学、课题研究、德育管理等方面促进青年教师快速成长。首先,精心遴选社团领路人,由学校各条线行政干部和一线骨干教师共同组建"新竹社"导师团,在培育青年教师的整个过程中通力合作,并在各自领域有所担当。其次,量身定制组织多样化的社团活动,例如素质拓展、读书沙龙、教学座谈、新手课堂秀等,帮助青年教师尽快熟悉新环境,提升教学技能。

第二,组建了"志愿队"。研究表明,性格相近的人更容易沟通,而专长互补的异质性的团队,则更利十激发创新。项目组牵头鼓励性格相近和专长互补的教师组建团队参与志愿活动。学校以教研室为基础组织,鼓励教师基于性格和专长组建各种形式的团队,积极参与学校打造的志愿者平台活动,服务于社会。

4. 基于工作视角的简化培训行动

90后青年教师对待职业的态度发生了变化,他们不再是寻找一份工作,而是寻找一份体验或经历。上海市浦东外事服务学校项目团队在项目实施过程中,通过"简化培训行动"帮助青年教师提升研修培训体验。

(1)重视精简工作流程。学校培训部牵头建立一个重视工作简化的工作团队,这个工作团队在教师中进行了调研,充分了解教师频繁提及的使用不方便的数据库或软件、培训过程中浪费时间的事项和一些太过复杂的培训流程,并从校级层面对接不同的职能部门对其进行优化和简化。例如,制定执行数据标准化方案,以统一的数据名称、类型等为标准,所有职能部门、师训处都执行相同标准。当各部门共享数据时,应设计数据转换模块,通过转制以获取其他标准的数据,解决数据离散问题。建立统一的教师信息数据库,按统一标准对教师信息进行采集,确保基础信息的完整性。相关信息可以使用科学的测试工具自动采集,工作安排信息可从学校教师排课系统共享的数据中抓取,替代人工录入。此外,还设想建立统一的师训课程管理系统,师训处向师训课程数据库录入课程信息并导入课程资料,学校组织专家对共享或上传的课程进行审核和优选,以保证师训工作质量。校内的集体师训活动均应使用师训课程系统内的教材和资料。

（2）启用信息化手段赋能教育教学。学校购买了更加易用的教学软件、培训课程包等。依托校培训部组建的工作简化团队开展的调研,全方位了解教师频繁提及的使用不方便的数据库或软件等,并进行整合和优化,把易用性作为评估学校培训平台和选择培训外包服务更看重的指标。例如,智能评估水平和生成课表,将师训需求与师训课程数据库关联,结合教师队伍发展水平评估结果来推荐课程组合方案。师训处可直接使用学情分析和课程方案设计结果,继续对师训内容进行优化或对方法进行创新。后续希望能针对教师个体情况优化课程内容,同时融入其他评估体系,进一步自动推荐自学渠道、方案和材料等,充分适应教师个人特点并满足其个性需求,提高师训质量。

5. 基于管理视角的领导力行动

青年教师一般都比较排斥呆板、控制型管理风格,而青睐于及时反馈、授权、支持型管理风格。上海市浦东外事服务学校在学校管理者层面采取了领导力发展行动,主要从两个方面来实施。第一,开展了学校管理者的自我测评。基于对学校管理者的性格、领导风格等的测评,帮助学校各层级管理者对自己的管理行为有一定自我认知。第二,开发了学校管理者领导力发展课程。通过开发相应的培训课程,为学校各层级管理者提供培训,帮助学校管理者有针对性地根据教师的不同特点,改善沟通方式和管理行为。在管理者领导力课程开发过程中,课程培训注重如下几个理念的渗透:第一,要求管理者充分认识下属积极向上的需求本能;第二,合理应用正强化和负强化;第三,任何情况下都要发挥榜样的作用。

本项目在实施过程中注重对管理者课程领导力的提升。课程领导力,"领"

即方向，"导"即方法，"力"即相互影响。课程领导力本质上是一种专业影响力，它包括课程思想力、课程设计力、课程执行力和课程评价力。一般来说，学校管理者课程领导力决定了教师的课程执行力。校长通过对学校发展规划、组织变革、文化培育、质量掌控、队伍培养、德育引导、课程建设等来实现对学校的领导，学校管理者在这些方面的领导力决定了学校的发展力和教师的执行力。一方面，管理者的课程领导力主要体现在落实"国家、地方、校本"三级课程体系方面，重点是落实国家课程和地方课程，难点是对校本课程的开发、实施、评价、管理。另一方面，管理者的课程领导力还体现在推动课程改革、课程评价、改变课堂生态等方面。管理者的课程领导力强，推动学校教师在课改方面的力度就大，激发学校师生发展潜力的能力就强。

为提升学校管理者课程领导力，学校推出了系列相关的培训项目。例如，2021 年推出了 6 期"青蓝工程"专题培训讲座，2022 年项目组又特邀专家做关于《上海市职业教育推进内涵发展的探索与思考》的专题培训，及由企业管理者带来的两场报告《面向未来——组织创新的思考与探索》《迈向人才建设新征程》，以此树立终身学习理念。通过讲学习、讲科学、讲素质，切实提高自身领导力，这既是知识经济的时代要求，也是提升领导力的基础工程。

（二）二维模式的青年教师交流主动性提升行动

为了顺应青年教师的特点，采取非正式形式，创建基于中职青年教师胜任力模型的专业互助社群，以精准定位青年教师的需求，通过不同的主题分享和社交群互动，高效并有针对性地为青年教师赋能。项目组启动了教师专业互助社群的运营模式，主要采用公众号和微信群两种方式。

1. 打造"外事教师互助小站"公众号

根据现有的文献研究，围绕中职教师四类胜任力特征群，在"外事教师互助小站"公众号中分别设置自我赋能、经验萃取、管理演练、教研探索这四大板块。根据每个板块的培养目标，由资深教师或教师培训部门进行内容设计，创建精华帖，分享职业感受、教学技巧、学生辅导、成长心得等内容，与青年教师进行互动交流。

自我赋能板块，旨在塑造教师的成就导向、工作主动性、服务学生意识、问题解决这四项胜任力。面对中职学生现实状况的特殊性，中职教师工作的复杂性更高,难度更大,挑战更严峻。只有具有较强的成就导向、工作主动性、服务学生的意识和问题解决能力的中职教师,才能有效地工作。

经验萃取板块,旨在培养教师的共情能力、分析性思维、灵活性、专业知识与技能这四项胜任力。中职教师要能换位思考,站在学生的角度敏锐感知学生的心情和感受,与学生产生共情,还能了解并理解学生的态度、行为和问题产生的原因,对此能进行准确的判断,并做出适合学生的引导规划。

管理演练板块,旨在提高教师的组织领导、管理监控、教育合力这三项胜任力。中职教师需要知道如何管理班级,如何组建班委,如何发挥非正式群体的作用,如何建设班风和学风,如何对学生实施有效监控,如何引导学生进行自主管理,如何协调教师内部及家校之间关系形成教育合力。

教研探索板块,旨在加强教师的教育激励这一项胜任力。中职教师需要创造性地开展教育教学工作,能更多地肯定和鼓励学生,挖掘其闪光点,创造条件帮助学生发挥特长和优势,进而帮助他们树立自尊心和自信心。

2. 打造教师互助微信群

项目组围绕课程教学或教研课题,组建了一系列教师互助微信群,如英语课微信群、数学课微信群、政治课微信群等。青年教师根据自己的教学任务加入对应的微信群,以共同的需求凝聚在一起,并融入日常沟通,随时随地在微信群中请教、讨论、资料共享和获取有关教学资讯,获得社群支持,从而快速进入教师角色,强化教育动力,提高教育认知,更快地胜任课堂教学。

(三) 联动机制的青年教师成长与分享伙伴行动

一方面,青年教师适应并融入工作环境的过程是一个从"个体人"转变为"组织人"的社会化过程,需要有资深、优秀的教师作为学习榜样。另一方面,青年教师抵触权威,更青睐于灵活、富于人文关怀的管理方式和同事关系。基于此,上海市浦东外事服务学校项目组探索出一种结合正式与非正式形式的双导师牵引机制:成长顾问+成长伙伴计划。这一计划主要涵盖青年教师专业发展及心理关怀等全方位的咨询与辅导,帮助青年教师加速提升专业能力。这一计划主要包括两大模块:梯队式成长伙伴计划和分享式"匠心分享荟"。

1. 梯队式成长伙伴计划

成长伙伴计划主要由成长顾问和成长伙伴两部分构成。

（1）成长顾问。成长顾问分为初、中、高三级,负责督导、指导青年教师课堂教学、定期教学进展交流、考核管理等。初级成长顾问由行政人员担任,中级和高级成长顾问由在校5年以上资深教师担任。针对成长顾问,学校将以赋能导师为目的设计开展成长顾问赋能培训,指导导师关注带教过程中的关键时刻和关键人,在青年教师入职启动、岗前培训、教学辅导、教学评估反馈等重要节点上要有恰当得体的设计,注意与青年教师沟通的时间和方法选择,确保青年教师在迷茫的阶段得到恰到好处的引导。

（2）成长伙伴。成长伙伴分为卓越同路人伙伴与HR伙伴。卓越同路人伙伴由教龄3—5年的青年优秀骨干教师担任(与青年教师同一教研室教师自荐或由成长顾问指定可胜任的人选,中级成长顾问可兼任),与青年教师建立教学课程或教学对象相仿的工作成长伙伴关系,帮助青年教师尤其是3年以下教龄的青年教师快速掌握教研规律与技巧,分享彼此心得,共享教研资料,合作申报课题等。HR伙伴为各系部负责教学培训和教学考核的行政人员,全程帮助、支持卓越同路人伙伴与青年教师。

2. 分享式"匠心分享荟"

为促进成长顾问和成长伙伴与被陪伴的青年教师之间的互动,上海市浦东外事服务学校项目组设计开发了"匠心分享荟"项目,定期开展线下活动和进行线上互动。该项目主要分为以下三个主题板块。

板块一:故事分享,帮助青年教师融入团队

青年教师培养的关键是让其掌握岗位相关知识和基本技能,迅速胜任岗位,并尽快融入学校各教研团队。首先,学校邀请各系部的教学名师,讲述自己还是教学新手时期的苦与乐,旨在用鲜活的故事向青年教师传达学校所期望的态度、规范和行为模式等。通过学习,青年教师不仅能清晰地看到学校未来发展的轨迹,更能树立自己职业发展的信心,获得团队归属感。

板块二:推选分享,满足青年教师的需求

青年人是一群乐于分享和表达的群体。学校根据青年教师的这个特点,定期开展成长案例分享活动。由成长伙伴推选比较有代表性的、对其他人具有一定意义的成长案例,在青年教师社群中进行复盘与学习。成长案例的来源主要有两个途径:一是来自成长伙伴,在指导青年教师过程中的一些关键性事件;二是来自被陪伴的青年教师,在个人学习与成长过程中的一些关键性事件。

板块三:趋势分享,辨明专业前景与变革方向

VUCA(即易变性、不确定性、复杂性、模糊性)时代,企业面临剧烈变化的市场环境,对人才需求极具变化性。成长顾问特别需要随时把握人才市场动向和学校人才培养方向的变化,引导青年教师持续自我提升,以适应岗位能力要求。因此,学校从嵌入式项目培训和论坛着手,聚焦人才培养前沿动态,帮助成长顾问提升在指导青年教师职业生涯发展方面的能力。主题源于企业界,邀请相应的企业界人士分享企业发展与人才需求方面的前瞻性观点。

第四节　重点聚焦见习教师培训的"规范化"

从世界各国的教师教育情况来看,一个合格教师的专业发展过程应包括三个阶段:入职前的专业学习、入职教育、在职教育。其中入职教育即见习期的教师教育是教师教书育人的初始实践阶段,也是教师成长的最重要的阶段①。在这一阶段,通过针对性的培养培训,赋予见习教师适应岗位发展的专业认知、能力和素养,缩短见习教师的职业适应期,对见习教师的整个职业生涯发展具有重要意义。也正是因为如此,世界各国在推进教师队伍建设的过程中,无不把见习教师(或称新教师)的针对性培养培训工作视作重中之重,进行特别的谋划与实践。

对见习教师进行规范化培训是上海在教师队伍建设中的一个重要的创新举措,这一举措从2012年开始至今已经延续十多年,并取得了丰富的理论和实践成果。这一教师培养制度是促进教师职前教育与职后教育有效衔接,填补我国教师教育空缺的一次开创性探索和创新。以基于规范、团队带教、浸润培训为特色的上海市见习教师规范化培训,将有助于推进我国基础教育阶段见习教师培

---

① 岳燕,吴广付.上海市见习教师规范化培训的特色及启示[J].基础教育研究,2015(05):19-21.

训的高位和优质发展①。更为重要的是,这种对见习教师进行规范化培训的思路和举措,不仅有效提升了普通中小学教师的专业素养,也对中职学校的教师队伍建设特别是中职见习教师的规范化培养问题提供了重要的理念与实践引领,引导中职学校教师队伍建设和教师培训从一种"零散无序"的状态逐渐转型升级为"规范有序"状态。在这样的培训体系整体引领下,上海市浦东外事服务学校也基于对见习教师参与培训的感知与需求,结合学校实际,建构了见习教师规范化培训的校本实践体系。

一、全面把握中职见习教师的培训需求

世界格局正发生百年未有之大变局,深刻影响着教育变革,而教师教育改革是教育改革的必要条件②。这种改革是一种涵盖职前教育、职后教育的系统性改革,改革的核心价值在于通过有效的专业发展支持系统促进教师专业素养的持续提升。教师教育培训是教师专业发展的一种有效途径③,高效有力的教师教育培训方式将为教师专业发展夯实基础,这已经成为一种共识。然而,大量研究表明,教师的培训并不能够与教师专业成长建立直接的正相关关系,教师培训的专业发展成效也在经受拷问,其中一个重要原因就是培训与教师需求之间的关联度是否足够紧密。在这样的一种逻辑分析基础上,人们越来越深刻地认识到,准确把握培训需求是提升中小学教师培训质量的前提条件。整体上看,教师培训需求分为组织需求、任务需求等外在需求和教师个人成长的内在需求,且随着外部环境变化,需求也因时而异④。因此,对于见习教师培训乃至任何层面的教师培训而言,全面了解和把握教师的培训感知、困惑、诉求,进而基于教师的需求建构相匹配的培训体系,这是教师培训取得理想成效的基础。也正是基于这样的

① 岳燕,吴广付.上海市见习教师规范化培训的特色及启示[J].基础教育研究,2015(05):19-21.

② CASTILLO . Without the Reform of Teacher Education There Will Be No Reform of Education[J]. Prospects, 1996, 26(3):447-467.

③ 方海光,等.教师教育培训内容演化自组织学习模型研究[J].电化教育研究,2022(03):121-128.

④ 范光基,黄澄辉.新时代中小学教师培训需求研析与培训建议[J].教育评论,2022(11):128-132.

认知,笔者在带领学校团队建构见习教师校本培训体系时,特别注重依托上海市职业教育协会等组织与相应的课题研究项目,对见习教师的培训需求进行调研分析。以笔者 2023 年完成的上海市职业教育协会年度重点课题"中等职业学校见习教师规范化培训体系研究"为例,笔者带领团队对本校及周边同类学校参与见习教师规范化培训的中职学校教师进行了针对性调研,通过对参与调研的 85 名样本教师进行数据分析,整体呈现了中职学校见习教师规范化培训的基本样态和教师的培训诉求。

从调研整体来看,主要涉及四大部分:学员基本信息、培训课程反馈、培训评估反馈,以及培训评估建议。其中培训课程反馈从课程分类整体评价和课程内容评价层面展开。在培训评估反馈中参考柯氏四级培训评估模式,总体反应层主要评估被培训者的满意程度,总体学习层主要评估测定被培训者的学习获得程度,总体行为层考查被培训者的知识运用程度,培训结果层主要是对培训产出效益的测评。

(一) 调查对象的基本情况

本次调研面向已经完成或者正在参加中职见习教师规范化培训的学员开展在线问卷调研,共计 85 名教师参加,其中男性 15 人,女性 70 人。

从见习教师年龄来看,基本属于 35 岁以下的年轻教师。从学历结构来看,多数为硕士研究生,少部分为本科生。从职称结构来看,因为多数为刚刚步入工作岗位的新教师,所以大部分为助理讲师初级职称,或者尚未认定职称。

从见习教师专业背景来看,专业分布也是非常广泛的,既有教育学、心理学、汉语言文学、英语等师范专业,也有专业性比较强的烹饪专业、电子商务专业、汽修专业等,这也充分体现了职业学校教师的专业特色。

(二) 调查对象的培训课程反馈意见

教师对于培训课程的分类评价,在教师育德能力模块的培训中,从总体满意度来看,非常满意的占比 68.24%,满意的占比 29.41%。在教师职教理论模块培训中,从总体满意度来看,非常满意的占比 65.88%,满意的占比 30.59%。在教师专业教学能力满意度层面,从总体满意度而言,非常满意的占比 68.24%,满意的占比 28.24%。在教师专业实践能力满意度层面,从总体满意度而言,非常满意的占比 67.06%,满意的占比 28.24%。从教师自主研修课程培训模块的满意度而言,总体非常满意的占比64.71%,满意的占比29.41%,一般的占比为5.88%。从总体调研来看,参训教师对各培训模块的满意度相对比较均衡,总体满意度均在90%以上。同时从培训体系上来看,可以看出见习教师规范化培训的课程体系相对比较合理和完备。

从教师对培训课程内容的角度看,在关于课程内容丰富生动、有实践案例分享、能够调动学习的积极性角度的调研分析中,98.82%的被调研者呈赞成的态度,其中非常赞成的占比达到62.35%;在关于"课程内容贴近实际工作,实用性和针对性强,能够让自己做到应知应会,能够解决您在工作中遇到的实际问题"的调研中,98.82%的被调研者呈赞成的态度,其中非常赞成的占比达到62.35%,感觉一般的仅占1.18%;在关于"课程内容全面,能够涵盖新教师入职职校所要面对的首要工作和任务"的调研中,61.18%的被调研者"非常赞成",36.47%的"赞成",认为"一般"的占比2.35%;从培训课程内容总体来看,90%以上的参训者认为课程内容丰富生动,有实践案例,贴近自己的实际工作,是新教师入职所要面对的首要工作和任务的向导。

（三）调查对象的培训评估反馈意见

20世纪50年代末,美国威斯康星大学教授唐纳德·L.柯克帕特里克提出了著名的柯氏四级评估模型(Kirkpatrick Model)。该模型以其简单操作、表达直观等优点,成为各培训行业应用最为广泛的评估工具,成就了其在培训评估领域的独特地位。柯氏四级评估模型包括反应评估、学习评估、行为评估及成果评估。由于这四个维度的英文表达均以字母R开头,故在评估界也被称为"4R"模型[1]。四个维度分别注重评估学习者培训满意程度、学习者项目获得感程度、学习者知识运用程度和学习者创造的工作业绩。这一评估体系与见习教师培训的内涵、价值、诉求等呈现出较高的契合匹配程度,因而也可以被用作对见习教师规范化培训绩效的评估。本研究运用柯氏四级评估模型对见习教师参与规范化培训的整体感知、收获等进行评估分析,试图整体把握中职学校见习教师规范化培训的实施样态。

---

① 王俊景.柯氏四级评估模型及对企业员工培训体系构建的启示[J].中国成人教育,2017(16):153－155.

1. 总体反应层情况

该维度的调查主要面向培训基地,了解见习教师对于规范化培训基地组织开展见习教师规范化培训的整体效能感知情况。从关于培训基地组织培训的成效来看,学员对培训基地专题讲座专家的授课水平、基地培训组织水平、专题培训形式、交流分享活动、提供的课程资源等满意度均在95%以上。譬如,在对基地专题培训总体满意度调研中,非常满意的占比69.41%,满意的占比29.41%,一般的占比 1.18%,不满意或者非常不满意的均为 0。总体满意度达到98.82%。在关于培训基地专家授课水平与质量的调研中,可以看出学员的总体满意度比较高,其中"非常满意"的占比达到 67.06%,"满意"的占比为 30.59%,表示"一般"的仅 2.35%。在对基地培训组织水平的调研中,我们可以看出,学员对总体组织水平的评价相对还是比较高的。在对培训形式的调研中,我们可以看出"不满意"或者"非常不满意"的占比仅 2.36%。在对培训基地提供的交流与分享活动的调研中,"不满意"的仅 1.18%。对培训基地提供的培训课程资料的满意度相对也比较高,达到96.47%。

2. 总体学习层情况

培训理念的更新是学员在总体学习层的反馈,主要涉及培训理念、培训知识等。在关于见习教师规范化培训更新了自身后续的教育理念的调研中,63.53%的学员持"非常赞成"的态度,35.29%的学员持"赞成"的态度。在培训对职业教育教学相关知识的更新情况的调研中,可以看出 61.18%的学员非常赞成培训补充了自己的职业教育教学相关知识。在培训对学员后续教学能力、教学水平及沟通能力提升方面,95%以上的学员认为通过培训改进并提高了自身的教学能力与水平,提升了自身的沟通能力。见习教师规范化培训对教师的自我认知也产生了较大的影响,绝大多数学员认为通过培训可以提升教师的岗位认知和能力认知水平。譬如,在关于"培训提高了我做一名优秀中职教师的信心"的调研中,95.3%的学员持赞成的态度。

3. 培训行为改进分析

在对培训理念内化为培训行为层面的调研中,可以看出 60%的学员非常赞成可以将培训理念内化为自己的培训行为。而在关于培训对学员自身教育教学能力发展的影响方面,61.18%的学员非常赞成培训为自身教育教学能力发展奠定了良好的基础。

4. 培训结果预期分析

在对培训结果的预期调研中,我们可以看出学员对培训的预期效果是非常满意的。例如,在关于通过培训后自己对中职学校岗位工作的适应性调研中,非常赞成的占比61.18%,赞成的占比35.29%。这也反映了培训对见习教师未来适应中职岗位工作是非常有价值的。同时,62.35%的学员非常赞成通过培训自己可以更好地为单位做出一定的贡献;60%的学员非常赞成通过培训自己的教学对象也会因此受益,在能力上获得提升。

(四) 整体启示与建议

上述针对中职学校见习教师规范化培训的调查,尽管整体的样本容量不大,但是其所呈现的见习教师的真实感知、需求等,却能够为后续中职见习教师规范化培训建构更加有效的课程教学体系提供直接建议。

在对培训评估建议的调研中,可以看出学员最期待的培训活动是专题培训、师徒带教及同伴交流等。最期待的培训形式是案例分析、主题报告及专题讲座等。在学员需求调研中,见习教师最期待的能力提升位居前三位的是课堂教学基本技能的提高、学科教学理念的更新、教材分析能力的提升。

通过对浦东新区中职见习教师培训的调研,可以清晰地看到面向浦东新区中职见习教师开展的培训成效是非常显著的,学员对培训内容、培训组织、培训成效等的评价都是非常高的。这充分反映了浦东新区见习教师规范化培训基地对培训内容的精心组织和设计。

二、系统建构中职见习教师的培训体系

中职学校见习教师培训体系的建构是一个系统性工程,旨在帮助新入职教师快速适应职业角色,提升教学能力,并为中职教育的可持续发展奠定基础。这一系统工程需要明确见习教师规范化培训的目标,增强见习教师的职业认同感,提升其教学能力和专业素养,强化其师德师风意识。同时,也要围绕教师的成长需要建构多样化的培训内容体系、方法体系和评估体系。在上海市浦东外事服务学校的见习教师培训中,我们着重结合对见习教师规范化培训的调研分析,根据学校教师队伍的实际情况,进行了整体性的路径设计,并以此为基础,着力建

构高效能的见习教师专业成长校本支持体系。

（一）问需学员，基于调研研制方案

对于见习教师的规范化培训，基地坚持问需学员，通过调研了解见习学员在培训内容和培训形式层面的迫切需求，以此为依据制定每年的培训方案。例如，在关于见习教师最期待的培训内容调研中，我们可以看到，"课堂教学基本技能""教材分析能力"及"学科教学理念"的需求位列前三。而在培训方法的调研中，学员最期待的培训形式分别是案例分析、主题报告、专题讲座，以及个别指导等。基于调研结果，上海市浦东外事服务学校由师训处牵头，召开全体工作小组成员、全体导师和全体学员不同层面的磋商会，制定培训方案，明确学科导师、班主任导师，明确学员的各项任务及要求，明确基地的集中培训、考核活动、展示活动的总体安排，明确各项任务的时间节点，以及协调、规划工作和督促推进，这是保障中职见习教师规范化培训成效的前提和基础。

（二）过程管理，注重培训质量提升

1. 加强制度建设

上海市浦东外事服务学校在"十四五"规划和《师资队伍建设与发展规划（2021.1—2023.12）》中都确立了职业教育高质量发展的目标，并且出台了一系列师资队伍建设的制度和细则，确保见习教师规范化培训工作的实施。每年度制定《师资队伍发展年度工作计划》，明确学校师资工作的目标和重点任务。教师在学习并认同学校规划的基础上，主动制定《个人专业发展规划》《个人诊改规划》等，并努力践行。

2. 明确带教职责

根据上海市浦东外事服务学校规培基地的培训方案，对照浦东教发院下发的导师资料袋中的各项带教工作内容，根据中职学校的实际情况与学员的发展需求，基地指导学科教师和班主任开展浸润式带教的具体工作及团队带教工作，明确履职任务，并做好导师的考核评价工作。

学科带教导师工作主要涉及：制定培训工作方案及带教计划、制定具体影子带教计划（每周具体安排）、听课和点评记录（具体参考导师资料袋）、导师示范课 2 次（每学期各 1 次，需要录像）、带教活动记载（活动记载表每周需填写 1—2 次）、面向全体学员的集中培训讲座（每学期 1 次，附主题讲义材料，报师训处作为校级学科集中培训活动,需要录像)、教学诊断书1份、带教案例1份、带教工作总结、随堂课听课记录表(以基地带教听课笔记为佐证)、见习教师备课情况检查记录(每月至少1次,以见习教师备课笔记为佐证)、见习教师作业布置及批改情况检查记录(每月至少1次,以见习教师所教班级5名学生的作业本为佐证)等。

班主任带教导师工作主要涉及:制定带教工作计划、示范班队建设活动记录2次(每学期各1次,需要录像)、班队建设活动观摩记录6次(参考导师资料袋,学员应有相应的主题活动记录材料)、班主任工作指导记录、面向全体学员的集中培训讲座(每学期1次,附主题讲义材料,报师训处作为校级学科集中培训活动,需要录像)、对学员主题班会的教学诊断书1份、带教案例1份、带教工作总结等。

3. 明确培训要求

对见习教师的培训要求做了明确的规定,主要涉及:填写培训手册和校本培养手册;学习培训平台的课程资源和基地课程,聆听导师与教研团队的集中讲座,做好笔记,轮流制作简报,撰写心得体会;阅读基地推荐的书籍,每月撰写读书笔记,并做读书交流;准备区教学考核(推优+普查)材料,包括教学设计、课件、观课反思与改进措施;撰写班团队主题实践活动教案1份并分享;做好听课笔记(每学期听导帅团队示范公开课、主题班会10节,各类区级、校级、教研组公开课,总数至少20节);撰写企业考察报告;进行德育案例交流;两个学期参训结束,撰写阶段小结;整理全年的教案;认真批改学生作业;学年结束前,撰写个人三年规划。

(三) 内容设计,注重培训内涵提升

根据《中共中央、国务院关于全面深化新时代教师队伍建设改革的意见》中提出的"教师主动适应信息化、人工智能等新技术变革,积极有效开展教育教学"的要求,学校积极探索以"教育信息化支撑引领教育现代化发展,坚持信息技术与教育教学深度融合"为核心理念的混合式培训。上海市浦东外事服务学校见习教师规范化培训基地整合学校多年以来积累的优秀培训课程和教研资源,建设课程平台,架构培训模式,创新培训文化与生态圈,实现见习教师培训线上线下的深度融合,助推见习教师培训的现代化转型。基地见习教师规范化培训内容主要包括四大模块:职业感悟与师德修养、课堂经历与教学实践、班级工作与育德体验和教学研究与专业发展。培训课程涉及职业道德素养、专业知识素养、教学技能素养和班团队管理能力等。

1. 模块一:职业感悟与师德修养方面的培训

该模块可分为教师职业道德、教师专业意识、教师综合素养等三大培训课程板块。主要是规范教师对工作职责、对学生培养、对自身专业发展应具备的职业伦理、价值、态度等。具体内容主要涵盖:第一,为参加见习培训写一份个人的参培计划书。第二,学习教育理论,在理性认识中丰富自我。每月读一本教师职业生涯或师德修养方面的书或教育类期刊,及时写一篇读书心得,丰富自己的文化素养;认真学习《中华人民共和国教育法》和《中华人民共和国教师法》等有关教育法律法规,切实做好依法从教工作;认真学习《中小学教师职业道德规范》和教师礼仪,明确作为一名教师应遵守的师德规范,努力做到身体力行。第三,完成不少于8篇见习期教师职业生涯体验随笔,包括对学校的规章制度、校园文化、备课方式、课堂教学、教研风气、师生关系、学生辅导、教师礼仪、学生群体等方面的一事一议一得。第四,每学期完成一份包括教师职业感悟在内的见习教师规范化培训总结。

2. 模块二:课堂经历与教学实践方面的培训

该模块的培训可分为学科专业、教学技能、现代教育技术等三大培训板块。具体内容主要涵盖:第一,认真学习"课程标准"等有关资料,钻研教材,研究教法。在带教导师的指导下通读所教学科的"课程标准",在教研组内做一次"课程标准"解读专题发言。第二,恪守教学常规,在实践中形成严谨的教风。在通读所教教材的基础上,完成教材单元分析,能对指定单元做教材分析,认真做到备课、上课、作业布置、批阅、课后辅导、听课、评课等教学常规基本要求。第三,结合自己的兴趣爱好与个性特长,完成一门拓展型选修课的构思与教学大纲设计,试教一节选修课。第四,在指导教师指导下正确掌握教育教学基本功,如写好粉笔字、口头表述清晰、板书设计合理、熟练使用信息技术手段辅助教学等基本技能。第五,研究授课技能,在吸纳与反思中完善自我。进行三次公开课展示,并有目的、有针对性地对照两次课堂录像进行自我观课与评课,写出自我评价报告;在此基础上,由指导教师、基地团队、教研团队分别把关,通过教学考核。第六,学会观课反思,从反思中提升教学研究水平。每学期听课不少于16节,并能写出5节课的观课报告;有目的、有针对性地点评3节其他教师的课,写出评课报告。第七,结合跟班教学,编写一个单元的学生作业,并写出设计依据。第八,编写单元考试试卷,实测后做质量分析,针对有问题的学生能采取相应补救措施。完成一次期中或期末考试班级质量分析,并提出教学对策。

3. 模块三:班级工作与育德体验方面的培训

该模块的培训课程可分为班级管理、德育教育等两大培训课程板块。具体内容主要涵盖:第一,认真开展见习班主任工作,辅助班主任导师管理班级,热爱学生、关心学生,做学生的良师益友;选取主题召开一次班干部会议、一次学生座谈会,就学生的某个问题做一次家访(效果分别由班干部、学生、家长评价)。第二,在带教导师的指导下策划并主持一次主题班会、一次班级社会实践活动(效果由指导教师、学生分别评价)。第三,学会做学生的思想工作,学会指导学生学习。在带教导师的指导下写一份班级情况分析,以及两位学生的个案分析;会写学生学期综合评价评语。第四,结合师德素养的培训课程,参加学校职初教师的师德演讲活动,依据教育理论撰写一个师德故事在基地进行交流。

在育德体验方面,学校注重发挥任玉芬德育基地的作用,依托该基地开展德育基本理念、班主任基本功和实训的培训,并针对职业领域的见习教师课程进行个性化改造与升级,从理论学习、慕课学习、经验座谈、校际交流、课堂实践、班会操作、社会考察等环节开展见习教师培训,提高学员对班主任德育工作的主体意识和工作技能,提升德育理论素质、行为素质、心理素质、文化素质和职业素质,提高班级管理能力。与此同时,班主任导师的示范主题班会是德育培训的一个重要载体和抓手,学员全程跟随导师,从主题策划、方案撰写、排练协调到正式上课,在过程中体会班主任的领导力。导师既让自己的徒弟们学到了如何召开一次成功的主题班会,也让前来观摩的其他学员感受到主题班会对中职学生的教育本质与意义。

4. 模块四:教学研究与专业发展方面的培训

该模块的课程可分为背景知识、教育基本理论、教育教学心理、教育教学研究等四大培训课程板块。具体内容主要涵盖:第一,精读一本指导教师推荐的专业书,如《给教师的一百条建议》《56号教室》《岁月如歌》《智慧型教师素质探新》《教师的幸福人生与专业成长》《给教师的 36 条建议》《优秀班主任 60 个管理创意》《优化学生学习的策略——教学样式》《班主任成长妙招》《好课是怎么炼成的》《教育法学与教师职业道德》等书籍,每月完成一篇读书笔记。第二,积极参与教研组活动,主动承担有关任务;初步学会开展教育科研,撰写教育教学案例或小论文一篇,争取发表于校级及以上刊物;在学科导师的指导下,策划并主持一次备课组活动。第三,参加学校组织的校企合作考察、贯通专业对口的高校考察,了解企业与高校对专业教学和人才培养的需求,并撰写调研报告,体现在教学中研究与实践的成果。第四,在导师的指导下,结合见习期培训的成效,制定一份个人专业三年发展规划。同时,见习教师培训基地充分利用学习平台创造性地建设培训课程,将《课堂教学基本技能》《班主任工作技能》和《专业发展成长手册》三本见习教师培训教材作为通识课程培训电子化、模块化、互动化,并梳理各类培训资源,支持教师通过手机、电脑等多种移动终端访问,有效融合各类在线学习资源,如 html5 在线交互、视频、题库、文档等多种媒体资源,可以随时随地进行碎片化、自选性学习,并且平台可以监控学习过程,进行数据分析,形成阶段学习评价报告,为见习教师提供相应的支持。

在专业发展方面,学校着眼于学员未来的发展,将见习教师规范培训项目对接"教师专业发展青蓝工程",规划从职初教师、成熟型教师到骨干型教师、专家型教师的职业发展蓝图。学校开展每月一次的"教师专业发展青蓝工程"研讨活动,组织见习教师与入职 2—5 年的教师一起参加,依据不同学科的经验、不同形式的学习模式,建立学习共同体,构建更加开放的环境,突破个体学习的局限性,使教师专业成长更有规划性和持续性。邀请市教委教研室专家曾海霞、应宏芳、董奇,职教名师甘小的、谢永业,企业专家余勤等,做职业教育的讲座,让学员全方位地学习职业教育新理念、新动态、新发展,为今后的教科研之路创造良好开端,提升研究能力与团队合作能力。

(四) 融入企业,注重实践能力提升

在中职见习教师的基地规范化培训中,注重其企业实践能力的锻炼与培养。众所周知,德国的职业教育之所以走在世界的前列,是因为有着一支技术过硬、理论知识丰富的职业师资队伍。在德国,要想成为一名职业学校教师,除了具有规定的学历外,还需要经过 2 年以上的工厂实践,如果要担任实训教师,则必须经过"师傅"考试并取得相应的资格。因此,德国教师的理论和实践教学能力都很强。这一点特别值得我国在教师职业培训中应用。

浦东新区中职见习教师规范化培训将企业实践纳入培训计划,同时安排相应的企业实践带教老师。见习教师下企业实践锻炼既是见习教师规范化培训的重要环节,也是全面推进"双师型"师资队伍建设的重要举措之一,更是借助企业实践平台将理论知识与实践紧密结合的校企合作模式。中职见习教师下企业能提高教师专业实践技能,助推见习教师的专业发展;同时,教师将在现场了解和掌握的技术与知识合理地融入教学,进一步推动后续教学改革和课程改革的创新。在具体推进过程中,基地引导见习教师深入了解职业教育与行业发展的现状与联系,促进学员对自身职业生涯规划及如何成为"双师型"教师的更多思考,也为教学实践提供新思路和新思考,组织学员参加企业实践和校企合作活动。例如,赴振华职校参加跨境电商专业校企对接会,聆听上海市教委职教处和振华职校专业教师的讲座,了解跨境电商行业广阔的发展前景、行业企业的用人需求、发展趋势以及校企共管机制等,认识到校企合作、产教融合、学习与实践相结合的重要性;组织全体见习教师与旅游和轨道专业教师前往全球范围内最早从事 VR 技术研究企业之一的上海曼恒数字技术股份有限公司参观学习,跨学科教师共同实地走访与参观行业领军企业,零距离接触 VR 前沿技术,助力教师更好地理解数字教学、资源共享等功能,以科技开拓教学思维。教师不仅可以更好地了解新业态、新技术、新产业、新岗位的发展前景和行业发展动态,还可以学习企业文化,深入感受科技魅力,拓展学科思维,点燃探究如何将科技融入教学的热情。

(五) 优化方法,注重精准见习指导

1. 增强浸润化带教

国际教育大会第 45 届会议通过的《加强教师在多变世界中的作用之教育》报告指出,必须对新加入教师队伍的教师给予特别的关注和支持,因为这一时期的工作对其今后的职业生涯有决定性的影响[①]。对见习教师的专业支持路径主

---

① 联合国教科文组织.全球教育发展的历史轨迹:国际教育大会年建议书[M].赵中建,等译.北京:教育科学出版社,1999.

要包括培训制、带教制、项目制、个人研修制等。按照劳森等人的理解,教师的成长不仅意味着角色的转变,更是一个包含新教师和资深教师及其所处的错综复杂的关系的多维互动过程①。从这个角度出发,对于见习教师的专业成长,师徒带教制比其他途径更直接、有效、可行,也是世界各国普遍关注和使用的新教师专业指导方式②。在见习教师规范化培训过程中,学科带教导师基本为本学科组的高级教师、学科带头人、骨干教师或教研组长,班主任带教导师都是有丰富教育管理经验的中年教师,队伍精良,专业能力强,素质过硬,能发挥示范引领作用。导师通过身教、言教、现场教、手把手教,为学员示范。例如,班主任的早操、班会课、班级活动,学科的教研活动、课堂教学、带队比赛等活动,师徒都共同参与,如影随形。浸润式的培养提升带教精准性,让这批刚刚走上教育教学岗位的见习教师获得最直观的"临床"体验,打好基本功。

2. 赋能团队化指导

导师团队协力教研团队、备课组团队等共同带教学员,参加教研组的说课、观课、评课等活动。在见习教师准备考核课的过程中,为了保证课的真实性,导师帮助他们借平行班试教,请来教研组老师一起听课、评课,献计献策,帮助学员共同磨课。同学科的学员也互相听课讨论,提出问题,解决问题。经过这样的打磨与推优、普查两轮考核,学员的教学能力显著提高。

3. 形成学习共同体

近年来,学术界关于"教师学习"的相关研究逐渐呈现出两个明显趋势。一个是教师学习不再仅仅作为一个日常用语,而是日益成为一个充满活力的专业研究领域;另一个是教师的专业学习和成长不再被单纯地视作教师个体的事务,而是一种需要借助群体开展的社会性成长③。在这样一种理念影响下,教师通过专业学习共同体的建构,形成一种集群发展的效能,越来越受到关注。教师专业学习共同体强调共识与分享,但并不刻意追求"同质化"。教师专业学习共同体

---

① LAWSON, H. A. Beyond the Conception of Teacher Education [J]. Journal of Teacher Education, 1992, 43(3): 163 – 172.

② 杨洁,刘涛,时丽娟. 从带教到共进:师徒带教模式的实践创新[J]. 教师教育研究, 2022, 34(05): 71 – 76.

③ 孙元涛. 教师专业学习共同体:理念、原则与策略[J]. 教育发展研究, 2011(12): 52 – 57.

是实现教师专业发展的重要途径,它要求建立融洽、和谐的合作氛围,以共同愿景和价值观念为纽带,提倡赋予教师领导权力,追求以规则为保障的制度关系①,因而能够成为激发和支撑教师专业发展积极性,提升教师专业发展效能的有效组织形式。从实践的角度看,引发教师专业成长最大的动力就是教师在自己的教育教学中所遇到的困境,只有发现自己的困境在哪里,并愿意反思和改变,教师的专业成长才会发生。阅读是教师专业成长不能缺少的要素,教师需要实现从不爱阅读的人向读者、读书种子、阅读专家乃至阅读推广人转变,而促进教师阅读走向深入、扎实、成体系最好的方式,就是充分发挥学习共同体的作用。"爱读书,善思考,肯实践"是基地灌输给见习教师的理念。基地学员坚持每月阅读一本书,写一篇读书笔记,做一次分享,营造出了基地"超越个体,协同成长"的学习共同体氛围,形成良性刺激的成长土壤,为学员的发展提供明确目标,有效沟通、资源分享、智慧共享,发挥"1+1>2"的作用。

（六）凝练成果,助推教师多维发展

教师的工作和专业成长,不是一种单纯的、机械的重复性工作,而是一种充满挑战意义的创造性工作。教师要适应专业发展需求,就要从单纯的事务工作者转型为有创造价值的研究者。也正是因为如此,倡导教师结合自身的实践感知开展研究,成为"研究者",越来越成为教师专业发展的时代呼声。但是直到20世纪上半叶,受限于研究范式、内容和水平,教师还主要是研究成果的被动接受者,"教师成为研究者"主要还停留在观念层面。这一现状在20世纪60年代开始得到改观,这是因为英国的斯腾豪斯及其研究团队不仅正式提出了"教师成为研究者"的口号,还在一系列研究计划中将其付诸实践,使之逐渐演变为一场世界性的教师研究运动②。时至今日,"教师成为研究者"已经不再是遥不可及的理想和口号,而是教师专业发展的常规路径。教师的研究不同于单纯意义上的教育理论研究,而是具有鲜明的实践性、微观性、行动性和草根性的特征③。只

---

① 杜静,常海洋.教师专业学习共同体之价值回归[J].教育研究,2020(05):126-134.

② 范敏,刘义兵.斯腾豪斯的"教师成为研究者"思想[J].全球教育展望,2017,46(08):83-94.

③ 刘涛.教师成为研究者:急需澄清的三个问题[J].教育发展研究,2012,32(12):58-63.

有在这种整体特征下引导见习教师合理开展研究和思考,才能更好地发挥"教师成为研究者"这一命题带给教师的专业成长价值。

浦东新区中职见习教师规范化培训创新了研训方式,为师徒搭建了交流展示的平台,促进了见习教师的多维发展。教师在云端展示钢笔字基本功、展示微课制作的技能、分享培训课程的评价和主题班会的成果、交流彼此阅读书籍的体会等,将培训的轨迹与收获生成电子化资源和研究资料,既可后续改造或利用,也可作为新的培训载体。教师在"读、学、仿、研、思、悟"中提升素养,磨炼能力。同时,基地也完成《基地培训简报》《第一学期公开课考核教学与反思》《第二学期推优录像或普查考核教学与反思》《"课程标准"学习与解读》《企业考察调研报告》《读书笔记交流》《主题班会案例》《三年专业发展规划》《见习德育故事》等成果。学员从师德素养、育德体验、班级管理、教学实践、专业发展等方面不断反思,总结收获,为自我发展赋能。学校通过公众号专门推出教师的在线主题班会美篇,展示学员成果,以及教师专业发展的成果,发挥积极正面宣传、辐射的作用。在培训结束后,教师也撰写了自己的培训心得,汇编成册,形成了成果案例集。

三、科学设计中职见习教师的考核标准

见习教师的专业成长,既需要充分调动教师自身的专业成长意识与能动性,也需要建构完善的外部考评体系。近年来,国家大力支持职业教育发展,出台了许多有利于职业教育发展的政策措施,但没有专门适用于中职学校见习教师规范化培训的考核评价指标体系,各职业学校"双师型"教师考核评价的做法不尽相同,缺乏统一的标准体系,这必然会影响学校对于教师培训考核的实践效果。形成标准层面的统一要求是保障见习教师规范化培训及其专业成长效能的基础。中职学校专业教师培训与考核标准开发应遵循科学性、发展性、针对性、规范性等原则,以满足专业教师职业生涯可持续发展的实际需求为目标,以职业岗位广泛运用的最新技术为主线确定培训内容,以典型产品为载体设计培训组织方式,形成一种兼具理论价值和实践价值的系统性建构。基于这样的理解,为了建构见习教师专业成长和规范化培训的外部保障与考核体系,上海市浦东外事服务学校在建构见习教师规范化培训体系的同时,还专门制定出台了见习教师

考核标准,为见习教师成长提供有力的外部引领与保障。

上海市浦东外事服务学校见习教师考核标准

一、师德表现

1. 有违反师德规范的行为,一票否决。

2. 严格按照浦东新区见习教师规范化培训的要求,参加市、区、校三级培训。若参训者的积极性低,参与度小,缺勤率大于1/4,一票否决。

二、职业感悟与师德修养

1. 完成个人参加见习教师规范化培训计划书一份。

2. 阅读有关教师职业生涯或师德修养方面的书籍,撰写读书心得6篇。

3. 完成6篇见习期教师职业生活体验随笔。

三、课堂经历与教学实践

1. 通读本学段学科"课程标准",撰写学科认识专题发言提纲,在见习教师规范化培训基地做一次学习交流。

2. 有重点有记录观摩10节课,撰写观课报告。

3. 每学期观摩20节其他教师的课,做好观课记录。

4. 做一个指定单元教材分析,撰写教案、板书设计、说课提纲。

5. 设计一个单元的学生作业,并写出理由;设计单元测验卷或综合练习,实测后做质量分析。

6. 完成期中和期末考试质量分析报告。

7. 观摩并点评3节其他教师的课。

8. 导师、基地团队成员、双方学校有关人员把关、通过三次正式试教,即第一学期职初试教1次和区级考核课1次,第二学期区级推优课或普查课1次,进行自评和反思。

四、班级工作与育德体验

1. 能就某个主题召开一次班干部会议、一次学生座谈会。

2. 能就某位学生的某个问题做一次家访。

3. 策划并主持一次主题班会,组织一次班级社会实践活动。

4. 完成一份班级情况分析、2位学生个案分析,撰写学生学期综合评价短语。

5. 撰写德育案例一则,在见习基地进行交流与评价。

五、教学研究与专业发展

1. 精读导师推荐的专业书,撰写读书笔记2篇,并能自学有关书籍。

2. 积极参与教研组活动,主动承担有关任务;策划并主持1次备课组活动;参加区级集中或学分科培训。

3. 完成见习教师规范化培训中期小结和学年总结,共2篇。

4. 制定1份三年的个人专业发展计划。

结语：持续探索讲好中职教育改革的"中国故事"

岁月不居，时节如流。还清晰地记得人类迎来新千年曙光时的兴奋与激动，但似乎在转瞬之间，新的世纪又已经悄然走过了四分之一的历程。在新世纪的25年中，时代发展的速度远超任何一个历史时期，人类正以前所未有的姿态迈向更加充满挑战的未来。

教育的改革发展与时代发展同频共振。进入新时代的中国教育，建设教育强国，助力民族复兴，责任重大，使命光荣。作为一名中职教育工作者，我能够在这样一个时代中生存、发展、付出、创造，这是何等之幸运！

我从职业生涯之初就在浦东外事服务学校工作，从一名普通一线教师成长为学校中层干部，进而承担起学校书记、校长的领导职责，我的成长见证了学校的发展，学校的发展也成就了我的成长。今天的浦东外事服务学校，已经成为浦东、上海乃至全国具有较高知名度和影响力的优质职业学校。

回溯过往，我们认真学习贯彻习近平新时代中国特色社会主义思想，坚持社会主义办学方向，落实党的教育方针，恪守"立德树人"教育使命，锐意改革，不断创新，书写了浦东职业教育改革发展的精彩篇章，推动学校整体办学和育人质量不断提升。特别是"十四五"期间，学校的内生动力进一步激发。2022、2023年分别成功申报中高职贯通国际商务（数字贸易）和新能源汽车技术专业，并于当年招生；2024年成功申报中高职贯通数字媒体技术和应用法语专业。我校见习教师规范化培训，不仅为区内职业教育培养了近80名见习教师，连续十一年被评为优秀基地，而且将见习教师培训与"青蓝工程"续接，成为我校师资队伍建设的亮点与特色，打造了优秀的导师团队。目前，学校有上海市中职名师工作室1个，正高级教师1名、特级教师1名、浦东新区骨干教师42名、区学科带头人4名。2023年，新增浦东新区陈峰体育学科工作坊和任玉芬德育学科基地。组织教师参加 2021 年和 2023 年的上海市中等职业教育青教赛荣获一等奖,学校荣获优秀组织奖;在 2022 年和 2023 年上海市职教协会文化基础课比赛、2023 年全国多语种教学比赛、2023 年全国外语课程思政优秀案例评比、2024 年上海市教学能力思政大赛中,学校各支参赛团队都取得了优秀的成绩。学校人才培养的质量进一步提升。我校学生在 2022 年全国职业院校技能大赛中荣获个人三等奖;在上海市"星光计划"第九届职业院校技能大赛中获得职业外语技能(日语)团体第一名,另有 4 名学生获得一等奖;在第十届职业院校技能大赛中获得一等奖 2 名、二等奖 11 名、三等奖 25 名;在首届上海市中职创新创意大赛中获得二金、二银、三铜的好成绩。落实"立德树人"根本任务的成效不断凸显,学校整体打造"走进中华艺术宫"和"中华艺术宫走进校园,百讲证百年""大思政课"德育品牌。学校获得全国第三批国防教育特色学校、首批上海市"硬笔书法进校园"试点校等称号。学校男篮被上海市教委和上海市体育局评定为 2023—2026 年度上海市青少年高水平运动队。学校认真落实上级交给学校的政治任务,积极开展对青海果洛、新疆喀什和云南怒江等地区的教育对口支援工作,用心、用情、用力做好果洛在沪藏族学生的教育培养工作。学校荣获浦东新区事业单位脱贫攻坚记功集体。

对于学校的改革发展而言,办学品质和人才培养质量始终是最为关键的领域,这也是我在构思本书写作的过程中坚持把"中职学校高质量人才培养"作为贯穿全书的核心命题的原因。人才培养是一个系统工程,能够联动学校管理、课程、教学、师资、文化等各个维度。从更高质量的人才培养诉求出发,浦东外事服务学校还存在一些亟待持续攻关和破解的问题。比如,学校专业设置和人才供给结构不能及时满足行业企业对专业技术技能人才不断增长及调整的需求;学校教师队伍处于"新老更迭"关键时期,中青年骨干教师在教师队伍的整体结构中存在较明显断层,专任教师队伍的年龄、性别、学历、职称、专业等结构要素仍存在分布不均衡、不合理的问题;校企合作、产教融合开展不够深入,人才培养与市场需求对接存在一定延缓期,"双师型"教师不足,专任教师专业素养和实践能力不足,不能及时适应快速变化的产业需求。

学校改革发展和人才培养只有进行时,没有完成时。今年是全面学习贯彻党的二十届三中全会和全国教育大会精神的关键之年,也是从"十四五"向"十五五"过渡的承上启下之年。"一年之计在于春",伴随着农历乙巳年的来临,我们已经在结合学校发展的问题谋划"十五五"的工作,形成了六个方面的整体变革思路:一是要深化产教融合与校企合作。要更加紧密地与产业对接,建立有效的产教融合机制,促进学校与企业之间的深度合作,培养符合市场需求的高素质技术技能人才。二是要推动职业教育的数字化转型。要利用大数据、云计算、人工智能等先进技术,提高职业教育的教学质量和效率。如,构建智能化的教学平台,实现教学资源的共享和优化配置;利用虚拟现实、增强现实等新技术,提供更加生动和直观的学习体验等。三是要加强"双师型"教师队伍建设。要注重"双师型"教师的培养和引进,加强与企业和社会的联系,提高教师的实践能力和职业素养,进而提升职业教育的整体质量和效益。四是要根据市场需求调整、优化专业设置和课程内容。注重学生的实践能力和职业素养的培养,尤其注重"工匠精神"的培养,提高学生的综合素质和就业能力。五是要拓宽国际视野与合作交流。要关注国际职业教育的最新发展动态和趋势;引进国外先进的教育理念和技术手段,促进学校与国际先进职业教育机构之间的合作与交流;注重学生的国际化发展,提高其跨文化交流能力等。六是要持续加强学校党建工作。在中小学全面推行党组织领导的校长负责制的背景下,结合中职学校的特点,探索有效的党政协同治理之道,让党的领导深嵌于学校整体发展之中,充分发挥党组织把方向、管大局、做决策、抓班子、带队伍、保落实的领导职责,生成具有辐射价值的中职学校党建工作经验。

不论是对于学校发展而言,还是对于个体成长而言,"故事"都是串联成长的重要素材。在上海市浦东外事服务学校的发展历程中,我们已经用一个个精彩的故事串联起了学校发展的历史,也必将会用更加精彩的故事绘就学校美好的明天。对于我个人而言,我的整个职业生涯都在这所学校度过,深厚的情感将我自身的专业成长与学校发展密切关联,从这个角度出发,本书的撰写就具有了更加多维度的价值。它既是我作为一个学校管理者对学校办学发展的系统性总结,也是我作为一名专业工作者对自己专业发展的反思呈现,是对自己几十年中职教育经历的一段独特告白。

中职学校的改革发展和人才培养问题,不仅是一个重要的教育问题,也是一个重要的时代命题、政治问题。特别是在"中国式"的新时代教育改革发展话语体系中,强调中职教育改革创新具有更重要、更多元的价值。习近平总书记在党的二十大报告中提出,要"以中国式现代化全面推进中华民族伟大复兴"。中国式教育现代化具有其内在的政治逻辑、历史逻辑、理论逻辑和实践逻辑①,要形成中国式教育现代化的道路体系,就需要各个领域中具有中国特色的教育改革发展路径设计。从现实的情况看,尽管我国中职教育起步较晚,但是在新时代职业教育改革发展的良好政策环境下,我国中职教育大有"厚积薄发、后发优势"的态势,加强对新时代中职教育改革发展的思考与探索,形成具有中国特色和世界影响力的实践模式,发出职业教育改革发展的中国声音,讲好职业教育改革发展的中国故事,彰显职业教育改革发展的中国气质,这是中国式教育现代化的重要支撑,也是新时代推动职业教育变革的努力方向。

在本书即将完成付梓的时候,我们不仅迎来了农历蛇年新春佳节的脚步,更迎来了一个令教育界同仁兴奋的重要事件。2025 年 1 月 19 日,中共中央、国务院印发了《教育强国建设规划纲要(2024—2035 年)》,对教育强国建设进行了整体性的规划、布局,明确提出,到 2027 年,教育强国建设取得重要阶段性成效;到2035 年,建成教育强国。对于职业教育改革发展,《教育强国建设规划纲要(2024—2035 年)》也进行了明确的设计,要求"加快建设现代职业教育体系,培养大国工匠、能工巧匠、高技能人才",并从"塑造多元办学、产教融合新形态;以职普融通拓宽学生成长成才通道;提升职业学校关键办学能力;优化技能人才成长政策环境"等角度设计了具体的"施工路线图",这无疑给新时代的职业教育注入了一针"强心剂"。作为一名"老"职业教育工作者,我必将珍惜美好时代,以"老骥伏枥,志在千里"的积极心态,继续投身职业教育改革发展的时代潮流,在"为党育人、为国育才"的时代使命中彰显自己的人生价值,践行一个中职教育工作者的使命担当。

---

① 张志勇,袁语聪.中国式教育现代化道路刍议[J].教育研究,2022(10):34-43.

主要参考文献

1. 联合国教科文组织.学会生存:教育世界的今天和明天[M].华东师范大学比较教育研究所,译.北京:教育科学出版社,1996.

2. 顾明远.教育大辞典[Z].上海:上海教育出版社,1998.

3. 袁振国.当代教育学[M].北京:教育科学出版社,1999.

4. 联合国教科文组织.全球教育发展的历史轨迹:国际教育大会年建议书[M].赵中建,等译.北京:教育科学出版社,1999.

5. 马克斯·范梅南.教学机智——教育智慧的意蕴[M].李树英,译.北京:教育科学出版社,2001.

6. 吉纳·E.霍尔,雪莱·M.豪德.实施变革:模式、原则与困境[M].吴晓玲,译.杭州:浙江教育出版社,2004.

7. 郭德俊,李燕平.动机心理学:理论与实践[M].北京:人民教育出版社,2005.

8. 孙绵涛.教育效能论[M].北京:人民教育出版社,2007.

9. 陈孝彬,高洪源.教育管理学[M].北京:北京师范大学出版社,2008.

10. 张华.课程与教学论[M].上海:上海教育出版社,2012.

11. [英]霍普金斯,爱恩思科,威斯特.变化时代的学校改进[M].孙柏军,译.北京:北京师范大学出版社,2016.

12. 李广,杜磊娇,等."学校—社区互动"农村学校改进原生态研究[M].上海:华东师范大学出版社,2022.

13. 张行涛.教育与社会共变格局与过程[J].集美大学学报,2004,5(01):42-44.

14. 岳亮萍.中小学教师怎样进行课题研究(三)——教育科研方法之教育调

查研究法[J].教育理论与实践,2008(03):46-48.

　　15. 崔允漷.课程实施的新取向:基于课程标准的教学[J].教育研究,2009(01):74-79+110.

　　16. 王洁.从"师徒带教"到"团队成长"——基于上海市部分新教师专业成长调研的思考[J].教育发展研究,2009(24):67-71.

　　17. 孟建伟.教育与幸福——关于幸福教育的哲学思考[J].教育研究,2010(02):28-33.

　　18. 沈玉顺.高校教学质量保障体系建设的组织策略初探[J].复旦教育论坛,2010(04):27.

　　19. 代天真,李如密.课堂教学诊断:价值、内容及策略[J].全球教育展望,2010(04):41-43+66.

　　20. 王东.对中职教育"工具主义"的反思[J].教育与职业,2010(32):20-21.

　　21. 李晓文.教育,要从学生的成长需要出发——形成于"新基础教育"改革实践的感悟[J].人民教育,2010(11):4-6.

　　22. 何克抗.我国教育信息化理论研究新进展[J].中国电化教育,2011(01):1-19.

　　23. 郭忠玲.我国中职教育现状分析及其发展策略探索[J].河南社会科学,2011,19(04):206-207.

　　24. 孙元涛.教师专业学习共同体:理念、原则与策略[J].教育发展研究,2011(12):52-57.

　　25. 钟祖荣,张莉娜.教师专业发展阶段的调查研究及其对职后教师教育的启示[J].教师教育研究,2012(06):20-25+40.

　　26. 吉标."知识导向"教学论研究的反思与超越[J].课程·教材·教法,2012,32(09):32-37.

　　27. 陈效民,胡兰.中等职业学校专业教学质量保障体系的构建——以上海市中职学校为例[J].职教论坛,2012(10):68-72.

　　28. 刘涛.教师成为研究者:急需澄清的三个问题[J].教育发展研究,2012,32(12):58-63.

29. 陆国民.试析中高职贯通人才培养模式[J].教育发展研究,2012,32(17):35－37+48.

30. 张亚妮,田建荣.教师专业标准:解读与反思[J].当代教师教育,2013,6(03):30－33

31. 伍红林.论"教育幸福"[J].基础教育,2013,10(04):17－20.

32. 张枫逸.中职教育缘何"叫座不叫好"[J].教育与职业,2013(05):90.

33. 陆坚.中职学校专业课程建设的实践与思考[J].教育理论与实践,2013,33(09):27－29.

34. 鲜跃勇,刘雪梅.职教人才培养体系与职教学生价值实现研究[J].职教论坛,2013(20):76－78.

35. 肖凤翔,李强.职业教育的历史起点与逻辑起点探析[J].天津师范大学学报(社会科学版),2014(03):60－64.

36. 杨青.论新一轮高职人才培养工作评估应把握的三个维度[J].中国职业技术教育,2014(03):37－41.

37. 劳凯声.教育研究的问题意识[J].教育研究,2014(08):4－14.

38. 赵放,曾国屏.多重视角下的创新生态系统[J].科学学研究,2014(12):1781－1788.

39. 王振洪.高职院校学生管理义化与学生满意度、组织效能研究:基十全国12所高职院校的实证分析[J].教育发展研究,2014(19):73－79.

40. 赵文平,刘燕.新世纪以来我国中职课程改革:成就、难题与趋势[J].职业技术教育,2014,35(25):26－31.

41. 朱益明.论我国高中生涯教育与指导的原则立场[J].基础教育,2015,12(05):17－21+68.

42. 岳燕,吴广付.上海市见习教师规范化培训的特色及启示[J].基础教育研究,2015(05):19－21.

43. 陈建华.论学校教育哲学及其提炼策略[J].教育研究,2015(10):57－63.

44. 岳欣云,董宏建.教师教学诊断能力:内涵、价值及提升策略[J].教育理论与实践,2015(26):3－5.

45. 周宏伟.课程改革:中职学校不能承受之重[J].中国职业技术教育,2015

(32):64 - 67.

46. 李向辉,常芳.中职教育对"以就业为导向"的误读、危害与治理[J].教育发展研究,2016(专刊):31 - 34.

47. 林克松,王亚南."中本贯通"政策的逻辑、隐忧及理性实践[J].河北师范大学学报(教育科学版),2016(03):54 - 59

48. 王昕红,张俊峰,何茂刚.长学制直博生从选择到退出的实证研究[J].高等教育研究,2016,37(06):50 - 58.

49. 孙刚成,宋紫月.百年中师教育的办学经验和启示[J].黑龙江高教研究,2016(10):15 - 19.

50. 王建平.论中师教育传统的当代价值[J].教师教育研究,2016,28(04):37 - 41+56.

51. 张秀霞.中高职贯通课程衔接的现状、策略与保障[J].教育与职业,2016(24):95 - 98.

52. 刘晓,徐珍珍.中国现代职业教育理论体系构建:历史寻径与时代反思[J].河北师范大学学报(教育科学版),2017,19(02):56 - 60.

53. 刘云,谢少华.全人教育以人为本的理念及其对中国教育思想的启示[J].贵州社会科学,2017(03):93 - 98.

54. 石伟平,郝天聪.走向工业4.0还需要中等职业教育吗?[J].智慧中国,2017(4):41 - 43.

55. 苏丽锋,等.初中后教育选择意愿及影响因素研究——普高、中职还是不再读书?[J].华中师范大学学报,2017,56(05):146 - 157.

56. 范敏,刘义兵.斯腾豪斯的"教师成为研究者"思想[J].全球教育展望,2017,46(08):83 - 94.

57. 姜大源.关于加固中等职业教育基础地位的思考[J].中国职业技术教育,2017(9):18 - 20.

58. 张海珠.教师培训需求分析模式研究——基于"教师专业标准"的探讨[J].课程·教材·教法,2017,37(12):104 - 109.

59. 王俊景.柯氏四级评估模型及对企业员工培训体系构建的启示[J].中国成人教育,2017(16):153 - 155.

60. 吕路平,童国通.基于五位视角的高职课堂教学诊断与改进体系构建[J].职业技术教育,2017,38(20):51-55.

61. 汤晓春.高中数学教学培养学生数学建模素养的实践[J].教育理论与实践,2017,37(26):62-64.

62. 徐鸿洲,何春梅.中职教育质量提升的制约因素及对策研究[J].中国职业技术教育,2017(27):69-72.

63. 余文森.能力导向的课堂有效教学[J].全球教育展望,2018,47(01):21-34.

64. 张建祥.高等学校人才培养绩效评估的内涵与本质特征[J].教育研究,2018(03):55-61.

65. 王定华.新时代我国教师队伍建设的形势与任务[J].教育研究,2018(03):4-11.

66. 石中英.回到教育的本体——顾明远先生对于教育本质和教育价值的论述[J].清华大学教育研究,2018,39(05):4-11.

67. 刘晓,陈志新.英、法、德三国职业教育与培训体系的发展演变与历史逻辑——一个历史制度主义视角的分析[J].外国教育研究,2018,45(05):104-116.

68. 胡定荣.全面发展·综合素质·核心素养[J].新疆师范大学学报(哲学社会科学版),2018,39(06):61-78.

69. 张宁娟."六个下功夫":新时代人才培养的行动指南[J].教育研究,2018(09):18-20.

70. 黄琼.高职学生成长需要结构建构及其现状调查[J].中国职业技术教育,2018(10):75-80.

71. 王培石.以培养方案改革为动力推动提高人才培养质量[J].中国高等教育,2018(13/14):66-67.

72. 徐晔.比较视域下我国中等职业教育定位的思考[J].中国职业技术教育,2018(15):77-81.

73. 钱学明.职业教育供给侧改革亟待加强需求侧管理[J].教育与职业,2018(17):42-43.

74. 黄琳.我国中职教育发展定位的争论与反思[J].职业基础教育,2018,39(19):30－34.

75. 石伟平,郝天聪.新时代我国中等职业教育发展若干核心问题的再思考[J].教育发展研究,2018(19):16－22+47.

76. 袁国,贾丽彬.人的全面发展:教育改革的基本价值标准[J].教育理论与实践,2018,38(20):7－9.

77. 薛静华,周显洋.价值引导与教育本真回归——基于教育的社会关系考察[J].教育理论与实践,2018,38(22):12－15.

78. 范新萍.五育并举　全面发展[J].中国德育,2018(23):10－11.

79. 陈志芳,沈有禄.中等职业教育个人需求影响因素分析[J].中国职业技术教育,2018(24):37－41+48.

80. 徐帅,赵斌.从外塑到内修:教师专业发展的内驱力生成[J].教育理论与实践,2018,38(25):39－42.

81. 蔡金法,姚一玲.数学"问题提出"教学的理论基础和实践研究[J].数学教育学报,2019,28(04):42－47.

82. 李新.学生的全球胜任力:内涵、结构及其培养[J].教育导刊,2019(04):5－10.

83. 张运英,张群,马其华.汽车服务工程专业中本贯通培养模式的思想政治教育实践[J].职业教育,2019(5):38－40.

84. 国务院.国务院关于印发国家职业教育改革实施方案的通知[J].中华人民共和国国务院公报,2019(06):9－16.

85. 唐淑艳.让教育更加公平更有质量[J].人民论坛,2019(07):92－93.

86. 刘县兰.生涯教育:终极目标与实施策略[J].中小学心理健康教育,2019(12):29－31.

87. 顾明远.树立科学的教育质量观　使每个孩子享有公平而有质量的教育[J].人民教育,2019(15－16):19－20.

88. 汪治.职业教育专业人才培养方案科学制定的理念与策略[J].中国职业技术教育,2019(23):15－19.

89. 江小明,李志宏,王国川.对落实《教育部关于职业院校专业人才培养方案制定与实施工作的指导意见》的认识与思考[J].中国职业技术教育,2019(23):5-9.

90. 闫广芬,李文文.新中国成立70年来职业教育人才培养目标的"中国特色"[J].中国职业技术教育,2019(36):27-33.

91. 陈燕.创新机制激活教师成长内驱力[J].中国教育学刊,2020(01):103.

92. 温恒福,温宏宇.教育效能的本质、特征与改进方法论[J].教育学报,2020,16(02):66-74.

93. 周彬.学校教师队伍治理:理论建构与运作策略[J].教师教育研究,2020,32(2):13-19.

94. 杜静,常海洋.教师专业学习共同体之价值回归[J].教育研究,2020(05):126-134.

95. 蒋明敏.人才培养回归本位:新时代教育目的和功能再思考[J].毛泽东邓小平理论研究,2020(06):32-39.

96. 陈向阳.中职公共基础课课程标准:背景、挑战与策略选择[J].中国职业技术教育,2020(09):10-16.

97. 吴国平.培养"有理想　有本领　有担当"的年轻一代[J].人民教育,2020(10):1.

98. 赵蒙蒙.中本贯通学生职业素养培育的几点思考[J].教育教学论坛,2020(17):368-369

99. 薛春玲.基于课程标准的中职公共基础课教材建设的思考[J].中国职业技术教育,2020(20):92-96.

100. 赵忠平,贾圆圆.中职教师的主观社会地位及其影响因素研究——基于浙江省12所中职学校教师的分析[J].2020,41(25):45-51.

101. 屈璐,杨帆.论中职公共基础课的历史演进、价值取向与功能定位[J].职业技术教育,2020,41(25):23-28.

102. 张德成,等.大职教理念下中职人才培养:模式构建与路径探析——以杭州市西湖职业高级中学为例[J].职业基础教育,2021,42(02):6-10.

103. 尹玉辉.中职教师队伍:从业现状、建设成效与政策建议——基于全国中等职业教育教师满意度调查[J].河北师范大学学报(教育科学版),2021,23

（04）:88－93.

104. 徐涛,等."人和"育人效能评价标准的构建与实施[J].中国教育学刊,2021(03):99－102.

105. 尹玉辉.中职教师队伍:从业现状、建设成效与政策建议——基于全国中等职业教育教师满意度调查[J].河北师范大学学报(教育科学版),2021,23（04）:88－93.

106. 陈鹏.中等职业教育基础性定位的再认识[J].国家教育行政学院学报,2021(05):26－32.

107. 朱旭."大思政课"理念:核心要义、时代价值与实践路径[J].马克思主义理论学科研究,2021(05):107－114.

108. 陈嵩,王宇红,刘慧娟,刘伟.上海市中本贯通模式下学生培养质量的实证研究[J].上海教育评估研究,2021(06):65－70.

109. 李祥,吴倩莲,申磊.职业教育高质量发展的理论阐释与实践图景——基于《关于推动现代职业教育高质量发展的意见》的政策分析[J].终身教育研究,2021(6):18－26.

110. 袁振国,等.中国青少年社会与情感能力发展水平报告[J].华东师范大学学报(教育科学版),2021(09):1－31.

111. 周清华.以立体融通课程提升整体育人效能[J].人民教育,2021(09):68－70.

112. 杜楠,周福盛.论教育评价中人的理性回归:从"抽象的人"到"具体的人"[J].中国考试,2021(09):13－22.

113. 刘承波,王一涛.技术技能型人才培养的基本要义与路径遵循[J].人民论坛,2021(21):72－76.

114. 高利兵,肖丙生.专业人才培养方案制定:意义、原则与路径[J].中国职业技术教育,2021(23):71－76.

115. 张建国.教育概念新探——论作为价值的教育[J].中国教育科学,2022,5(03):41－54.

116. 方海光,等.教师教育培训内容演化自组织学习模型研究[J].电化教育研究,2022(03):121－128.

117. 吴刚平.有理想、有本领、有担当——义务教育培养目标解读[J].全球教育展望,2022,51(05):3-13.

118. 孟凡辉.新时代青年国际视野的精神实质、时代价值和培育路径[J].思想理论教育导刊,2022(05):147-152.

119. 杨洁,刘涛,时丽娟.从带教到共进:师徒带教模式的实践创新[J].教师教育研究,2022,34(05):71-76.

120. 彭安臣,等.实质标准和程序标准——高校教学质量保障体系建设矛盾破解之道[J].江苏高教,2022(06):87-91.

121. 石书臣,韩笑."大思政课"协同机制建设:问题与策略[J].思想理论教育,2022(06):71-76.

122. 彭宇文,彭学琴.我国职业教育基本定位政策演进研究[J].教育科学,2022,38(6):76-83.

123. 熊平安,崔艳艳,马豫婷,万静.上海市中本贯通培养模式的实施现状、现实困境与路径突破[J].职业技术教育,2022(06):64-68.

124. 石宇,庞桂甲.胸怀天下:新时代中国青年国际视野培育研究[J].山西高等学校社会科学学报,2022,34(07):20-26.

125. 教育部教师工作司.新时代职业教育教师队伍建设论纲[J].教育研究,2022(08):20-30.

126. 黄忠敬.从"智力"到"能力"——社会与情感概念史考察[J].教育研究,2022(10):83-94.

127. 张志勇,袁语聪.中国式教育现代化道路刍议[J].教育研究,2022(10):34-43.

128. 方铭琳.基础教育加强学段贯通衔接研究[J].亚太教育,2022(11):39-42.

129. 范光基,黄澄辉.新时代中小学教师培训需求研析与培训建议[J].教育评论,2022(11):128-132.

130. 张学波,林书兵,王宏媛.基于数据的教学诊断:数据表征、问题指向与教学处方[J].现代教育技术,2022,32(12):41-48.

131. 路丙辉.中国式现代化进程中的"大思政课"建设[J].教育研究,2022

(12):27－31.

132. 梁海兰,赵聪,李焱.技能型社会建设背景下职业教育人才培养的目标、方向与路径[J].教育与职业,2022(16):5－12.

133. 杨锦钰.中职教师培训后的职业能力:是否提高,怎样判断[J].中国职业技术教育,2022(17):43－48.

134. 夏英.中职教师实施国家课程标准的起点分析和路径探索[J].中国职业技术教育,2022(17):18－23.

135. 冯寅,曹楠楠.中等职业教育基础性定位的价值重构与路径选择——基于贵州省2021年中职招生政策文本的分析[J].职业技术教育,2022,43(23):6－11.

136. 郑筱婷,孙志颖,汪鲸.选择普通高中教育还是中等职业教育——高中阶段不同类型教育期望回报率的实证分析[J].教育研究,2023(01):103－117.

137. 许秋璇,吴永和.教育数字化转型的驱动因素与逻辑框架:创新生态系统理论视角[J].现代远程教育研究,2023(02):31－39.

138. 蒲蕊,高新发.中小学办学自主权:落实现状与政策需求[J].教育科学研究,2023(02):33－40.

139. 冯建军.大中小学思政课一体化的内容要求与推进措施[J].课程·教材·教法,2023,43(02):59－66.

140. 欧亚丽,李磊,马英华."3+4"中本贯通职业教育人才培养体系的一体化建设[J].邢台职业技术学院学报,2023(02):40－45.

141. 崔家新.大师资:"大思政课"建设的关键环节[J].青年学报,2023(03):82－88.

142. 马缨,赵延东.贯通式培养长期质量更高吗?——对不同培养方式的博士科研表现的比较分析[J].研究生教育研究,2023(04):38－45.

143. 许静,李雅楠,郇维中.课堂融合角度下的数学文化课程[J].中国教育学刊,2023(S2):61－63.

144. 褚宏启.把因材施教进行到底:教育高质量发展的必由之路[J].中小学管理,2023(04):39－42.

145. 袁益民.对人才培养、内涵发展和分类评估三个热词的冷思考[J].高教发展与评估,2023,39(05):22－31.

146. 葛岩,崔璐,郭超.在线学习需求分析及优化策略研究[J].高等工程教育研究,2023(06):125－131.

147. 尹庆双,等.人的全面发展:时代特质、内涵延展与理论意义[J].政治经济学评论,2023,14(06):102－126.

148. 刘东方,景敏,赵欣言.校本教研模式重构:问题与循证[J].东北师范大学学报(哲学社会科学版),2023(06):16－122.

149. 游春蓉,王强.走向意义之教:素养导向的知识教学进路[J].当代教育科学,2023(06):56－63.

150. 雷洪峰,靳斯琪.核心要义、育人理路、实践进路:"大思政课"基本问题探析[J].思想教育研究,2023(07):86－90.

151. 冯秀军."大思政课"建设的几个基本问题[J].思想教育研究,2023(08):84－89.

152. 任德欣,代超,任青青.新时代高校"大思政课"建构模式探析[J].齐齐哈尔大学学报(哲学社会科学版),2023(08):143－146.

153. 张俊列,袁媛.新时代我国基础教育课程改革的价值追求与内在理路[J].课程·教材·教法,2023,43(08):27－32.

154. 唐懿滢,陈晓珊,谭维智.新时代教育质量观:教育质量的内涵重塑与行动逻辑[J].全球教育展望,2023(11):22－30.

155. 杨波,赵娜.基础教育高质量课程建设与管理的理论审思[J].社会科学战线,2023(12):258－263.

156. 徐志萍."大思政课"的理论内涵、现实价值与实践路径[J].中学政治教学参考,2023(32):41－44.

157. 覃创,覃春.教育强国背景下基础教育高质量发展的生态建构——基于创新生态系统理论[J].中国教育科学,2024,7(02):33－42.

158. 王淑荣,王青佩.基于学段特征推进大中小学思政课深度一体化[J].思想理论教育导刊,2024(02):106－116.

159. 陈吉鄂.大中小学思政课一体化建设的现实困境与优化对策[J].学校党建与思想教育,2024(03):82－84.

160. 闵辉.大中小学思政课一体化建设:认识与实践[J].国家教育行政学院学报,2024(03):36-42.

161. 吴霓,王远.新时代我国建设教育强国的历史基础及未来路向[J].清华大学教育研究,2024,45(03):22-30.

162. 张继平.教育高质量发展赋能人的全面发展的逻辑与向度[J].教育研究与实验,2024(04):22-31.

163. 王一岩,等.新质人才培养:核心理念与实践路径[J].开放教育研究,2024,30(06):48-54.

164. 张旻蕊,杨帆.拔尖创新人才贯通式培养的实践经验、现实问题与路径选择[J].人民教育,2024(06):38-41.

165. 黄德桥,杜文静.指向贯通式培养的中高本一体化专业课程体系建设研究[J].教育科学论坛,2024(15):54-59.

166. 吴克明,胡华,等.中职教育"需求鸿沟"困境研究:理性人假设的视角[J].职业技术教育,2024,45(16):51-58.

167. 耿义博,谢勇旗.升学与就业并举视角下中职学校综合课程观的构建——学科课程观和职业课程观的比较与启示[J].职业技术教育,2024,45(17):20-26.

168. 李洪昌.职业教育产教融合驱动新质生产力发展的时代必然、实然困境及应然路向[J].中国职业技术教育,2024(25):3-10.

169. 屈璐.区域职业教育中高职贯通一体化人才培养的实践探索[J].中高职业技术教育,2024(25):32-40+72.

170. 宋亚峰,汪萌.我国职业教育产教融合政策话语聚焦与变迁研究[J].黑龙江高教研究,2025(01):155-160.

171. 马丹,等.产教融合新教育社会契约:价值意蕴、建构逻辑和实践路径[J].职业技术教育,2025,46(01):42-48.

172. 段昱雯.职业教育的前景如何——几位教育专家访谈录[N].中国教育报,2000-7-3.

173. "'大思政课'我们要善用之"(微镜头·习近平总书记两会"下团组"·两会现场观察)[N].人民日报,2021-03-07(1).

174. 习近平.加快构建现代职业教育体系培养更多高素质技术技能人才能工巧匠大国工匠[N].人民日报,2021－04－14(1).

175. 王嘉毅.教师专业标准的意义与作用[EB/OL].(2011－12－14)[2024－01－07]. http://www. moe. gov. cn/jyb_xwfb/gzdt_gzdt/moe_1485/201112/t20111214_127997.html

176. 中华人民共和国教育部.以新课标引领中职公共基础课程改革——教育部发布《中等职业学校数学课程标准》等5门课程课标[EB/OL].[2020－01－20](2024－12－09).http://www.moe.gov.cn/jyb_xwfb/gzdt_gzdt/s5987/202001/t20200120_416129.html

177. 中华人民共和国中央人民政府.中共中央办公厅、国务院办公厅印发《关于推动现代职业教育高质量发展的意见》[EB/OL].[2021－10－12](2024－12－01).https://www.gov.cn/gongbao/content/2021/content_5647348.htm

178. 国际与比较教育研究所.OECD最新报告:未来学校的四种图景[EB/OL].[2021－10－18](2024－12－30).https://www.sohu.com/a/420846463_115563.

179. 中华人民共和国中央人民政府.习近平主持中央政治局第五次集体学习并发表重要讲话[EB/OL].[2023－05－29](2024－12－01).https://www.gov.cn/yaowen/liebiao/202305/content_6883632.htm

180. 重要发布:《中国职业教育发展报告》[EB/OL].[2024－11－25](2024－11－30).https://mp.weixin.qq.com/s?__biz=MzkyOTM0NjY0OQ==&mid=2247507113&idx=3&sn=5e6428755ea91aa47360d90363176d60&chksm=c3c753ae0d3a5fe675a8c618c813b8c30ddce629b8355220114656eb9f9f7fa48ea2f798bdcf&scene=27

181. TANNER, D. &TANNER, L. N. Curriculum Development:Theory into Practice[M].New York:Macmillan,1980.4.

182. FULLER, F. Concerns of Teachers:A Developmental Conceptualization[J]. American Educational Research Journal,1969,6(02):207－226.

183. LAWSON,H. A. Beyond the Conception of Teacher Education[J].Journal of Teacher Education,1992,43(3):163－172.

184. CASTILLO . Without the Reform of Teacher Education There Will Be No

Reform of Education[J]. Prospects, 1996, 26(3):447－467.

185. SPENCER · J. MAXCY. Happiness in Education through the Development of a School Philosophy[J]. Education,2001(4).

186. SACHS, J. Teacher Professional Standards:Controlling or Developing Teaching? [J].Teachers and Teaching,2003,9(02):175－186.

图书在版编目（CIP）数据

新时代中等职业教育高质量人才培养的学校探索：
浦东外事服务学校的实践/陆旭东著. — 上海：上海
教育出版社，2025.5. — ISBN 978-7-5720-3502-9

Ⅰ. G719.21

中国国家版本馆CIP数据核字第20250S7U28号

责任编辑　顾　翊
封面设计　周　亚

新时代中等职业教育高质量人才培养的学校探索：浦东外事服务学校的实践
陆旭东　著

出版发行　上海教育出版社有限公司
官　　网　www.seph.com.cn
地　　址　上海市闵行区号景路159弄C座
邮　　编　201101
印　　刷　上海颙辉印刷厂有限公司
开　　本　700×1000　1/16　印张 15.75
字　　数　248 千字
版　　次　2025年5月第1版
印　　次　2025年5月第1次印刷
书　　号　ISBN 978-7-5720-3502-9/G·3129
定　　价　68.00 元

如发现质量问题，读者可向本社调换　电话：021-64373213